大陸建構兩岸和平發展的法律體制研究

周葉中、祝捷 主編

目錄

緒論

第一章 構建兩岸關係和平發展框架的憲法機制
一、憲法機制在兩岸關係和平發展中的地位和作用
二、《反分裂國家法》及其實施機制研究

第二章 運用憲法解釋手段定位兩岸關係研究
一、大陸的憲法解釋制度及相關實踐
二、臺灣有關兩岸關係的解釋研究
三、國外處理分裂國家行為相關問題的憲法解釋研究

第三章 海峽兩岸和平協議及其實施機制研究
一、海峽兩岸和平協議的性質與內容
二、海峽兩岸和平協議實施機制研究

第四章 構建兩岸關係和平發展框架的法律障礙及解決機制
一、兩岸法制發展概述
二、兩岸關係和平發展框架法律障礙的主要問題
三、兩岸關係和平發展框架法律障礙消解之路徑

第五章 兩會協議實施機制與構建兩岸關係和平發展框架
一、兩會協議實施機制
二、兩會協議在克服兩岸關係和平發展框架法律障礙方面的作用
三、兩會協議體系的構建

第六章 構建兩岸關係和平發展框架的行政機關合作機制
　　一、構建兩岸行政機關合作機制之重要意義
　　二、構建兩岸行政機關合作機制之困境
　　三、兩岸行政機關合作機制的理論基礎
　　四、兩岸行政機關合作機制的建構：基於行政協議的角度
　　五、兩岸開展行政性合作的具體領域
　　六、兩岸執法合作模式的構建：以兩岸海域執法合作模式為例

第七章 構建兩岸關係和平發展框架中的兩岸司法協調機制
　　一、兩岸現行司法制度之比較
　　二、管轄權的衝突與協調
　　三、兩岸法律適用的衝突和協調
　　四、兩岸司法協助機制

第八章 陸資入臺的法律障礙及其解決機制
　　一、臺灣有關陸資入臺的法律概覽
　　二、陸資的許可與限制
　　三、陸資投資的主體形式
　　四、陸資在臺活動的法律問題
　　五、臺灣陸資法律制度對陸資入臺的影響分析
　　六、構建陸資入臺的法律障礙解決機制

後記

緒論

　　構建兩岸關係和平發展框架是一個龐大的系統工程，涉及經濟、政治、文化、社會和外交等各個領域，需形成包括經濟框架、政治框架、文化框架、社會框架和外交框架在內的框架體系，而法律機制則是這一框架體系中一以貫之的基本機制。基於臺灣問題的法律屬性，[1]我們認為，法律機制將在構建兩岸關係和平發展框架過程中起基礎性和關鍵性作用。本書將對什麼是構建兩岸關係和平發展框架的法律機制、為什麼需要法律機制，以及構建兩岸關係和平發展框架的法律機制包括哪些內容等重大理論問題進行探討。

一、構建兩岸關係和平發展框架的法律機制釋義

　　如果我們給構建兩岸關係和平發展框架的法律機制下一個粗淺的定義，那麼它可以被概括為調整兩岸關係和平發展過程中各種事務的法律規範、法律制度和法律運行的總稱。然而，這一描述性定義遠遠不能滿足我們對臺工作理論與實踐的需要，因此有必要從法律機制的一般定義出發，對「構建兩岸關係和平發展框架的法律機制」這一範疇作更為細緻的分析。

　　法律是社會關係的調整器。法律機制將紛繁複雜的社會關係轉化為權利義務關係，進而透過調整權利義務關係來實現對社會的控制。透過法律的社會控制，已經成為人類政治文明發展的標誌性成果。[2]解決臺灣問題，實現祖國的完全統一，是中華民族的核心利益所在，也是我們黨領導大陸人民在新世紀要完成的三件大事之一。「和平統一」是解決臺灣問題的最佳方式，而構建兩岸關係和平發展框架，則是體現這一戰略思想的重要舉措，法律機制應該、也能夠在構建兩岸關係和平發展框架過程中發揮重要作用。具體而言，構建兩岸關係和平發展框架的法律機制，在性質、目的、功能、內容和體系上都具有鮮明的特點。

在性質上，構建兩岸關係和平發展框架的法律機制是宏觀性與微觀性的有機統一。臺灣問題是中華民族的核心利益所在，兩岸關係和平發展是實現中華民族偉大復興的重大戰略步驟。同時，兩岸關係和平發展又與兩岸人民的民生福祉和切身利益密切相關。因此，兩岸關係和平發展是宏觀性與微觀性的統一。而構建兩岸關係和平發展框架的法律機制，也就兼具宏觀性與微觀性。具體體現為制度上的複合性與實踐中的多元性。所謂制度上的複合性，即在制度體系上，不僅包括兩岸關係定位、兩岸關係政治安排，以及其他涉及兩岸關係走向等重大問題的宏觀制度，還包括調整兩岸民間交往和經貿交往的微觀制度。所謂實踐中的多元性，即在實踐環節上，宏觀層面的中央和有關部門依法開展的各項涉臺活動，兩岸有關機構相互接觸、合作等活動，以及微觀層面的司法裁判、行政執法行為和公民所進行的法律活動等，都構成兩岸關係和平發展法律實踐的一部分。

在目的上，構建兩岸關係和平發展框架的法律機制堅持為臺海地區謀和平與兩岸人民謀福祉的統一。概括而言，就是和平與發展。當前，除極少數「臺獨」分子外，兩岸關係和平發展是各方均能接受的最大共識。唯有把握好這一最大共識，將兩岸關係和平發展框架的法律機制構建成為和平法、發展法，並透過法律機制的作用，才能以和平保障發展，以發展促進和平。構建兩岸關係和平發展框架的法律機制，一方面將「和平統一，一國兩制」的主張法制化，為兩岸關係的和平發展奠定法理基礎；另一方面建立相應的配套制度，將和平發展的思想具體化、程序化，使其能發揮實效。同時，構建兩岸關係和平發展框架的法律機制，應特別重視臺灣人民的民生福祉，積極在法律機制的制度構建與實施運行中，貫徹寄希望於臺灣人民的方針，將保障和實現臺灣人民的利益放在重要位置，使臺灣同胞能從中感受到祖國的關懷與熱情。

在功能上，構建兩岸關係和平發展框架的法律機制，既要承擔法律規制功能，又要發揮政策宣示作用。構建兩岸關係和平發展框架的法律機制的一般原理，是將臺灣問題透過法律對特有的權利義務機制進行調整，以期達到兩岸關係和平發展的目的。然而，由於臺灣問題的敏感性，使我們對兩岸關係的處理具有較強的政策性。實踐中的經驗也有力地說明了這一點。迄今為止，我們對臺工作的主要依據仍然體現為政策，具體表現為領導人的講話，有關部門的談話、指示

等。從目前形勢看，政策——尤其是中央領導同志提出的、具有宏觀指導意義的政策，在對臺工作中仍占據著主導地位。儘管政策不僅不應從對臺工作領域中退出，相反，其作用還應得到進一步加強，但在表現形式上，政策應及時轉化為法律。將政策以法律形式加以體現，可以提高政策的科學性和權威性，並加強政策的宣示效果，也可藉助法律固有的穩定性、明確性特徵，達到穩定臺灣人民心理、威懾「臺獨」分裂勢力的目的。《反分裂國家法》的實踐與效果已清晰地說明了這一點。

在內容上，構建兩岸關係和平發展框架的法律機制同時包含公法與私法。如前所述，臺灣問題具有高度的複雜性，涉及經濟、政治、文化、社會、外交等各個領域，牽涉公權力與公權力之間、公權力與私權利之間，以及私權利與私權利之間錯綜複雜的法律關係。因此，構建兩岸關係和平發展框架的法律機制也具有複雜性。既包括調整公權力與公權力之間、公權力與私權利之間的公法規範，也包括調整私權利與私權利之間的私法規範。具體而言，公法所針對的問題包括兩點：其一是具有根本性的臺灣及臺灣公權力機關的地位問題，此類問題主要透過憲法規範加以解決；其二是兩岸公權力機關對涉臺事務如何處理的問題，這些主要透過行政法規範來解決。私法所針對的問題則主要集中於兩岸民間交往和經貿往來方面，主要透過民法規範來解決。[3]當然，公法與私法的劃分並非絕對，對一些需要同時運用公法手段和私法手段加以處理的問題，應擺脫理論上的桎梏，發揚務實精神，以切實解決問題。而且，公法規範與私法規範的複合性，也決定了構建兩岸關係和平發展框架的法律機制，並非是以某一部門法為核心的單一規範體系，而是包括憲法、行政法、民商法、訴訟法、國際法、環境法等多個部門法體系在內的多元法律體系。

在體系上，構建兩岸關係和平發展框架的法律機制既是實踐論體系，又是教義學體系。我們對構建兩岸關係和平發展框架法律機制的認識，以實踐為出發點，依託法律機制，形成兩岸關係和平發展框架，以在實踐層面促進兩岸關係進一步發展、促進祖國早日統一。除此之外，此命題還具有較強的教義學功能，亦即將促進臺灣學[4]與法學的互動發展，產生橫跨兩個學科，兼採其他社會科學所長的新興邊緣學科。由於種種原因，在大陸學術界，臺灣學與法學脫節的情況較

為嚴重，對臺灣問題的研究，大多側重宏大敘事的歷史闡述和應景式的對策分析，缺乏系統化的理論梳理和體系構建，也缺乏對具體問題的深入分析。理論上的缺失導致實踐中的困境。隨著兩岸交往的日益深入，諸多問題一一暴露，而其中絕大多數與法律有關。如何應對這一局面，如何使法律在兩岸關係和平發展的歷史進程中發揮其應有作用，都需要進行深入研究。有鑒於此，學界有必要以構建兩岸關係和平發展框架的法律機制研究為契機，對臺灣學和法學的交叉領域展開深入、全面的研究，將臺灣問題的研究從過去口號式的解讀中解脫出來，從宏大敘事的泥沼中解脫出來，以法律為載體，對臺灣問題進行精細化、規範化、實證化的分析，以建構起足以指導實踐的新興學科門類。

二、構建法律機制是兩岸關係和平發展的必然要求

共產黨的報告將兩岸關係的主題確定為「和平發展」，這是中央在綜合時代主題、兩岸關係歷史和兩岸關係發展趨勢的基礎上作出的科學論斷，也是今後開展對臺工作需要考慮的基本因素。兩岸關係和平發展與兩岸高度對立不同，經常性、和平性的經貿往來和人員交流，將成為兩岸關係和平發展的主要表現形式，兩岸事務的核心也將從軍事、政治轉向經濟、文化、社會等方面。隨著兩岸關係和平發展的不斷深入，海峽兩岸將出現物資、資金、人才和訊息頻繁流動的局面。可以預見，在兩岸關係和平發展的趨勢下，必然要求新的調整機制與之相適應，而法律機制是最為合適的調整機制，因此，構建法律機制是兩岸關係和平發展的必然要求。

第一，構建兩岸關係和平發展框架的法律機制是對臺灣問題法律屬性認識深化的結果。對臺灣問題法律屬性的認識，我們經歷了一個逐步深化的過程。長期以來，大陸政界、學界和普通民眾對臺灣問題的認識主要停留在政治層面，較少、甚至沒有從憲法和法律角度來思考。與此同時，「臺獨」分裂勢力卻不斷鼓噪「憲改」、「公投」等活動，以期實現「臺灣法理獨立」，「憲法」和「法律」儼然成為「臺獨」分子謀求「臺獨」的重要手段。隨著「臺獨」分裂勢力運用的手段逐漸從政治領域向法律領域，尤其是向憲法領域轉移，我們也逐步認識到了臺灣問題的法律屬性。從法律角度而言，臺灣問題實際上是新中國制定的憲

法與法律是否能有效適用於臺灣的問題，是臺灣現行的「六法體系」和新中國法律體系之間的關係問題。而且臺灣問題最終也應透過合乎憲法和法律的途徑解決。[5]眾所周知，《反分裂國家法》是我們認識臺灣問題法律屬性的標誌性成果，它將中央的對臺政策法制化，已經成為我們對臺工作的基本法律依據之一。《反分裂國家法》頒布後，在臺灣引起強烈反響，直接導致臺灣部分政黨領導人訪問大陸，促成兩岸黨際交流，使兩岸關係躍上一個新臺階。《反分裂國家法》的成功經驗說明，法律已經成為臺灣問題中不可或缺的重要組成部分，同時也表明對臺灣問題法律屬性的認識仍需進一步深化。就目前而言，我們不僅需要透過《反分裂國家法》重申一個中國原則，表明我們對臺灣問題的基本態度和基本政策，而且還需要一套包括各個門類、各個層級的規範性文件在內的法律體系，對處理臺灣問題進行全面、整體、明確的制度安排和程序設計，以期透過法律機制促進兩岸關係和平發展。可以說，雖然我們並不否認臺灣問題的政治屬性，但對臺灣問題的法律屬性已經有了比較明確和深刻的認識，而構建兩岸關係和平發展的法律機制正是這一認識的成果之一。

第二，法律機制是兩岸關係和平發展框架貫徹落實的重要保障。如前所述，兩岸關係和平發展框架是一個包括經濟框架、政治框架、文化框架、社會框架和外交框架等在內的框架體系，法律機制在其中居於基礎性地位，這一基礎性地位可以從兩個方面理解。其一，兩岸關係和平發展框架外在表現為法律機制。上述兩岸關係和平發展的諸框架雖然各有特點，發揮著不同作用，但在形式上都需以一定方式表現出來，而法律機制則是目前最佳的表現方式。因此我們極有必要在法學理論和法律技術的作用下，透過吸收現有工作方式和制度創新，將兩岸關係和平發展框架的主體、客體、內容、程序等諸要素用法律形式加以明確，從而形成具有一致性、明確性和穩定性的法律機制。而由此形成的法律機制則是兩岸關係和平發展的基礎性法律依據，兩岸關係和平發展框架的形成與發展，也由此轉化成為法律制定、法律修改和法律適用的過程。其二，兩岸關係和平發展框架的實現也有賴法律機制。「徒法不足以自行」，法律實施是法律的生命，也是法律機制實現其目的的必要手段。兩岸關係和平發展框架有效運轉的關鍵，是兩岸關係和平發展法律機制的有效實施。具體說來，是將兩岸關係和平發展轉化為立

法、執法、司法和守法的過程。透過對法律制度的貫徹落實，一方面使法律成為促進兩岸關係和平發展的有力手段，另一方面則形成有利於兩岸關係和平發展的法律秩序。

第三，構建兩岸關係和平發展框架的法律機制，有利於落實寄希望於臺灣人民的方針。臺灣同胞是我們的血肉同胞，是促進兩岸關係和平發展的重要力量，也是反對和遏制「臺獨」分裂勢力分裂活動的重要力量。臺灣1990年後的「憲政改革」，雖以「臺獨」分子的「擴權化」和「臺獨化」為脈絡，[6]但臺灣人民卻在客觀上取得了諸多民主權利，包括直接選舉民意代表和領導人、透過「公民投票」直接決定有關事項等權利。因此，我們應緊緊依靠臺灣人民，積極採取措施，落實寄希望於臺灣人民的方針，而構建兩岸關係和平發展框架的法律機制，則是其中的重要方式之一。其一，兩岸關係和平發展的目的是為臺海地區謀和平、為兩岸人民謀福祉，因而維護臺灣人民的民生福祉是其題中應有之義。「穩定」是臺灣的主流民意，「和則兩利、分則兩弊」已成為兩岸人民的共識。兩岸關係和平發展框架的法律機制是和平法、發展法，透過制度設計與實踐，將促進兩岸關係和平發展，保障臺海地區的穩定，將為臺灣人民赴大陸進行經貿活動和其他各項活動提供有力的法律保障，並將中央對臺優惠政策落到實處，從而促進臺灣人民利益的實現，增強臺灣人民對大陸的認同與信任。其二，構建兩岸關係和平發展框架的法律機制，有利於提高臺灣人民對兩岸關係和平發展框架的認同感。兩岸關係和平發展框架是互動性、雙向性的框架，需要臺灣人民的認同方能產生應有效果。不僅如此，兩岸關係和平發展是未來祖國完全統一的前奏。因此，獲得臺灣人民對兩岸關係和平發展框架的認同，將為爭取臺灣人民對統一的支持發揮重要作用。法律機制則對於提高臺灣人民對兩岸關係和平發展框架的認同，有著不可替代的作用：首先，法律機制以一致性、明確性和穩定性的法律制度將對臺政策法制化，有利於加強臺灣人民對兩岸關係和平發展的信心；其次，透過法律實施，將兩岸關係和平發展框架落到實處，給臺灣人民帶來實實在在的利益，有利於激發其共同促進兩岸關係和平發展的熱情；再次，臺灣人民的法律素質較高，法律意識較強，並普遍形成了對法律權威的認同。因此，透過構建法律機制促進兩岸關係和平發展框架，有利於臺灣人民瞭解兩岸關係和平發展框架

的主要內容,並基於其對法律的信仰與服從,增強對兩岸關係和平發展框架的認同。

三、構建法律機制是運用憲法思維處理臺灣問題的必然結果

臺灣問題不僅是一個政治問題,也是一個法律問題。由於憲法在一國法律體系中居於根本法地位,因而我們也可以説,臺灣問題在根本上是一個憲法問題。[7]因此,我們在對臺工作中有必要充分運用憲法思維。所謂憲法思維,是指人們在社會活動中運用憲法及其基本理論思考問題、解決問題的思維方式。[8]運用憲法思維處理臺灣問題是基於以下三點理由:

第一,「憲政改革」業已成為「臺灣法理獨立」的主要形式,運用憲法思維處理臺灣問題切中了問題的要害。「憲政改革」是臺灣「民主化」與「本土化」的主要載體,「臺獨」分子一直試圖透過「制憲」、「修憲」、「釋憲」等多個途徑推進「臺獨」。1990年後,臺灣當局進行了七次「憲改」活動,透過了多個包含「臺獨」內容、暗示「臺獨」方向、企圖永久性維持兩岸現狀的多個「憲法」增修條文。同時,「臺獨」分子積極推動「制憲」,並草擬出所謂「臺灣共和國憲法」、「中華民國第二共和憲法」等「臺獨憲草」,臺灣前領導人也多次聲稱要「制憲正名」。除顯性的憲法變遷途徑外,「臺獨」分子還透過隱性的「釋憲」途徑,推進所謂「釋憲臺獨」。截至2007年年底,臺灣「司法院」「大法官」共作成16個與兩岸關係有關的「憲法解釋」,這些解釋對於兩岸關係的走向產生了重要影響,一些解釋還成為臺灣當局進行漸進式「臺獨」活動的「法源」。

第二,臺灣民眾普遍法律素質較高,運用憲法思維處理臺灣問題,有利於加強對臺工作的民意基礎。臺灣經過近60年的發展,經濟社會文化法律等各方面的制度已經比較成熟;同時,臺灣人民的法律素質普遍較高,民主、法治和人權已經內化為臺灣人民的基本修養。而且,無論其正當性如何,臺灣現行的「憲法」與法律業已獲得臺灣人民的普遍認同。在這種情況下,我們應充分運用憲法思維,密切注意臺灣人民在臺灣政治生活中的重要地位。另一方面,部分臺灣民眾因兩岸長期隔絕,對大陸的憲法與法律沒有認同感。長期以來,我們一直希望

透過政治宣傳、經濟合作和文化感召來爭取臺灣人民，這是必要的，但在目前更需認識到以憲法和法律為基礎，建構臺灣人民對祖國的認同感的戰略意義。

第三，憲法是大陸的根本大法，運用憲法思維處理臺灣問題是依法治國的題中之義。大陸現行憲法是黨領導人民制定的，充分體現了人民的意志，是黨的領導、人民當家做主和依法治國的有效載體，在大陸法律體系中具有根本法地位。大陸憲法序言指出，憲法是國家的根本法，具有最高的法律效力。大陸各族人民、一切國家機關和武裝力量、各政黨和各社會團體、各企業事業組織，都必須以憲法為根本的活動準則，並且負有維護憲法尊嚴、保證憲法實施的職責。從這種意義上而言，處理臺灣問題，也應依據憲法和法律。可以說，大陸現行憲法是我們處理臺灣問題的總章程，而《反分裂國家法》是處理臺灣問題的具體指針。因此，運用憲法思維處理臺灣問題，以憲法和法律手段反對和遏制「臺灣法理獨立」，以法促統、依法統一，在絕不承諾放棄使用武力的前提下，按照憲法和《反分裂國家法》規定的各項原則、方針、政策處理兩岸關係，用憲法和法律的武器震懾、制約、打擊「臺獨」分裂勢力，具有極為重要的意義。

四、構建法律機制是反對和遏制「臺灣法理獨立」的必然選擇

2007年3月，溫家寶在《政府工作報告》中指出，當前反「臺獨」工作的首要任務是遏制「臺灣法理獨立」，這是在大陸公開發表的重要官方文件中第一次出現「臺灣法理獨立」的提法。「臺灣法理獨立」高度概括了目前「臺獨」活動的特徵與發展方向，遏制「臺灣法理獨立」將成為我們今後很長一段時期內反「臺獨」的重點。「臺灣法理獨立」一詞的提出，表明我們對臺灣問題的認識有了進一步昇華，同時也說明反對和遏制「臺灣法理獨立」的緊迫性與重要性。可以說，構建兩岸關係和平發展框架的法律機制，是在「臺灣法理獨立」外在壓力下的必然結果，是遏制「臺灣法理獨立」的必然選擇。所謂「臺灣法理獨立」，是指透過法律手段，使臺灣在「法理」上與中國相「脫離」而成為「獨立一國」的「臺獨」形式。與「臺灣獨立」、「臺灣事實獨立」等「臺獨」形式相比，「臺灣法理獨立」具有如下特徵：

第一，「臺灣法理獨立」是「顯性臺獨」與「隱性臺獨」的統一。「臺灣法

理獨立」與「臺灣獨立」、「臺灣事實獨立」等「臺獨」形式的最大區別在於，它不僅追求「臺獨」這一「顯性」結果，而且將這一結果分步驟、分階段地在一系列「隱性臺獨」活動中加以落實。前一特徵使其與「臺灣事實獨立」有別，而後一特徵則與我們通常所理解的「臺灣獨立」有別。以臺灣自1990年開始的所謂「憲政改革」為例：一方面，臺灣當局希望藉「憲政改革」，謀求「法統」的轉化，以實現「中華民國在臺灣」或「中華民國就是臺灣」的「臺獨」效果；另一方面，臺灣當局又利用「修憲」、「釋憲」等多種途徑，分階段、有步驟地透過七次「憲改」，以及數十個「大法官解釋」，逐漸以隱諱的「法律途徑」，將「1946年憲法」改造成一部「臺灣憲法」。可以說，在「臺獨」分子的一手操辦下，本來是臺灣人民「爭民主、爭人權」的「憲政改革」，完全蛻化成為「臺灣法理獨立」的主要形式，而以「憲法」增修條文和「大法官解釋」構成的臺灣現行「憲法體制」，也因此成為「臺灣法理獨立」的物質載體。

第二，「臺灣法理獨立」是「宏觀性臺獨」和「微觀性臺獨」的統一。「臺灣法理獨立」不僅在宏觀政治層面追求「臺獨」的效果，希冀將「憲法」、法律變為「臺獨」的布告欄，而且還在具體個案中滲透「臺獨」思想，謀求「臺灣立法獨立」、「臺灣行政獨立」和「臺灣司法獨立」，意圖使「兩岸永久分治」，實現所謂「維持現狀就是臺獨」。在立法上，臺灣當局制定所謂《臺灣與大陸地區人民關係條例》，名義上是為促進兩岸人民交流融通，實際上則對兩岸人民往來設置重重障礙，甚至不惜矮化、貶斥大陸人民，對之施以不公平對待。在行政上，陳水扁當局一再阻撓兩岸「三通」直航，阻撓大熊貓入臺、甚至阻撓奧運聖火入臺，採取各種手段打擊、壓制赴大陸投資的臺商以及島內偏統媒體，同時發動各種名義的「臺獨公投」，推行「金元外交」、「務實外交」，竭力推進「臺獨」進程。在司法上，臺灣「大法官」以「維持現狀、兩岸分治」思想為指導，頻繁作成不利於兩岸關係和平發展和兩岸人民互相交流的解釋，意圖造成「臺獨」「事實化」與「常態化」。

第三，「臺灣法理獨立」是「臺獨」實踐與「臺獨」理論的統一。「臺灣法理獨立」不僅重視實踐活動中的「臺獨」效果，而且看重所謂「學理臺獨」。不可忽視的事實是，臺灣有部分高級知識分子，尤其是法律學人在統「獨」問題上

態度十分曖昧，一部分人甚至甘當「臺獨」分裂勢力的馬前卒，利用其學識，或為「臺獨建國」尋找所謂理論基礎，或為「臺灣法理獨立」出謀劃策。在林林總總的「臺獨」理論中，既有宏觀性的指導理論，如葉俊榮的「代表性強化論」[9]、王泰升的「以臺灣為中心」的「憲法」史觀[10]等，也包括微觀性的理論，如有學者提出的臺灣政治體制設計原理、「國族認同」問題等。由於這些理論常常處於法學辭藻的包裝之下，因而不僅法學素養不高的人難以察覺，甚至連一些法學專家也難以看清。

「臺獨」分裂勢力推動「臺灣法理獨立」的行徑，已經給對臺工作造成重大影響，因此，我們在對臺工作中必須重視法律的作用，樹立起臺灣問題是法律問題的觀念，積極構建兩岸關係和平發展框架的法律機制，以此作為依法統一、以法促統的重要載體。同時，還應積極運用法學理論和法律知識分析「臺獨」活動的法律屬性以及法律活動的「臺獨」屬性，研究「臺獨」活動所涉及的法律制度、「臺獨」活動所需經過的「法定程序」、「臺獨」活動在法律上的可能性與現實性等問題。

註釋

[1].關於臺灣問題的法律屬性和憲法屬性，參見周葉中：《加強對臺特別立法勢在必行》，載《憲政中國研究》（下），武漢大學出版社，2006年版；周葉中：《臺灣問題的憲法學思考》，《法學》，2007年第6期。

[2].參見〔美〕龐德著，沈宗靈、董世忠譯：《透過法律的社會控制：法律的任務》，商務印書館，1984年版。

[3].此處所稱的憲法、行政法、民法均從廣義而言，其含義並非限於部門法意義或法典意義。

[4].關於臺灣學的提法與體系，可參見陳孔立：《臺灣學導論》，博揚文化事業有限公司，2005年版。

[5].參見周葉中：《臺灣問題的憲法學思考》，《法學》，2007年第6期。

[6].參見周葉中、祝捷：《臺灣「憲政改革」研究》，香港社會科學出版社

有限公司，2007年版，第73頁。

[7].關於這一命題的提出與論證，參見周葉中：《臺灣問題的憲法學思考》，《法學》，2007年第6期。

[8].周葉中：《關於中國共產黨運用憲法思維執政的思考》，《中共中央黨校學報》，2007年第5期。

[9].葉俊榮：《憲法的上升與沉淪：六度修憲後的定位與走向》，《政大法學評論》，2002年第69期。

[10].王泰升：《臺灣法律史概論》，元照出版公司，2001年版，第5頁。

第一章 構建兩岸關係和平發展框架的憲法機制

一、憲法機制在兩岸關係和平發展中的地位和作用

憲法在構建兩岸關係和平發展框架的法律機制中居於核心地位,是我們開展對臺工作、遏制「臺灣法理獨立」、促進兩岸關係和平發展的根本大法。構建兩岸關係和平發展的憲法機制,將一個中國原則從政治原則上升為法律原則,並規定兩岸關係和平發展的一般準則,對一些重大敏感的問題進行安排,將會為兩岸關係和平發展提供政治保障和原則指引。兩岸關係和平發展的憲法機制以成文法典意義的憲法為統攝,包括以憲法解釋為主的憲法變遷形式、憲法性法律如《反分裂國家法》,以及海峽兩岸和平協議等具體機制。

（一）大陸憲法處理臺灣問題的制度分析

大陸現行憲法是我們處理臺灣問題的根本法律依據,因為它規定了國家和公民統一臺灣的義務,體現了「和平統一、一國兩制」的基本方針,並為運用非和平方式統一臺灣提供了法律依據,而且還是我們加強對臺立法工作的基本依據。具體說來主要表現在以下三個層面。

第一,憲法規定了國家和公民統一臺灣的義務。大陸1982年憲法關於統一臺灣義務的規定包括三個部分。其一,1982年憲法序言莊嚴宣布:臺灣是中華人民共和國的神聖領土的一部分,完成統一祖國的大業是包括臺灣同胞在內的全中國人民的神聖職責。憲法序言的這段話既有宣示意義,又有規範意義:它不僅

宣示臺灣是大陸的神聖領土，奠定了統一義務的歷史基礎、政治基礎和法理基礎，還為包括臺灣同胞在內的大陸人民設定了憲法上的統一義務。序言的這段話可以作為統一臺灣義務的根本性法源。其二，1982年憲法規定了統一臺灣的國家義務。憲法不僅配置國家權力、保障公民權利，而且規定若干國家方針條款，透過對國家事務的安排和國家長期性或階段性政策的確認，形成國家的憲法性共識。國家方針條款對國家有拘束效力，屬於國家義務，而統一義務是最為重要的國家義務之一，國家統一臺灣的義務可從總綱中導出。總綱第28條規定，「國家……鎮壓叛國……的犯罪行為」。「臺獨」活動是分裂祖國的犯罪行為，屬最嚴重的叛國活動，國家有義務施以鎮壓。其三，1982年憲法為公民設定了統一臺灣的基本義務。憲法第52條規定，中華人民共和國公民有維護國家統一和大陸各民族團結的義務。該條表明，大陸每個公民（包括每位臺灣同胞）都負有統一臺灣的基本義務。1982年憲法對國家和公民統一臺灣義務的規定，具有憲法位階的拘束力，大陸每個政黨、國家機關、社會團體和個人都必須履行。

　　第二，憲法既體現了「和平統一，一國兩制」的方針，又為以非和平方式統一臺灣提供了法律依據。大陸1982年憲法規定了特別行政區制度。這一制度是和平統一臺灣的主要機制，也是目前解決臺灣問題的最好方式。眾所周知，特別行政區制度的理論基礎是鄧小平同志「一國兩制」的偉大構想。鄧小平同志思考「一國兩制」的初衷，就是為了和平解決臺灣問題，就是為了實現兩岸的和平統一。香港和澳門的順利回歸、港澳兩個基本法的有效實施和特區政府的順利施政，充分證明了「一國兩制」構想的科學性和合理性，也增強了我們對「一國兩制」的信心。雖然特別行政區制度最先適用於香港和澳門，但它仍然是和平解決臺灣問題的最佳方式。特別行政區制度規定於1982年憲法的總綱和國家機構中。憲法第31條規定，國家在必要時得設立特別行政區。在特別行政區內實行的制度按照具體情況由大陸人民代表大會以法律規定。該條規定是特別行政區制度的憲法基礎。香港基本法和澳門基本法即以1982年憲法第31條為直接依據。憲法第59條規定，特別行政區得選舉大陸人民代表大會代表，參與組成最高國家權力機關。該條規定說明，從主權意義上而言，特別行政區並不是異於中國大陸的特別區域，而是屬於同一主權國家內的行政區域，僅因特殊原因實行不同於

大陸的社會制度和政策，特別行政區人民仍須透過大陸人民代表大會這個統一的人民代表機關參與行使國家主權。憲法第62條第13項規定，大陸人民代表大會有權決定特別行政區的設立及其制度。該條既規定了有權建置特別行政區並制定特別行政區基本法的主體，也為大陸人大制定特別行政區基本法提供了憲法依據。在實踐中，港澳基本法也均由大陸人民代表大會根據憲法規定制定。儘管我們力爭透過和平方式實現兩岸統一，但也絕不承諾放棄使用武力。絕不承諾放棄使用武力是中央對臺工作堅強有力的後盾，但運用非和平方式實現兩岸統一是解決臺灣問題的最後選擇，亦為憲法所規定。根據1982年憲法第29條，「中華人民共和國的武裝力量⋯⋯的任務是鞏固國防，抵抗侵略，保衛祖國⋯⋯」。中華人民共和國的武裝力量是運用非和平方式統一臺灣的主要力量，在臺灣問題足以危及國家統一和安全時，中央政府有權指令中華人民共和國的武裝力量運用非和平方式解決臺灣問題。同時，憲法第62條、第67條和第89條規定，大陸人大及其常委會、國務院有權依法決定國家某些地區進入緊急狀態；憲法第80條規定，國家主席有權依大陸人大及其常委會的決定宣布國家某些地區進入緊急狀態。因此，國家可依這些條款，規定臺灣進入緊急狀態。同時，憲法第93條還規定，「中央軍事委員會領導大陸武裝力量」。綜合以上規定，大陸人大及其常委會、國家主席、國務院和中央軍事委員會是運用非和平方式統一臺灣的執行機關。

　　第三，憲法也是加強對臺立法工作的基本依據。憲法作為根本大法，僅僅規定瞭解決臺灣問題的基本原則和重大事項，其實施方法和其他具體事項，則由部門法進行具體規定。目前，國家關於臺灣問題的專門法律是《反分裂國家法》，該法即以憲法為其立法依據。《反分裂國家法》開宗明義地宣布，該法的立法目的是「為了反對和遏制『臺獨』分裂勢力分裂國家，促進祖國和平統一，維護臺灣海峽地區和平穩定，維護國家主權和領土完整，維護中華民族的根本利益」。《反分裂國家法》亦具體規定了和平統一臺灣和運用非和平方式統一臺灣的事項。其一，《反分裂國家法》規定了和平統一的基礎、國家義務和方式。根據第5條規定，「堅持一個中國原則，是實現祖國和平統一的基礎。」《反分裂國家法》體現憲法第31條的精神，規定「國家和平統一後，臺灣可以實行不同於大

陸的制度，高度自治」，並在第6條和第7條具體規定了國家促進和平統一應採取的措施和方式。其中《反分裂國家法》第6條將中央對臺的諸項政策法制化，使執行中央的對臺政策有了法律依據。第7條規定，「國家主張透過臺灣海峽兩岸平等的協商和談判，實現和平統一；協商和談判可以有步驟、分階段進行，方式可以靈活多樣。」據此可見，「有步驟、分階段」的談判和協商是和平統一的具體實施方式。此外，第7條還詳細列舉了協商和談判的事項，將中央「在一個中國原則下，什麼問題都可以談」的方針法制化。其二，《反分裂國家法》規定了運用非和平方式統一的條件和機制。《反分裂國家法》第8條第1款，規定了「採取非和平方式及其他必要措施」的三個條件，即「『臺獨』分裂勢力以任何名義、任何方式造成臺灣從中國分裂出去的事實，或者發生將會導致臺灣從中國分裂出去的重大事變，或者和平統一的可能性完全喪失。」第8條第2款則規定了運用非和平方式統一臺灣的實施機關和程序。根據該款規定，「採取非和平方式及其他必要措施，由國務院、中央軍事委員會決定和組織實施，並及時向大陸人民代表大會常務委員會報告。」《反分裂國家法》以憲法為依據，重申憲法所規定的基本原則和重要制度，並使之明確和具體化。

（二）大陸憲法對構建兩岸關係和平發展框架法律機制的重要功能

憲法是解決臺灣問題的根本法律依據。憲法規定了國家和公民統一臺灣的義務，體現了「和平統一、一國兩制」的方針，並為運用非和平方式統一臺灣提供了法律依據。[1]大陸現行憲法是黨領導人民制定的，充分體現了人民的意志，是黨的領導、人民當家做主和依法治國的有效載體，在大陸法律體系中具有根本法地位。憲法序言指出，大陸憲法是國家的根本法，具有最高的法律效力。大陸各族人民、一切國家機關和武裝力量、各政黨和各社會團體、各企業事業組織，都必須以憲法為根本的活動準則，並且負有維護憲法尊嚴、保證憲法實施的職責。從這個意義上而言，處理臺灣問題，也應依據憲法和法律。構建兩岸關係和平發展框架的法律機制既要承擔法律規制的功能，又要發揮政策宣示的作用。構建兩岸關係和平發展框架的法律機制的一般原理，是將臺灣問題透過法律特有的權利義務機制加以調整，以期達到兩岸關係和平發展的目的。然而，「涉臺無小事」，臺灣問題的敏感性，使對兩岸關係的處理具有較強的政策性。實踐中的經

驗也有力地說明了這一點，我們對臺工作的主要依據仍然體現為政策。而政策在對臺工作中的重要地位，決定了構建兩岸關係和平發展框架的法律機制，應在一定程度上體現政策性，並及時將政策轉化為法律形式。因為將政策以法律形式加以體現，不僅可以提高政策的科學性和權威性，並加強政策的宣示效果，而且可以藉助法律固有的穩定性、明確性特徵，達到穩定臺灣人民心理、威懾「臺獨」分裂勢力的目的。如前所述，兩岸關係和平發展的憲法機制以成文法典意義的憲法為統攝，包括以憲法解釋為主的憲法變遷形式、憲法性法律如《反分裂國家法》，以及海峽兩岸和平協議等機制。具體説來：

第一，憲法解釋是界定臺灣問題性質的重要途徑。兩岸均有學者認為，兩岸關係和平發展應擱置統「獨」爭議，以務實態度面向未來。[2]這一觀點自有一定的可取之處，尤其是對於一味追求「臺灣法理獨立」的臺灣當局更是具有相當的警醒作用。但是，臺灣問題性質的模糊，將使兩岸關係和平發展淪為一場偶然性事件，兩岸關係和平發展也會因為外在環境缺乏安定性而無法得到穩定、持續發展。目前兩岸關係「政亂則經慌」的局面也證明了這一點。可以説，對臺灣問題性質的界定是對臺工作的核心問題。然而，明確界定臺灣問題的性質是一項兼具政策性與法律性的工作，既要考慮到憲法和法律的權威，又要顧及中央對臺政策的延續性，既涉及對已有憲法規範的解釋，也涉及對憲法未明確規定事項的闡明。從憲法學角度而言，解決上述問題最適宜的方式莫過於憲法解釋：其一，憲法解釋有利於在不變動憲法文本的情況下體現中央對臺政策，這樣既能保持憲法的穩定性，也能彰顯中央對臺政策的延續性，還能靈活應對中央對臺政策的調整；其二，憲法解釋可以將中央的對臺政策憲法化，使之成為具有憲法位階的法律規範，造成僅從政策層面定位難以達到的效果。

第二，憲法性法律如《反分裂國家法》是目前處理臺灣問題的基本法律，在對臺法律體系中的地位僅次於憲法。《反分裂國家法》將中央對臺政策法制化，為兩岸關係的和平發展奠定了基本法律框架。《反分裂國家法》第一條便開宗明義地表明了其立法目的，繼而依次規定了和平統一的基礎、促進和平統一應採取的措施和方式、運用非和平方式統一的條件和機制等。對《反分裂國家法》而言，目前亟需解決的問題是其適用方式。由於《反分裂國家法》具有宣示意義

大、政策性強等特點，其適用必然有特殊之處。法律的生命在於實施，中央立法的目的也在於透過適用《反分裂國家法》，促進兩岸關係的進一步發展，以遏制「臺灣法理獨立」。因此，如何適用《反分裂國家法》兼具理論價值和實踐價值，值得進一步探討。

第三，海峽兩岸和平協議也將在兩岸關係和平發展中發揮重要作用。黨的十七大報告中首次提出「和平協議」這一法律概念，如同「九二共識」一樣，和平協議將在凝聚兩岸最大共識的基礎上形成，是構建兩岸關係和平發展法律框架的基礎性規範。可以預見，臺灣的地位、臺灣當局的性質、兩岸關係和平發展的基本框架等重大問題都將在和平協議中有所體現。

二、《反分裂國家法》及其實施機制研究

2005年3月14日，十屆大陸人大三次會議高票透過了《反分裂國家法》。這是作為最高國家權力機關的大陸人民代表大會透過特別立法的形式，把中央對臺工作的大政方針和全中國人民維護國家主權與領土完整的一致意願上升為國家意志的重大舉措。《反分裂國家法》的頒布，不僅充分表明了中國政府和人民反對和遏制「臺獨」分裂勢力分裂國家活動的堅定決心，而且也充分表明了國家以最大誠意、盡最大努力，爭取實現和平統一的一貫立場，因而這部憲法相關法不僅是中華民族以「法理反獨」反制「法理臺獨」的重要法律武器，而且體現了中華民族的最高利益，符合兩岸人民以及國際社會維護和平穩定，促進共同發展、共同繁榮的共同願望，將為維護臺海和平，並最終解決臺灣這一歷史遺留問題提供堅強有力的法理支持與明確可行的法律框架。《反分裂國家法》是目前處理臺灣問題的基本法律，自2005年頒布生效以來，對於遏制「法理臺獨」造成了重要的作用。然而，《反分裂國家法》的一些內容與憲法條文的表達不盡一致，其實施機制也眾說紛壇。在此，我們將探討《反分裂國家法》與憲法的關係，透過對法理基礎、條文和實踐的解讀，分析《反分裂國家法》的適用方式。

（一）《反分裂國家法》的法理基礎

1.主權：《反分裂國家法》的政治基礎

自近代主權概念產生以來，主權的完整與統一就被認為是國家完整與統一的象徵，因而維護主權的統一與完整是任何國家的基本權利。因此，迄今為止的大多數國家都透過立憲或立法方式，對主權的歸屬和維護國家主權的統一和完整作出明確規定。大陸自1912年的《中華民國臨時約法》之後的歷部成文憲法，包括大陸現行憲法以及臺灣的所謂「憲法」，都明確規定了主權在民原則。這就充分表明，中國的國家主權屬於包括臺灣人民在內的中華民族的全體成員。

同時，任何主權國家都只有一個合法政府，而這一合法政府則是這個國家主權的唯一代表。一個代表國家主權的政府，無疑擁有不受任何外國勢力干涉地決定和處理其主權所及範圍內一切事務的權利。這是國家主權原則的核心內容之一，因而受到國際社會的普遍尊重和國際法的一貫保護。

在歷史上，中華民國政府曾經是中國主權的合法代表。但從1949年10月1日開始，中華人民共和國政府取代了中華民國政府，成為全中國的唯一合法政府和國際法上的唯一合法代表。儘管如此，但中國的主權和固有的領土疆域並未因此而改變。這種在同一國際法主體沒有發生變化，由新政權取代舊政權的事實，在國際法上被稱為政府繼承。因此，中華人民共和國政府理所當然地成為享有和行使中國全部主權的唯一代表，其中包括對臺灣的主權。

雖然中華人民共和國成立後，臺灣繼續使用「中華民國」和「中華民國政府」的名稱，但它早已喪失代表中國行使國家主權的合法性基礎，即便是它至今仍然分享著的中央政府在臺灣的部分「治權」，也只是中國主權管轄範圍內的有限「治權」，它並不具有對抗國家主權的合法性。因此，作為中國領土不可分割的一部分，臺灣的主權始終與整個中國的主權合為一體，不可分割，並由中華人民共和國中央政府統一行使。臺灣當局的存在，既不能更改臺灣屬於中國的歷史，更不能改變中國主權統一的事實。

而且，中華人民共和國作為中國主權的唯一合法代表這一事實，已得到國際社會的普遍承認。1971年10月，第26屆聯合國大會透過2758號決議，驅逐了臺

灣當局的代表,恢復了中華人民共和國政府在聯合國的席位和一切合法權利。1972年9月,中日兩國簽署聯合聲明,宣布建立外交關係,日本承認中華人民共和國政府是中國的唯一合法政府,充分理解和尊重中國政府關於臺灣是中華人民共和國領土不可分割的一部分的立場,並且堅持遵循《波茨坦公告》第8條規定的立場。1978年12月,中美發表建交公報,美國「承認中華人民共和國政府是中國的唯一合法政府」,「承認中國的立場,即只有一個中國,臺灣是中國的一部分」。至今,已有160多個國家與中華人民共和國政府建立外交關係,它們都承認中華人民共和國政府是中國的唯一合法政府,並且承諾在一個中國的框架內處理與臺灣的關係。

因此,大陸人民代表大會作為中華人民共和國的最高立法機關,針對「臺獨」分裂勢力,制定《反分裂國家法》,以維護國家主權和領土完整,促進國家的和平統一,完全屬於中國主權範圍內的事務,是中國的國內立法與主權行為,它既符合國家主權原則,也具備道義上的正當性。

2.領土統一:《反分裂國家法》的事實基礎

國家統一是國家主權完整的基本標誌,主權國家對其所屬的領土理當具備完全獨立的支配權。比如為確保其領土統一,它可以在其所屬的任何一個地方派駐軍隊,也可以針對其所屬的任何一個區域制定特定的防衛性法律。當今世界,幾乎所有國家都將「領土主權和領土完整不受侵犯」作為其反分裂國家行為的正當性基礎。

尊重歷史,是國際社會確認領土主權之歸屬的慣常方法。從歷史上看,臺灣自古就是中國的領土。中國人最早開發臺灣島,中國政府對臺灣實行有效管制的文字記錄,至少可以追溯到1700多年前。元朝時中國政府正式在臺灣設置行政機構,清朝時正式在臺灣建省。從元朝到清朝,中國政府一直統治並保衛著臺灣。但1895年4月,日本透過侵華戰爭,強迫清朝政府簽訂不平等的《馬關條約》,霸占了臺灣。1937年7月,日本發動全面侵華戰爭。1941年12月,中國政府在《中國對日宣戰布告》中昭告各國,中國廢止包括《馬關條約》在內的一切涉及中日關係的條約、協定、合約,並將收復臺灣。1943年12月,中美英三國

政府發表的《開羅宣言》規定，日本應將其竊取的包括東北、臺灣、澎湖列島等在內的中國領土，歸還中國。1945年，中美英三國共同簽署、後來又有蘇聯參加的《波茨坦公告》規定：「開羅宣言之條件必將實施。」同年8月，日本宣布投降，並在《日本投降條款》中承諾，「忠誠履行波茨坦公告各項規定之義務」。同年10月25日，中國政府收復臺灣、澎湖列島，重新恢復對臺灣行使主權。此後迄今，臺灣作為中國領土一部分的法律地位從未改變。

在國民政府時期，歷部憲法都將臺灣視為中國領土不可分割的一部分。大陸現行《憲法》規定：「臺灣是中華人民共和國的神聖領土的一部分，完成統一祖國的大業是包括臺灣同胞在內的全中國人民的神聖職責。」《反分裂國家法》的根本宗旨，與大陸憲法以及《開羅宣言》和《波茨坦公告》的基本精神完全一致，這就是維護臺灣作為中國一部分的法律地位。因此，它既具備合憲性，也符合國際法精神。

3.國家安全：《反分裂國家法》的利益基礎

美國早期政治家杰伊曾經指出，在明智而自由的人民認為必須注意的許多事務中，為自己提供安全看來是首要的事情。而人民個人的安全，歷來以國家安全為必要條件，國家安全則以領土安全為前提。一旦國家疆域受到威脅，則意味著國家安全受到威脅。一旦疆土分裂，則國將不國。而國之不存，民何以安？所以，領土安全乃人民的最高福祉；維護國家領土的安全，是一國政府的首要職責，也是一國公民的當然義務。因此，為使國家免遭不必要的威脅，或者為了防止某種具有高度蓋然性威脅的挑釁，一個合法政府就應當被賦予備戰自衛和反抗威脅的權利。在歷史上，戰爭被認為是維護領土安全的主要方式，因此現代社會，人們運用法律手段維護領土安全無疑是歷史的進步。

眾所周知，從1990年代以來，以李登輝為代表的「臺獨」分裂勢力以所謂「民意」為幌子，開始大肆鼓吹分裂國家的活動。民進黨主導臺灣政權後，「臺獨」活動日益猖獗。「臺獨」分子極力推動「公投制憲」，企圖以「憲改」之名行「制憲」之實，謀求「法理臺獨」；在所謂「中華民國」的簡稱問題上大做文章，將「臺灣正名」活動推向逐步變更「國名」的新階段；以組織機構調整為

名，圖謀改變臺灣現行行政架構中帶有中國內涵的部門；在教育與歷史文化領域進一步推動「去中國化」運動，以凸顯所謂的「臺灣主體性」等等。這些事實表明，中國的領土安全正在遭遇「臺獨」勢力即刻而現實的威脅和挑釁。

毋庸置疑，面對這種國土安全遭受威脅和挑釁的事實，任何主權國家都不會無動於衷。在歷史上，美國為打擊分裂勢力企圖將「南方」從統一的美利堅合眾國分裂出去的活動與挑釁，曾發動過著名的「南北戰爭」。由於這場戰爭維護了國家領土的完整，因而被歷代美國人評價為正義之戰，而領導這場戰爭的阿伯拉罕‧林肯則被稱頌為英雄。因此，當我們面臨國家的固有領土遭遇「臺獨」分裂勢力即刻而現實的分裂威脅時，由透過民主選舉產生的，包括臺灣人士在內的最高國家立法機關以立法的方式，反對和遏制「臺獨」分裂勢力的分裂活動，從而捍衛中國人民的最高福祉，無疑是正義之舉，因而理當受到包括臺灣人民在內的全體中國人民的一致擁護和國際社會的普遍理解。

4.反「臺獨」：《反分裂國家法》的價值基礎

不同的國家有其不同的歷史、不同的文化和不同的價值哲學。但具有不同歷史、文化和價值哲學的國家，卻有一個共同的敵人，那就是分裂國家的勢力。在一切時代，在所有地方，以任何形式分裂國家的個人、組織或者集團，都被主權國家視為頭號敵人。所以，迄今為止，幾乎所有的國家都將分裂國家等危害國家安全的行為列為非法，並給予嚴懲。大陸也不例外。大陸現行憲法將維護國家的統一規定為公民的一項基本義務；大陸《國防法》和《刑法》等法律中，設有專門的反分裂國家條款。如《刑法》第102條和103條就將危害國家主權、領土完整和安全，組織、策劃、實施分裂國家，以及煽動分裂國家、破壞國家統一的行為規定為分裂國家罪或煽動分裂國家罪，並規定對其中的首要分子或者罪行嚴重者，處以無期徒刑或者五年以上的有期徒刑。

從國際法的角度而言，國際社會和國際法對任何形式的分裂國家行為，都持否定態度。1948年的《聯合國憲章》以及隨後頒布的相關國際關係宣言，將這種分裂國家的否定態度上升為國際法原則，並確認主權國家有不受他國干涉的、以和平方式或者非和平方式維護其主權和領土安全的權利。聯合國憲章規定：

「聯合國和它的成員國不得侵害任何會員國或國家領土完整或政治獨立，不得干涉在本質上屬於任何國家內管轄的事件」。聯合國《關於各國依聯合國憲章建立友好關係及合作之國際法原則之宣言》指出：「凡以局部或全部破壞國家統一及領土完整或政治獨立為目的之企圖，都是不符合聯合國憲章精神的。」

歷史表明，分裂國家的行為是威脅國家穩定與和平的主要因素。自有國家以來，引爆國內戰爭的根本原因，大多與分裂國家的活動有關。當今時代，分裂國家的行為仍然是危害地區穩定與世界和平的重大隱患。如果放縱分裂勢力，必將導致越來越多的動盪、戰爭和災難，國家和地區安全將無法保障，國際社會將永無寧日。

近年來，一小撮「臺獨」分裂勢力的言行舉止，不僅威脅著中國的穩定與和平，而且也勢必禍及亞太地區乃至整個世界的和平與穩定。因此，中國政府適時頒布《反分裂國家法》，力圖透過法律途徑，反對和遏制「臺獨」分裂勢力的分裂活動，不僅符合包括臺灣人民在內的整個中華民族的根本利益，而且符合世界上一切愛好和平的國家和人民的共同利益，特別是符合亞太地區國家和人民對於安全與和平的需要。

綜上所述，維護主權統一、捍衛領土完整、保障國家安全，是一切主權國家都擁有的神聖不可侵犯的權利。透過立憲和立法方式，反對和制止分裂國家的行為，是世界各國的通行做法，也是被世界各國人民廣泛認可的正義行動。當今世界，各國憲法中都設有維護國家統一的專門條款，而且幾乎所有國家都有反分裂、反叛國方面的針對性立法。在歷史上，諸如美國、加拿大、法國、俄羅斯等許多國家都曾有運用法律手段制裁分裂勢力及其活動的先例，並得到國際社會的普遍理解與支持。因此，大陸十屆大陸人大三次會議審議並透過的《反分裂國家法》，不僅具有充分的倫理和民意基礎，而且可以從眾多國際先例中獲得有力的法理支持，因而無論其正當性、合理性，還是其合法性都不容置疑。

（二）《反分裂國家法》與憲法的關係

《反分裂國家法》第1條規定，「為了反對和遏制『臺獨』分裂勢力分裂國家，促進祖國和平統一，維護臺灣海峽地區和平穩定，維護國家主權和領土完

整,維護中華民族的根本利益,根據憲法,制定本法。」這一條款開宗明義地指出了其與憲法的基本關係,表明《反分裂國家法》是依據憲法制定的法律。同時,由於《反分裂國家法》的透過機關是大陸人民代表大會,根據憲法第62條第3項規定,這是一部「基本法律」,其法律位階低於憲法,高於其他法律。根據《反分裂國家法》的內容,我們認為,《反分裂國家法》是對憲法原則的具體化,同時也是對憲法的無形修改。

《反分裂國家法》是對憲法原則的具體化。憲法規定了國家和公民統一臺灣的義務,體現了「和平統一、一國兩制」的基本方針。《反分裂國家法》在憲法的原則指引下,對於和平統一和運用非和平方式統一臺灣做出了具體規定。對於和平統一的國家義務的實現方式,《反分裂國家法》第6條規定了「國家採取下列措施,維護臺灣海峽地區和平穩定,發展兩岸關係」,其中規定了五個「鼓勵」,從人員往來到經濟文化往來,對國家維護臺灣海峽地區和平穩定、發展兩岸關係提出了具體做法。《反分裂國家法》的這一條文表明,只要在「一個中國」原則的框架下,國家應當透過推動兩岸的全方位交流,發展平等互惠的經濟、社會與文化等活動,以增加兩岸人民互信,謀求海峽兩岸人民最根本的利益,以實現和平統一的目的。《反分裂國家法》第7條規定了「國家主張透過臺灣海峽兩岸平等的協商和談判,實現和平統一。協商和談判可以有步驟、分階段進行,方式可以靈活多樣。」這一條文將臺灣海峽兩岸平等的協商和談判作為和平統一的主要手段,並且對於協商和談判的基本原則、涉及事項進行了規定。

對於非和平方式統一臺灣,《反分裂國家法》也對相應的標準、程序進行了規定。《反分裂國家法》第8條規定,「『臺獨』分裂勢力以任何名義、任何方式造成臺灣從中國分裂出去的事實,或者發生將會導致臺灣從中國分裂出去的重大事變,或者和平統一的可能性完全喪失,國家得採取非和平方式及其他必要措施,捍衛國家主權和領土完整。」這一條文為運用非和平方式統一臺灣設定了前提條件。同時,該條第2款規定了非和平方式統一臺灣的程序,即「由國務院、中央軍事委員會決定和組織實施,並及時向大陸人民代表大會常務委員會報告」。這表明了國家對於非和平方式實施的慎重。對於非和平方式統一臺灣的過程,《反分裂國家法》也做出了規定進行規制。第9條規定,「依照本法規定採

取非和平方式及其他必要措施並組織實施時，國家盡最大可能保護臺灣平民和在臺灣的外國人的生命財產安全和其他正當權益，減少損失；同時，國家依法保護臺灣同胞在中國其他地區的權利和利益。」這一條款是預防傷害的控制條款，以保障臺灣人民及在臺的外國人的正當權益，這也表明了非和平方式統一臺灣應當符合有關戰爭的國際法的規定。

我們注意到，《反分裂國家法》在將憲法原則具體化的同時，也對憲法進行了無形修改。這主要體現在兩個方面：其一，《反分裂國家法》對於兩岸關係的狀態做出了與憲法表述不盡一致的界定。《反分裂國家法》是大陸首次以法律形式具體確認兩岸的現實狀態。《反分裂國家法》第2條規定，「世界上只有一個中國，大陸和臺灣同屬一個中國，中國的主權和領土完整不容分割。維護國家主權和領土完整是包括臺灣同胞在內的全中國人民的共同義務。臺灣是中國的一部分。國家絕不允許『臺獨』分裂勢力以任何名義、任何方式把臺灣從中國分裂出去。」同時，《反分裂國家法》第3至5條，對實現兩岸統一的原則也進行了規定。在《反分裂國家法》中，將「臺灣」作為與「大陸」相對的一個概念使用，在描述「大陸」、「臺灣」和「中國」的關係時，使用了「臺灣是中國的一部分」、「大陸和臺灣同屬一個中國」的描述。這與憲法序言中「臺灣是中華人民共和國的神聖領土的一部分」的表述不盡一致。其二，《反分裂國家法》對統一以後實行的制度未做出明確規定。憲法第31條規定，「國家在必要時得設立特別行政區，在特別行政區內實行的制度按照具體情況由大陸人民代表大會以法律規定。」《反分裂國家法》第5條第3款規定，「國家和平統一後，臺灣可以實行不同於大陸的制度，高度自治。」這一條文並未使用憲法所規定的「特別行政區」制度，因而具體實行什麼制度，留有一定的空間。由此可見，雖然沒有透過憲法的修改程序，但《反分裂國家法》已經對憲法的有關規定進行了無形修改。

（三）《反分裂國家法》的規範及其適用方式研究

由於《反分裂國家法》中的不少條文使用的大多是政治話語，而非法律話語，使《反分裂國家法》往往被理解為一部高度政治性的法律。另一方面，《反分裂國家法》的條文也缺乏一般法律規範應有的「假定」、「行為模式」、「法

律後果」等要素，導致其適用方式不同於一般法律。我們認為，《反分裂國家法》頒布生效以來，雖然沒有出現依據《反分裂國家法》進行配套立法，或國家根據《反分裂國家法》採取有關行為的情形，但《反分裂國家法》仍然具有適用性。其對於透過非和平方式統一臺灣的標準的確立，拉起了一道預防「臺獨」的「紅線」，在這一標準指引下，兩岸關係近年來朝著正面方向不斷前進。我們認為，《反分裂國家法》還可透過談判適用和解釋適用兩種途徑進行適用。

談判適用即國家根據《反分裂國家法》第6條和第7條的規定，透過「兩會機制」對兩岸有關事項進行談判和協商，進而達成協議的方式。2008年以來，兩會透過協商，達成了一系列的事務性協議，涉及經濟、文化、人員往來等各方面。隨著兩岸交往的深入，兩岸間的協商與談判必然會由經濟議題進入政治議題，即《反分裂國家法》第7條所確定的「正式結束兩岸敵對狀態」、「發展兩岸關係的規劃」、「和平統一的步驟和安排」、「臺灣當局的政治地位」、「臺灣在國際上與其地位相適應的活動空間」、「與實現和平統一有關的其他任何問題」等等。正是有了《反分裂國家法》確定的框架，兩岸關係才能朝著更好的方向發展。

解釋適用是指透過對《反分裂國家法》進行解釋，來調整兩岸關係。兩岸關係的發展過程常常會呈現一種危機的狀態。《反分裂國家法》頒布前，大陸對於「臺獨」勢力所造成的臺海危機往往只能被動地事後處理。《反分裂國家法》頒布後，在兩岸關係問題上則可以採用更加主動的方式進行處理。由於《反分裂國家法》中使用了一些不確定的概念，而這些概念的涵義，可以透過法律解釋的方式予以明確。因此，國家完全可以主動根據兩岸關係的發展狀況，透過解釋《反分裂國家法》掌握主動權，占據有利位置，從而預防和消除「臺獨」的可能性。

註釋

[1].關於臺灣問題在憲法中的地位，可參見周葉中：《臺灣問題的憲法學思考》，《法學》，2007年第6期。

[2].如自2007年11月起，臺灣著名企業家曹興誠先生陸續發布公開信，呼籲民進黨當局放下統「獨」爭議，集中力量發展兩岸經貿關係。

第二章 運用憲法解釋手段定位兩岸關係研究

大陸憲法是解決臺灣問題的根本法律依據,憲法解釋是定位兩岸關係的重要途徑。大陸現行憲法規定了憲法解釋的基本制度,並在對《香港基本法》等憲法性法律的解釋中積累了一定經驗。臺灣「司法院」對於兩岸關係做出過大量解釋,並成為「法理臺獨」的重要淵源,值得我們研究和重視。其他國家也有大量透過憲法解釋手段處理國家分裂問題的實踐,其中的許多經驗也可以為我們所借鑑。

一、大陸的憲法解釋制度及相關實踐

根據大陸現行憲法的規定,大陸的憲法解釋由最高立法機關即大陸人大常委會負責,但大陸憲法解釋制度的確立卻經歷了長期的過程。1954年憲法對憲法解釋沒有明確規定,而只規定大陸人大負責監督憲法的實施(第27條第3項)和大陸人大常委會有權解釋法律(第31條第3項)。監督憲法的實施必然包含著對憲法的解釋,解釋法律也可理解為包括對憲法的解釋,因而1954年憲法頒布後的憲法解釋工作,實際上一直由大陸人大常委會以法令的形式進行。1975年憲法刪除了大陸人大關於監督憲法的實施的職權,而只保留了大陸人大常委會有權解釋法律的規定(第18條)。1978年憲法不僅明確規定了有權監督憲法和法律的實施(第22條第3項),而且把解釋憲法和法律作為大陸人大常委會的職權予以明確化(第25條第3項),從而明確確立了大陸憲法解釋的體制。1982年憲法

在確認1978年憲法有關規定的基礎上,還增加了新的內容,擴大了大陸人大常委會的職權。它不僅規定了大陸人大有權監督憲法的實施,大陸人大常委會有憲法解釋的權力,還增加規定了大陸人大常委會監督憲法實施的職權(第67條第1項),這使得大陸憲法解釋體制更趨具體和完善。

儘管1982年憲法基本確立了大陸憲法解釋體制,然而在近30年的憲法實施實踐中,大陸大陸人大常委會並未依憲法所規定的程序對現行憲法進行過解釋。1997年7月後,大陸人大常委會對《香港特別行政區基本法》(以下簡稱《基本法》)這一憲法性法律進行了三次解釋,為分析大陸憲法解釋的相關問題提供了實踐參考。考查《基本法》第158條有關《基本法》解釋的規定:《基本法》的解釋權屬於大陸人大常委會(第1款),大陸人大常委會授權香港特別行政區法院在審理案件時,對《基本法》關於特別行政區自治範圍內的條款自行解釋(第2款),香港特別行政區法院在審理案件時也可以對《基本法》的其他條款進行解釋(第3款第1句),但「如香港特別行政區法院在審理案件時需要對本法關於中央人民政府管理的事務或中央和香港特別行政區關係的條款進行解釋,而該條款的解釋又影響到案件的判決,在對該案件做出不可上訴的終局判決前,應由香港特別行政區終審法院請大陸人民代表大會常務委員會對有關條款做出解釋」(第3款「但書」),大陸人民代表大會常務委員會在對本法進行解釋前,徵詢其所屬的香港特別行政區基本法委員會的意見(第3款最後一句)。從上述規定可見,《基本法》所規定的有權解釋主體有二:大陸人大常委會和香港特別行政區法院。在解釋權的分配上,大陸人大常委會享有解釋基本法的全權,香港特別行政區法院有權解釋特別行政區的自治事項以及其他條款,只是在解釋「其他條款」時要受第3款「但書」的限制。當然,上述分析是直接根據文本獲得的。由於《基本法》第158條第2款透過法定概括授權的方式,將規定特別行政區自治範圍內的條款授權給特別行政區法院解釋,因此,雖然第1款規定大陸人大常委會負有解釋《基本法》的全權,但實際上,大陸人大常委會只在涉及中央與特別行政區關係的情況下,才會對《基本法》進行解釋。而對於《基本法》中有關特別行政區自治範圍的條款,以及不涉及中央與特別行政區關係的其他條款,則由特別行政區法院負責解釋。另根據第158條第3款最後一句,大陸人大常委會的

基本法委員會對大陸人大常委會解釋《基本法》產生「內在的拘束力」。[1]

《香港特別行政區基本法》有關解釋權的分配，至少有三個特點值得注意：其一，大陸人大常委會雖然擁有解釋《基本法》的全權，但對於特別行政區自治範圍內的條款，仍應由特別行政區法院負責解釋，以體現「高度自治」，大陸人大常委會亦因而只負責解釋有關中央與特別行政區關係的條款；其二，大陸人大常委會和特別行政區法院分別行使《基本法》解釋權，既符合1982年憲法規定的法律解釋制度，也符合香港特別行政區由法院解釋法律的普通法傳統；[2]其三，大陸人大常委會對《基本法》的解釋，對香港特別行政區法院產生拘束力，香港特別行政區法院在引用該條文時，必須以大陸人大常委會的解釋為準。[3]可見，雖然對《基本法》的解釋有分工，但大陸人大常委會的解釋權高於香港特別行政區法院的解釋權。

二、臺灣有關兩岸關係的解釋研究

當「臺獨」分子的分裂手段漸次從政治領域向法律領域，尤其是憲法領域轉移時，臺灣問題的憲法屬性也逐漸清晰。臺灣的政治實踐亦表明，以「制憲」、「修憲」和「釋憲」為主要途徑的「憲政改革」已經成為「臺灣法理獨立」的主要形式。[4]在「制憲臺獨」、「修憲臺獨」困難的情況下，「臺獨」分子曾多次透過「司法院大法官」解釋「憲法」，企圖造成「兩岸分治永久化」的局面，進而謀求所謂「臺灣獨立」。[5]因此，研究「司法院大法官」關於兩岸關係的解釋，對於遏制「臺灣法理獨立」有著重要意義。

毫無疑問，大量解釋的存在是研究「大法官釋憲」方法的必要條件。研究「大法官」解釋兩岸關係的方法，自應以「大法官」解釋為對象，唯按臺灣「法律」，「大法官」作「憲法解釋」或統一解釋的過程，實際上極富個性化色彩：「大法官」不僅可以透過解釋文和解釋理由書，對需要解釋的案件作成具有法律效力的解釋，同時可依個人旨趣發布協同意見書和不同意見書，表達個人對案件

的觀點,甚至「抒己見以明志」。[6]同時,臺灣「司法院大法官」在作「憲法解釋」或統一解釋時受政治影響極深,多有「荒腔走板」之處。[7]而協同意見書和不同意見書,在某種程度上倒反映了「大法官」的基本態度,在一定情況下也更加具有學理性。基於以上兩點理由,各解釋的解釋文、解釋理由書、「大法官」發布的協同意見書和不同意見書均是本研究的研究對象。[8]

截至2011年7月,臺灣「司法院」已作成「憲法」解釋和統一解釋共689個,其中與兩岸關係有關的有16個。這些解釋總體而言可分為三類:其一,「法統」型解釋,[9]這部分解釋均圍繞臺灣當局在臺的所謂「法統」展開,為臺灣當局在臺統治提供「憲法」依據,以消餌所謂「全中國」與「小臺灣」之間的落差,維護臺當局的運轉,包括釋字第31號、第85號、第117號、第150號和第261號解釋;其二,權利型解釋,這部分解釋圍繞臺灣人民權利與大陸赴臺人員權利展開,包括釋字第242號、第265號、第475號、第479號、第497號、第558號和第618號解釋;其三,制度型解釋,這部分解釋針對的是臺灣政治制度運行過程中出現的疑難問題,包括釋字第328號、第329號、第467號、第481號解釋。以上三類解釋的基本情況可列表如下:

「大法官」關於兩岸關係解釋情況一覽表

作成時間	編號	類型	聲請主體	案由	協同意見書	不同意見書
1954.1.29	31	「法統」型	「行政院」	「立委」、「監委」延任	—①	—
1960.2.12	85	「法統」型	「行政院」「國民大會」	「國民大會代表」總額計算標準	0	0
1966.11.9	117	「法統」型	人民②	「國民大會代表」遞補資格	0	0
1977.9.16	150	「法統」型	人民	「中央民意代表」任期	0	1
1989.6.23	242	權利型	人民	赴台人員重婚問題	0	2
1990.6.21	261	「法統」型	「立法院」	「萬年國大」任期	0	1
1990.10.5	265	權利型	人民	大陸人民入境案	0	0
1993.11.26	328	制度型	三分之一「立法委員」	「固有疆域」範圍	0	0
1993.12.24	329	制度型	三分之一「立法委員」	「汪辜會談」協議性質	0	4
1998.10.22	467	制度型	三分之一「立法委員」	台灣省之地位	3	2
1999.1.29	475	權利型	法官③	退台前發售之債券債權人權利	0	0
1999.4.1	479	權利型	人民	「中華比較法學會」更名案	0	1
1999.4.16	481	制度型	三分之一「立法委員」	「福建省」之地位	0	1
1999.12.3	497	權利型	人民	大陸人民入境案	0	0
2003.4.18	558	權利型	「台灣高等法院」	「返國」條件爭議	0	2
2006.11.3	618	權利型	「台灣高等行政法院」	大陸人民在台任公職條件	0	0

【注】

①協同意見書與不同意見書隨解釋文和解釋理由書一同發表的制度始於1958年,「大法官」作成「釋字第31號解釋」時,並未實行該項制度。

②據臺灣有關法律,人民在窮盡所有救濟手段後,可依法向「司法院大法官」聲請「釋憲」,據此,臺灣法學界多將「人民」視為「憲法解釋」的聲請主體之一。參見吳庚:《憲法的解釋與適用》,三民書局,2003年版,第375頁以下。

③據臺灣「司法院大法官」「釋字第371號解釋」,法官得為「憲法」解釋

的聲請主體。

眾所周知,文義、論理、歷史、體系四種傳統法解釋方法是憲法解釋的主流方法。臺灣「司法院大法官」亦多採取上述方法,並以憲法文本為依據解釋兩岸關係。

1.文義解釋與論理解釋

文義解釋是指依據憲法文本的文字與語法結構,對憲法加以解釋的解釋方法;而論理解釋則是依據憲法文本的邏輯聯繫與語意關係解釋憲法的解釋方法。在臺灣「大法官」的「釋憲」實踐中,兩者區別甚微,故本研究對此兩種方法作合併論述。

文義解釋與論理解釋是最基本的「釋憲」方法,其實例在「大法官」對兩岸關係的解釋中俯拾可見。例如,由於「1946年憲法」對權利之規定極為模糊,「大法官」在權利型解釋中,大多不厭其煩地對所涉權利加以闡釋,如「釋字第265號解釋」對遷徙自由之解釋、「釋字第479號解釋」對結社自由之解釋等。還有一些解釋專門針對憲法中所涉特定詞句,如「釋字第329號解釋」將「1946年憲法」所稱的「條約」,界定為「用條約或公約之名稱,或用協定等名稱而其內容直接涉及國家重要事項或人民權利義務且具有法律上效力者而言」,[13]對「條約」作擴大解釋,不僅包括傳統國際法意義上的「條約」,還包括所謂「政府間協定」等文件。另外,「大法官」在解釋時,也會對其他相關法律中的詞句加以闡明。如在與「福建省」地位有關之「釋字第481號解釋」中,針對「福建省」是否為「轄區不完整之省」的疑問,「大法官」劉鐵錚認為,「省縣管轄範圍有大有小,人口亦多亦少,均不影響其地位」,因而認定不存在所謂「轄區不完整之省」。[14]

另需指出的是,文義解釋與論理解釋在各類解釋方法中,對憲法文本最為依賴,受憲法文本語言的約束也最大。照此而言,文義解釋與論理解釋應是最具確定性的解釋方法。但是,語言並不具有唯一性,一個詞語具有多個特定的指向性含義,特定詞語的「指」(signifier)和「所指」(signified)[15]之間如何進行取捨,需憑藉解釋者的意願和價值取向。因此,即便是針對同一文本,「大法

官」亦能根據不同形勢作成含義各異的解釋。故同樣針對「1946年憲法」第65條和第93條關於「立法委員」和「監察委員」任期的規定，「大法官」在三個解釋中所作的解讀截然不同。「釋字第31號解釋」為消弭國民黨殘餘逃臺後「全中國」與「小臺灣」之間的落差，採用「行政院」觀點，將第一屆「立法委員」和「監察委員」的任期擴展至「第二屆委員，未能依法選出與召集前」，將「任期」一詞作擴大解釋。「釋字第150號解釋」則嘗試突破「釋字第31號解釋」，在後者基礎上對「任期」作狹義解釋，認為第一屆「中央民意代表」只是在第二屆「中央民意代表」未選舉產生前「繼續行使職權」，其任期並未變更，仍應依「1946年憲法」之規定。「釋字第261號解釋」則認為，「釋字第31號解釋」及其他法律，「既無使第一屆中央民意代表無限期繼續行使職權或變更其任期之意，亦未限制次屆中央民意代表之選舉」，[16]據此結束第一屆「中央民意代表」之任期。由此可見，三個解釋對同一規定的解讀完全不同，亦據其各自的理解作成功能不一、作用不同的解釋。「大法官」對於同一詞句，不僅在不同解釋中出現過不同理解，而且在同一解釋中，也曾出現過不同理解的情況。如限制大陸赴臺人士擔任公職的「釋字第618號解釋」，對「1946年憲法」第7條「平等」一詞的理解就前後不一。在該解釋解釋文中，「大法官」認為「平等，係指實質上之平等而言，立法機關基於憲法之價值體系，自得斟酌規範事物之差異而為合理之區別對待……」並據此認定限制大陸赴臺人士擔任公職的《臺灣和大陸地區人民關係條例》部分條款「與憲法第七條之平等原則並無違背」；[17]然而，在解釋理由書中，「大法官」又採取形式平等的觀點，認為如果對大陸赴臺人士的「忠誠度」作逐案審查，「非僅個人主觀意向與人格特質及維護自由民主憲政秩序之認同程度難以嚴格查核，且徒增浩大之行政成本而難期公平……」[18]據此將大陸赴臺人士的考驗期一概規定為十年，也不再言及其剛剛在解釋文中頗費周章闡釋出來的「斟酌規範事物之差別而為合理之區別對待」了。

  2.歷史解釋

  歷史解釋為臺灣唯一法定之解釋方法，[19]個別「大法官」亦認為「憲法制定者之意思，倘已明確表明時，在憲法目的所關聯之倫理性原則未有變更之下，

即應忠實予以反映，而不得另求其他……」[20]然而，臺灣所謂「憲法制定者之意思」卻頗難思索：除1946年「制憲」外，臺灣尚有數次對「動員戡亂時期臨時條款」的修改，1991年後，更是頻繁出現所謂「修憲」，「憲法」制定者缺乏長遠考量，在短時間內反覆更迭，給「釋憲」工作造成極大困難。此外，「憲法並非靜止之概念……從歷史上探知憲法規範性的意義固有其必要；但憲法規定本身之作用及其所負之使命，則不能不從整體法秩序中為價值之判斷」[21]，歷史解釋是一個具有時效性質的解釋方法：當因時間流逝，使歷史真實無法被獲知或者制憲者主觀共識演變為社會客觀共識時，歷史解釋自應退出歷史舞臺。[22]尤其是對於時效性強、歷史淵源複雜的兩岸關係而言，歷史解釋所能施展的空間就更為狹小了。

最早在有關兩岸關係的解釋中運用歷史解釋法的是「釋字第31號解釋」。該解釋作成於1954年，此時與「制憲時刻」相去不遠，因此，「大法官」在解釋時所追尋的歷史為「制憲」時之原旨，基於此，「大法官」認為「五院制度」是「1946年憲法」樹立之本旨。[23]而至「釋字第85號解釋」時，距「大陸淪陷國家發生重大變故已十餘年」，「大法官」不再追尋「制憲」者的意圖，認為上述情況的發生「實非制憲者始料所及」，但「大法官」並非放棄歷史解釋，而是將「制憲」者的意思與「憲法」本旨作一區分：雖然「制憲」者的原旨已無參考價值，但「憲法」「設置國民大會之本旨」仍需尊重。「釋字第150號解釋」則既非追尋「制憲」者之意思，又非追尋「憲法」之本旨，而是追尋所謂「動員戡亂時期臨時條款」的本旨，甚至不惜按此條款的含義解讀「憲法」有關條文。而延至「釋字第261號解釋」時，「動員戡亂時期臨時條款」也瀕臨被廢止的邊緣，「大法官」自然不會去追尋其「本旨」，但「大法官」於該解釋中，又對「釋字第31號解釋」的原旨加以解讀，並據此廢止「萬年國大」，終止「釋字第31號解釋」的效力。

長期以來，臺灣法學界存在「以大陸為中心」和「以臺灣為中心」兩條憲法學研究脈絡。[24]在回溯歷史時，究竟是以「大陸的歷史」為準，還是以「臺灣的歷史」為準，臺灣學者尚未就此問題形成共識，因而兩條脈絡在「大法官釋

憲」過程中均有所反映。最為典型的例子是兩組「大法官」針對「釋字第467號解釋」所發布的協同意見書與不同意見書。「釋字第467號解釋」的起因源於所謂「精省工程」。1997年，臺灣當局發動第四次「憲政改革」，決定「精簡」臺灣省級建置，停止辦理臺灣省長和省議會選舉，臺灣省由地方自治團體改為「行政院」派出機構。儘管已經到了「精到廢」的地步，[25]但臺灣省級建置依然存在，仍設省政府和省諮議會。[26]因此，「精簡」後的臺灣省是否具有公法人地位引起爭議。雖然多數「大法官」認為臺灣省不具備地域自治團體的公法人資格，但孫森淼和董翔飛、施文森兩組「大法官」從歷史角度出發，分別發布了協同意見書和不同意見書，對多數意見提出異議，只不過兩組「大法官」所引以為據的「歷史」有所不同。孫森淼持「以臺灣為中心」的「憲法」史觀，依次分析日治時期之臺灣總督府、光復過渡時期之臺灣行政長官公署，及「動員戡亂時期」之臺灣省政府的地位、職權與功能，進而得出「臺灣省政府具有中央派出機關之性質」的結論。[27]董翔飛、施文森則「以大陸為中心」，不僅在不同意見書開頭便指明「1946年憲法」依據孫中山先生建國理念及其學說制定，而且引據1945年「司法院」「院解字第2990號」所涉在大陸發生之案例，說明法人與自治制度之建立為性質不同的兩個問題，進而否定多數「大法官」意見，提頒布灣省仍為公法人的觀點。[28]

由於兩岸關係在歷史上發生多次劇烈變化，歷史事件或者「制憲者」原旨，已經無法為「大法官」解釋兩岸關係提供所需的「正當性」，亦無法產生足夠的說服力，因此，「大法官」運用歷史解釋方法的實例並不多見。

3.體系解釋

臺灣學界對體系解釋存在兩種不同性質的理解。一部分學者認為，體系解釋「就是視一部法律或國家法制為一個體系，以文義、概念及關聯意義為手段，並藉助邏輯推理的法則形成解釋的一種方法」，此一觀點在學界處於通說地位；[29]另有學者認為，體系解釋是指「當個別條文的含義發生爭議時，先拉高到一個足以統攝所有體制規定的理型，再依循該理型去決定爭議條文最適當的涵義……」；[30]亦有學者認為，憲法理論應成為憲法解釋的「後設理論」，[31]這

些學者對於體系解釋的認識,可以概括為依憲法理論構建理論模型,並以此理論模型作為解釋憲法條文的依據。比較兩種概念可知,前者所謂體系,係指「規範體系」,而後者所謂體系,係指「理論體系」。兩種體系解釋方法在「大法官」解釋兩岸關係的實踐中均被大量運用。

對於規範體系解釋方法,「大法官」多將其運用於權利型解釋中,且已經形成「權利條款+權利限制原則」的解釋模式,即先引用「1946年憲法」第二章中某一權利條款,並加以闡釋,然後依同法第23條,論證對所涉權利的限制是否與權利限制原則相違背。「大法官」在「釋字第497號解釋」中甚至明確指出,「若法律僅為概括授權時,則應就該項法律整體所表現之關聯意義以推知立法者授權之意旨,而非拘泥於特定法條之文字」。[32] 運用此方法作成的權利型解釋俯拾可見,本書不再贅述。除權利型解釋外,「大法官」亦將規範體系解釋方法運用於制度型解釋中。如「大法官」劉鐵錚在討論第四個「憲法」增修條文第9條之性質時,認為應「從憲法上整體原則觀察」,並在此原則指導下,考查「1946年憲法」第十一章「地方制度」在「憲法」中的地位,結合「憲法」增修條文前言,將第四個「憲法」增修條文第9條確定為「過渡性安排」。[33]

對於理論體系解釋方法,「大法官」在解釋兩岸關係中對其運用得頗為嫻熟。早期「大法官」多依據「五權憲法」理論,用「五權平等相維」為其解釋背書。至「釋字第261號解釋」,「大法官」為突破「釋字第31號解釋」所創設的「法統」,不再依據「五權憲法」理論,而是先將「民意代表之定期改選」拉升到「民主憲政之途徑」的高度,並將辦理次屆「中央民意代表」選舉的目的,視為「確保憲政體制之運作」云云。據此可見,「釋字第261號解釋」所依據的理論是所謂「民主憲政」。「大法官」不僅依賴既有的理論,而且常常創設一些理論,作為其解釋兩岸關係的基準。如在「釋字第467號解釋」中,多數「大法官」便提出判斷地方自治團體是否具有公法人資格的兩個條件,以此作為判斷臺灣省是否為公法人的標準。「大法官」在運用理論體系解釋方法時,表現出兩個重要趨勢:其一,「大法官」所依據的理論體系,早期以孫中山先生的「五權憲法」理論為主,其後逐漸過渡到具有普適性的憲法學理論,包括西方國家的一些憲法學理論;其二,早期「大法官」在引用或建構理論體系時,大多脫離「憲

法」規範，其後，「大法官」則注意依託「憲法」規範，從「憲法」規範中尋找理論體系的根據。不過，需要指出的是，「大法官」即便依據的是相同條文，所建立的理論體系也不必然相同。如同樣依據「1946年憲法」第23條，「釋字第479號解釋」推演出明確性原則，而「釋字第558號解釋」、「釋字第618號解釋」等則推演出了比例原則等。上述兩個趨勢清晰地說明，「大法官」對兩岸關係的解釋，逐漸從政治語言的堆砌，轉到法律語言的包裝上來，純法學方法亦隨之成為「大法官」解釋兩岸關係方法的主流。

由於多數「大法官」均有留學背景，尤以德國、日本、美國居多，因此，這些國家憲法學的新發展，對於大陸臺灣的「釋憲」實務影響頗深。而流行於上述國家的新興憲法解釋方法，亦對臺灣「司法院大法官」解釋兩岸關係產生影響。

1.「政治問題不審查」

「政治問題不審查」是司法消極主義在解釋方法上的體現。臺灣憲法學界對「政治問題不審查」的理論探討極多。大多都認為，由於司法「釋憲」先天的缺乏所謂「民主正當性」，司法機關在「釋憲」時應對其他政治部門所作的政治決定保持尊重與克制。「政治問題不審查」的最大癥結在於，「政治問題」一詞實難定義：何謂「政治問題」，這個問題本身也許又是一個龐大的理論堆積，學界對此問題亦是眾說紛壇。然而，無論學界爭議如何，「大法官」在解釋兩岸關係的過程中，仍依據各自的理解，嫻熟地將此方法運用於實踐。

臺灣學者大多以「釋字第328號解釋」作為「大法官」運用「政治問題不審查」理論的起點。該案的起因是陳婉真等部分「立法委員」於「立法院」審查「大陸委員會」、「蒙藏委員會」預算時，聲請「大法官」解釋「1946年憲法」第4條「固有疆域」含義而引發。從表面上來看，陳婉真等人的直接目的是為了確定大陸及蒙藏地區是否為「中華民國」領土，以決定是否透過「大陸委員會」及「蒙藏委員會」預算。然而，這部分「立法委員」在向「立法院」提交的臨時提案中，明目張膽地提出「中國大陸不屬於中華民國領土」、「『自由地區』（即臺澎金馬地區）即為現階段中華民國領土主權所在」等言論，[34] 其「臺獨」心理昭然若揭。由於「釋字第328號解釋」的「釋憲」聲請人直指兩岸

關係底線,要求「大法官」確定「固有疆域」範圍。因此,「大法官」一旦此時作成明確的解釋,則可能導致兩岸關係徹底破裂的後果。熟悉各國法律、深諳各路法理的「大法官」只有「祭出」「政治問題不審查」理論,認為「國家領土之範圍如何確定,純屬政治問題;其界定之行為,學理上稱之為統治行為,依權力分立之憲政原則,不受司法審查」,「固有疆域範圍之界定,為重大政治問題,不應由行使司法權之釋憲機關予以解釋」,[35]從而迴避了對「固有疆域」的解釋。在解釋文和解釋理由書中,「大法官」不惜詳細闡述「政治問題不審查」的理論概要,並列舉出席會議人員的名單充數,也不對該解釋所涉案件的實質著一字、發一言,對爭議的關鍵問題採取了刻意迴避的態度,以盡力避免觸碰兩岸關係的底線。

「政治問題不審查」理論亦出現在「大法官」發布的不同意見書中。如「大法官」張特生在針對「釋字第329號解釋」多數意見,發布的一部不同意見書中,兩次運用了「政治問題不審查」理論。在對所涉案件的定性上,張氏認為,該解釋所涉案件涉及「立法院」與「行政院」之間的權限爭議,「確屬涉及高度政治性之問題」,「大法官」「對顯然牽涉高度政治性之問題,仍宜自我節制,若介入過多,不唯易致越權之議論,且治絲益棼,可能招怨致尤,有損司法之立場與尊嚴」。[36]在案件的解決方式上,張氏再次運用「政治問題不審查」理論,認為該案不宜由「司法院」透過「釋憲」機制解決,而是按照「政治問題不審查」理論的基本原理,依照權力分立原則,「由行政與立法兩院斟酌當前國家特殊處境,協商解決」。[37]無獨有偶,另一位「大法官」李鐘聲亦認為司法機關「不得於審查法令是否違憲而乘機干預政治問題,為司法審查制之重要原則」,「對於其他憲法機關從事之自由政治運作與決定……諸如:領土、條約、外交、戰爭等等事項」,司法機關應「都不插手介入,拒絕受理解釋」。[38]

儘管上述幾位「大法官」以一腔書生氣,要求「司法院大法官」「釋憲」時嚴格遵循「政治問題不審查」,然而,這樣的說辭恐怕只能矇蔽初涉憲法的清純學子。[39]對於絕大多數「大法官」而言,實難定義的「政治問題」一詞,為其逃避對兩岸關係的明確定性,提供了良好的藉口,「政治問題不審查」理論在方

法論上的意義恐怕也正在於此。

2.結果取向解釋

結果取向解釋，是指解釋者把因其解釋所作決定的社會影響列入解釋的一項考量，在存在數種解釋可能性時，選擇其社會影響較有利者。[40]結果取向解釋是憲法解釋與社會科學聯結的主要方式，也是「釋憲」者充當所謂「社會工程師」的重要途徑。在臺灣，「大法官」往往充當政治改革的輔助者、監督者和善後者。[41]因此，儘管「大法官」並未在解釋活動中明示所謂「結果取向」，但該方法對「大法官」解釋兩岸關係的重要影響是不言而喻的。

「釋字第242號解釋」的起因是國民黨退臺人士的重婚問題。1949年後，部分在大陸有妻室的退臺人員在臺灣再行組成家庭，隨著兩岸開放探親，退臺人員留居大陸的妻室亦去臺尋找失散多年的丈夫，因兩岸長期隔離而造成的重婚問題全面爆發。如果依臺灣「民法」之規定，將隨國民黨退臺人員在臺灣的婚姻認定為重婚，「其結果將致人民不得享有正常婚姻生活，嚴重影響婚姻當事人及其親屬家庭生活及人倫關係，反足妨害社會秩序」，[42]據此承認在臺婚姻具有法律效力。而在「釋字第475號解釋」中，「大法官」針對國民黨退臺前所發行債券債權人清償債務的聲請，認為「政府立即清償」的後果將「勢必造成臺灣人民稅負之沉重負擔，顯違公平原則」，因而決定延緩債權人行使債權。[43]

除解釋文和解釋理由書運用結果取向的解釋方法外，部分「大法官」在其發布的協同意見書和不同意見書中，亦運用該方法。如在「釋字第329號解釋」中，「大法官」張特生考慮到將「協定」納入「條約」的解釋結果，認為在臺灣「外交條約之處理，已難以常態方式進行」的情況下，對「條約」作擴大解釋，「不特行政院及外交部將受不應有之束縛，國家拓展國際空間活動之努力，亦將受此影響」，因此，「為推展務實外交，爭取……國際上之生存空間」，對「協定」「不得不從權處理」。[44]同樣，另一位「大法官」在針對「釋字第329號解釋」多數意見發布的不同意見書中，專闢一節，以「本件解釋後果堪虞」為名，對「司法院」憑藉「釋憲」干預「立法院」行使職權的後果，表示出極大擔憂。[45]

除上述幾個明顯運用結果取向解釋方法的實例外，大多數關於兩岸關係的解釋尚看不出結果分析，但若將「釋字第31號解釋」、「釋字第85號解釋」、「釋字第150號解釋」以及「釋字第261號解釋」結合起來觀察，還是能發現其中「法與時轉」的哲學；[46]而且，若干個權利型解釋多多少少地蘊涵著「不改變兩岸分治現狀」的取向在其中；即便是以「政治問題」為由迴避審查的「釋字第328號解釋」，也正是考慮到一旦確定「固有疆域」範圍後可能導致的嚴重後果，才以「不審查」代替「解釋」，大有「沒有態度便是態度」的意味。由此可見，「大法官」在解釋兩岸關係時，對結果取向解釋方法的運用是具有普遍性的。

3.「憲法解釋憲法」

隨著解釋方法的多元化，憲法解釋難以避免地走入了「方法越多、秩序越少」的困境。[47]臺灣憲法學者亦敏銳地感覺到，越來越多的解釋方法，使「釋憲」者有了更為廣闊的游移空間，「釋憲」者可以根據結果選用能得出該結果的方法。[48]在上述情況下，解釋方法淪為政治決斷和意識形態恣意的工具。因此，有學者提出「憲法解釋憲法」的解釋方法，即「釋憲」者於解釋「憲法」時以「憲法」有規定者為限，「憲法」未規定者，應由人民或立法機關透過「修憲」、立法予以補足，絕對排斥「釋憲」者藉「釋憲」之名、行「制憲」之實。[49]然而，儘管臺灣學界已經在理論上認識到「憲法解釋憲法」方法的重要性，但「大法官」在「釋憲」實務中，幾乎未能依此方法解釋「憲法」或做統一解釋，形成了一個個「沒有方法的政治決定」。[50]

考查「大法官」關於兩岸關係的16個解釋，其多數意見均未採用「憲法解釋憲法」的方法，反而是部分「大法官」發布的不同意見書中，有運用與主張該方法的實例。較早提出「憲法解釋憲法」方法的是「大法官」姚瑞光，他在針對「釋字第150號解釋」多數意見的不同意見書中指出，「大法官會議解釋憲法之事項，以憲法條文或與憲法有同效力之條文有規定為限」，「憲法條文無規定之事項，自不生『適用憲法發生疑義』」，亦不生「法律或命令有無牴觸憲法」之問題，據此否定該解釋的多數意見。[51]類似的例子還有「大法官」董翔飛針對

「釋字第558號解釋」多數意見提出的不同意見書。董氏認為，多數「大法官」以「入出國及移民法」第5條之規定為據，認定「國家安全法」第3條違「憲」，是以「『甲法律與乙法律規定不符而違憲』的以法律解釋法律的釋憲方法」，「釋憲者行使釋憲，不從憲法層次尋找方向……其法理容有未當」。[52]

如果說，「大法官」在解釋過程中僅僅是不採用「憲法解釋憲法」方法的話，其後果尚算不上是「荒腔走板」。然而，正如臺灣學者所擔憂的那樣，「大法官」不僅沒有以「憲法解釋憲法」，反而以「法律解釋憲法」，[53]尤其在幾個與大陸人民權利有關的解釋中，體現得尤為明顯。這類解釋的一般邏輯是，「大法官」以「憲法」增修條文授權「立法院」對兩岸關係立法的有關條款為依據，引用《臺灣和大陸地區人民關係條例》中的部分規定，進而結合「1946年憲法」第二章中的某一權利條款以及第23條，推導出對大陸人民權利的限制，並未違背權利限制原則，與「憲法」並無牴觸云云。該邏輯實際上將對兩岸關係的特別立法《臺灣和大陸地區人民關係條例》置於「憲法」之上，用該條例之內容來解釋「1946年憲法」第23條所謂「所必要者」的含義。在臺灣學界普遍承認「憲法」之最高法律效力位階的情況下，「大法官」解釋兩岸關係竟以「法律解釋憲法」，不僅與一般法理相違背，甚至與「憲法」設立「大法官釋憲」機制的目的有所違背。

臺灣「司法院大法官」已有50餘年的「釋憲」實踐，形成了比較完備的「憲法解釋」理論體系，儘管這些理論與德國、日本、美國的憲法學理論相比，仍有不足之處，但對臺灣所產生的重大影響已然屬不證自明之實。正如本書在上文所提到的那樣，隨著方法的多元化，憲法解釋難免走入「方法越多、秩序越少」的困境，尤其是對殊為敏感的兩岸關係而言，方法的取捨與選擇更是好像去觸碰一座即將爆炸的彈藥庫。無論是對「大法官」本人，或是旁觀者而言，解釋兩岸關係都是一項危險係數極高的活動，其意義遠遠超出解釋活動本身。根據上述16個「大法官」解釋，本書已經運用描述性的語言概括了「大法官」解釋兩岸關係的方法，進一步的工作自然是對之進行評價，以概括出「大法官」解釋兩岸關係的一般規律，繼而建立經驗性的「大法官」解釋兩岸關係模型。以下本書將透過兩條思路對「大法官」解釋兩岸關係的方法進行評價：其一是依時間序列

的縱向比較評價,其二是將兩岸關係與政府體制、人民權利並列,分析「大法官」在解釋不同性質案件時所採用方法的異同,並據此作橫向比較評價。

從前文列舉的案件可見,1990年之前「大法官」關於兩岸關係的解釋多屬「法統」型,這一特徵與「大法官」在當時的功能和地位有著密切聯繫。在討論這一聯繫時需要交代的是,1990年正是臺灣「憲政改革」開始的一年。隨著戒嚴的解除,臺灣社會亦進入所謂「民主化」時期。同時,這一年也是「臺獨」活動開始急劇膨脹的一年,原先被牢牢禁錮的「臺獨」思想得以鬆綁,並逐漸成為一股足以影響臺灣政局和兩岸關係的逆流。

自國民黨從大陸退據臺灣後,如何消餌制定於大陸、預備適用於「全中國」的「1946年憲法」與退臺後「小臺灣」窘境之間的落差,成為當時臺灣當局面臨的主要法律困境。「司法院大法官」成為解決這一困境的主要工具,並作成「釋字第31號解釋」,創設了以「萬年國大」為主要特徵的所謂「釋字第31號解釋」「法統」。此後,「大法官」又相繼作成多個解釋,「釋字第31號解釋」所創設的「法統」正式形成,這一批「大法官」也被外界稱為「御用大法官」。[54]與其功能與地位相適應,「大法官」創設了「國家發生重大變故」這一解釋模式,並在此後多個解釋中加以適用,其影響甚至波及1990年後的「大法官」解釋,作用範圍也不限於「法統」型解釋。

最早採用「國家發生重大變故」模式的是「釋字第31號解釋」。該解釋緣起於第一屆「中央民意代表」的任期問題。1954年,大陸時期選出的第一屆「立法委員」和「監察委員」任期屆滿,而臺灣當局意圖維持其所謂「中華民國法統」,不欲在臺灣進行第二屆選舉,「全中國」與「小臺灣」的衝突由此在「中央民意代表」改選的問題上表面化。「大法官」在解釋文中聲稱「值國家發生重大變故,事實上不能依法辦理次屆選舉時,若聽任立法、監察兩院職權之行使陷於停頓,則顯與憲法樹立五院制度之本旨相違……」,除此之外,「大法官」並未提及其他理由,便徑直得出第一屆「立法委員、監察委員繼續行使其職權」的結論,正式確立了「國家發生重大變故」模式。之後作成的多個解釋,均循「釋字第31號解釋」例,使「國家發生重大變故」模式成為「法統」型解釋

的標準模式。「釋字第85號解釋」為解決「國民大會代表」總額計算標準問題。「大法官」在解釋文中指出，「憲法所稱國民大會代表總額，在當前情形，應以依法選出而能應召集會之國民大會代表人數為計算標準」，[55]僅以「當前情形」一詞，便得充作全部解釋理由，至於「當前情形為何」，「大法官」又在解釋理由書中聲言「自大陸淪陷國家發生重大變故已十餘年，一部分代表失去自由，不能應召出席會議……當前情況較之以往既有重大變遷……」[56]可見，所謂「大法官」在解釋文中所謂「當前情形」，就是「國家發生重大變故」。另一個典型的例子是「釋字第117號解釋」，該解釋針對「第一屆國民大會代表出席遞補補充條例」是否合「憲」的問題，「大法官」在作解釋時，改採方法極為簡單，僅僅套用「國家發生重大變故」模式，認為「（聲請人）喪失其候補資格，乃因中央政府遷臺後，為適應國家之需要而設」，隨即便得出係爭法律「與憲法有關條文尚無牴觸」的結論。[57]可以說，前三個使用「國家發生重大變故」模式的解釋，均系簡單機械套用，解釋理由亦因此蒼白無力。由於1970年代後臺灣「法統」危機的日益加深，以及「大法官」解釋經驗的積累與成熟，此後的幾個運用「國家發生重大變故」模式作成的解釋，更加重視該模式的說理性。「釋字第150號解釋」是突破「釋字第31號解釋」「法統」的先聲，該解釋亦以「國家發生重大變故」為由，維持「釋字第31號解釋」奠定的「萬年國大」局面，但同時用規範分析方法，認為「釋字第31號解釋」並非變更第一屆「中央民意代表」任期之規定，進而將「行政院」停止遞補第一屆「立法委員」的命令解釋為「合憲」。[58]「釋字第150號解釋」雖仍採用「國家發生重大變故」模式，但引入了規範分析的方法，意圖增加解釋的說理性。而結束「萬年國大」、開啟臺灣「憲政改革」大門的「釋字第261號解釋」對「國家發生重大變故」又作另一番解釋。該解釋採用「國家遭遇重大變故」的表述模式，承認「釋字第31號解釋」的效力。同時，又以「當前情勢」為由，認為「釋字第31號解釋」所創設的「法統」已經不再適用於臺灣，至於所謂「當前情勢」為何，「大法官」並未說明。在「釋字261號解釋」中，「國家發生重大變故」已經不是「大法官」作成解釋的理由，而是「大法官」批判和揚棄的對象。然而，在該解釋中，「大法官」卻又使用了一個比「國家發生重大變故」更為模糊的「當前情勢」作為理

由，似乎又在以另一種方式延續著傳統模式，只不過不出現「國家發生重大變故」的字樣罷了。「國家發生重大變故」模式不僅被「大法官」用於「法統」型解釋，在權利型和制度型解釋中亦被多次採用。「釋字第242號解釋」針對赴臺人員重婚問題，認為「唯國家遭遇重大變故，在夫妻隔離，相聚無期之情況下發生之重婚事件，與一般重婚事件究有不同」，並據此認定1949年後赴臺人員在臺婚姻「合法」。除此之外，「大法官」還運用「國家發生重大變故」模式，分別作成「釋字第265號解釋」和「釋字第475號解釋」，前者將限制大陸人民入境的「法律」解釋為「合憲」，後者則延緩1949年前國民黨政府發行債券之債權人對當局行使債權。

從上述對「國家發生重大變故」模式的分析可見，該模式雖在文字表述和語義上沒有變化，但其功能已經發生逆轉。以「釋字第150號解釋」為標誌，「國家發生重大變故」在此之前是臺灣當局維繫其所謂「法統」、保持「全中國政府」形象的藉口，而在此之後，「國家發生重大變故」則蛻變為臺灣當局區別對待兩岸人民的託辭。

「國家發生重大變故」模式的致命缺陷是該模式沒有「憲法」依據。如果說在戒嚴時期，尚能透過所謂「動員戡亂時期臨時條款」勉強推出，在戒嚴解除後則完全無任何法律依據。同時，臺灣當局自1990年後即推行所謂「民主化」和「本土化」，意圖去除「統一」符號，而且，「國家發生重大變故」的意識也從臺灣民眾心理逐漸退去。在上述幾個因素的共同作用下，「國家發生重大變故」模式自然逃脫不了被取代的命運。以「釋字第328號解釋」為標誌，一種新的「大法官」解釋兩岸關係的模式出現。「釋字第328號解釋」以所謂「政治問題不審查」理論作為「釋憲」依據，在「大法官」解釋兩岸關係的歷史上，開創了不出現「國家發生重大變故」及類似字樣，而代之以「憲法」規範分析方法的實例。對於這一模式，本研究稱之為「憲法規範」模式。「憲法規範」模式與「國家發生重大變故」模式不同。運用後一模式的解釋，雖在對「國家發生重大變故」這一理由上所用的文字不同，但內涵均保持一致；運用前一模式的解釋則由於案件性質各異，又呈現出不同的樣態，主要有兩種子模式。

其一，權利條款＋權利限制原則。這一子模式主要運用於權利型解釋，最具有代表性的是「釋字第479號解釋」。「釋字第479號解釋」系因原臺灣「中國比較法學會」更名為「臺灣法學會」的要求，被「內政部」以「大陸性」團體需以「中國」、「中華民國」、「中華」等冠名為由拒絕而引發。該解釋所涉爭議的關鍵，正如董翔飛、劉鐵錚、黃越欽三位「大法官」在不同意見書中所指出的那樣，是「臺灣是否意含國家名號」的問題。[59]由此可見，本案是「臺獨」分子謀求突破「去中國化」法律限制的重要步驟。[60]「大法官」在解釋聲請人「去中國化」行為是否「合憲」時，全然沒有任何關於統「獨」爭議的討論。在解釋文和解釋理由書中對「去中國化」的實質不著一字，僅從「1946年憲法」第14條導出所謂「結社自由」，又依據第23條引進德國法上的「明確性原則」，將敏感的統「獨」爭議化解為權利問題，然後以「人權保障者」面目宣告「內政部」限制「去中國化」行為的規定，因「侵害人民依憲法應享之結社自由，應即失其效力」。[61]至此，「大法官」輕而易舉地將一個可能引發兩岸正面衝突的統「獨」問題化解於無形，同時又為「去中國化」活動找到了「合適」的「法律依據」。採用此子模式的解釋，均以「憲法」增修條文第11條（或第10條）[62]為先導，首先推出限制人民權利具有憲法依據，然後以「1946年憲法」第23條為依據，運用「法律保留原則」、「比例原則」和「明確性原則」，論證限制人民權利法律的合「憲」性，有些解釋還從「1946年憲法」第二章中找出一個或兩個權利條款以作支撐。目前，這一模式已在多個權利型解釋中被適用，類似的例子還有「釋字第475號解釋」（「1946年憲法」第23條）、「釋字第497號解釋」（「1946年憲法」第10、23條）、「釋字第558號解釋」（「1946年憲法」第10、23條）、「釋字第618號解釋」（「1946年憲法」第7、23條）等。

其二，憲法理論＋規範分析。這一子模式主要運用於制度型解釋中，除前述「釋字第328號解釋」外，還有「釋字第329號解釋」、「釋字第467號解釋」與「釋字第481號解釋」等，現以「釋字第467號解釋」說明。「釋字第467號解釋」的實質是「精省工程」的「合法性」，以及「精省」後臺灣省的地位問題。但是，「大法官」在解釋文和解釋理由書中，並未觸碰問題的實質，而是依靠構

建憲法理論，結合「憲法」增修條文及其他相關法律，否定了臺灣省的公法人地位。在解釋理由書開篇，多數「大法官」「不察……制憲時代背景，亦無視憲政經驗及法制層面已形成之共識，復不採公法學上同時也是學術界所公認知……之通說，在方法上亦未建立強有力之理論架構，甚至未見一句說理」，即蹦出了地域團體所需符合的兩項條件，[63]繼而僅透過羅列「憲法」增修條文相關規定，亦未見任何說理，便徑直得出了「臺灣省非公法人」的結論。「釋字第467號解釋」對「憲法規範」模式的運用可謂已臻極致，不惜違反學術共識，編造一套毫無說服力的所謂「理論」，將「憲法」增修條文中對省級建置的「調整」篡改為「廢除」，[64]按照「臺獨」分子的意圖，將「廢省」法制化，「釋字第467號解釋」也因此成為調整臺灣省級建置的重要「法源」。類似的例子還有運用國際法理論作成的「釋字第329號解釋」、運用實質平等理論作成的「釋字第481號解釋」等。

至於「國家發生重大變故」模式與「憲法規範」模式之間的區別，我們可以從「大法官」運用兩種模式解決同一性質案件的實踐中一窺端倪。「釋字第265號解釋」和「釋字第497號解釋」，均針對大陸人民入境限制案件。「大法官」作成的解釋也大同小異，均將限制大陸人民入境的法律解釋為「合憲」，但兩者所使用的解釋方法完全不同。「釋字第265號解釋」，依然沿用國家發生重大變故模式，在解釋理由書中稱「當國家遭遇重大變故，社會秩序之維持與人民遷徙之自由發生衝突時，採取……入境限制，既為維持社會秩序所必要，與憲法並無牴觸。」[65]而在「釋字第497號解釋」中，「大法官」則從第三個「憲法」增修條文（1994年）第10條〔現為第七個「憲法」增修條文（2005年）第11條〕推導出限制大陸人民入境的「憲法」依據，繼而運用「1946年憲法」第23條，指出限制大陸人民入境的規定，符匿第23條所規定的「比例原則」，最終得出「內政部」相關規定與「憲法」並無牴觸的結論。可見，兩種模式在本質上並無任何區別，只不過是一種語言文字上的轉換而已。當然，由於後一模式被包裝在大量的法律辭藻之下，較之前者更具隱蔽性和模糊性。

需要指出的是，上述所謂「國家發生重大變故」模式與「憲法規範」模式是本書的經驗性概括。在實踐中，「大法官」解釋兩岸關係經歷了從單純使用「國

家發生重大變故」模式,到兩種模式混用,再到單純使用「憲法規範」模式的過程,其轉折點仍為1990年。1990年前,幾乎全部解釋均以「國家發生重大變故」模式作成,「大法官」在解釋文和解釋理由書中,幾乎不作理論闡述,對於法律條文也僅作簡要分析。而自1990年後,「憲法規範」模式開始得以適用,但「國家發生重大變故」模式並未被立刻棄用。如「釋字第475號解釋」,一方面稱「國家發生重大變故,政府遷臺,此一債券擔保之基礎今已變更」,另一方面又認為「延緩債權人對國家債權之形式,符合上開憲法增修條文意旨,與憲法第二十三條限制人民自由權利應遵守之要件亦無牴觸」,「大法官」在作成解釋時將兩種模式混用。以「釋字第497號解釋」為標誌,「國家發生重大變故」模式淡出「大法官」解釋,「憲法規範」模式取而代之。可以預見,日後臺灣「大法官」解釋兩岸關係時將以「憲法規範」模式為主。

將「大法官」解釋政府體制、人民權利和兩岸關係的方法進行橫向比較,是一件難度頗大,卻饒有趣味的事情。從憲法學一般理論而言,政府權力和人民權利是憲法的主要內容,「釋憲」者的主要工作便是透過「釋憲」控制政府權力、保障公民權利,這一點已經成為各國(地區)理論界與實務界的共識。然而,臺灣的情況卻有很大不同:「大法官」除了承擔傳統「釋憲」者應完成的工作外,還須謹小慎微地處理比此二者更為複雜和敏感的兩岸關係。而兩岸關係又像是「一個不斷冒出濃煙的活火山,復國與建國的板塊不斷擠壓」,[66]「大法官」的處境就好似在兩大板塊間走平衡木,稍有不慎便會引發難以預計的後果。就此點而言,「大法官」解釋兩岸關係的難度遠大於解釋政府體制和人民權利。也正是如此,我們在看到「大法官」層出不窮的關於政府體制解釋,以及大量關於人民權利的解釋時,並未發現多少關於兩岸關係的解釋。即便是本書提及的16個與兩岸關係有關的解釋,也大多可以納入政府體制和人民權利範疇。據此可知,「大法官」解釋兩岸關係的方法其實與其解釋政府體制和人民權利的方法有重疊之處。

如「釋字第261號解釋」,它所須解決的問題同時涉及兩岸關係、政府體制和人民權利三個方面。既關係到「釋字第31號解釋」「法統」的「合法性」,又關係到「萬年國大」的任期問題,同時還關係到臺灣人民重要的民主權利。面

對這樣一個三位一體的問題,「大法官」卻得出既不否定既有「法統」,又能推進政府體制改革,同時兼顧人民權利的結論,其解釋方法亦成為臺灣「釋憲」實務中的經典之作。「大法官」首先運用「國家發生重大變故」模式,肯定「釋字第31號解釋」所創設的「法統」,繼而用頗耐人尋味的「當前情勢」終止了「釋字第31號解釋」的效力;然後,「大法官」將「民意代表之定期改選」上升到「反映民意,貫徹民主憲政之途徑」的高度,用體系解釋的方法,將放之四海而皆準,但卻有著極大變化空間的「憲法」理論作為結束「萬年國大」任期的理由之一。隨即又採用歷史解釋的方法,舉頒布灣已經辦理的若干選舉活動,充作結束「萬年國大」、即行改選的另一理由。至此,鋪墊工作均以完成,「大法官」順理成章地宣告「第一屆未定期改選之中央民意代表……停止行使職權」,並責成有關機關開始辦理第二屆「中央民意代表」選舉。[67]「釋字第261號解釋」所用的解釋方法涉及文義解釋、歷史解釋、體系解釋、功能取向解釋等多種解釋方法,這些方法在運用過程中,很難區分其指向的對象究竟是兩岸關係、政府體制,還是人民權利。

當然,若仔細橫向比較「大法官」解釋兩岸關係、政府體制和人民權利的方法,還是能清晰地發現一些區別。

第一,「大法官」解釋兩岸關係時,所處的地位及其所發揮的功能與解釋政府體制與人民權利時不同。因此,「大法官」在選擇解釋方法時所作的考量亦有不同。對於政府體制,在「憲政改革」前,「大法官」基本上充當「政權鞏固者」角色,根據政治人物的意願為當局「執政」套上「憲法」的光環;[68]「憲政改革」以後,「大法官」積極介入政治爭議,表現出極強的司法積極主義,一些關於政府體制的重要解釋在臺灣「憲政改革」過程中占有重要地位。[69]「大法官」透過「釋憲」的方式參與政治實踐,對島內政治生活實施規範控制,儼然是政治糾紛的仲裁人。[70]由於「大法官」在解釋政府體制時,考量的因素集中於如何得出各方均能接受的方案,而不致因解釋招致其他政治部門報復,同時能在一定程度上引導臺灣的政治發展。因此,「大法官」在選擇方法時顯得比較隨意,並無固定模式,方法也較為多元。更有甚者,「大法官」不惜顛倒方法與結果之間的邏輯聯繫,先按政治形勢與個人意識形態決定解釋結果,再選擇合適的

解釋方法來包裝該結果。至於人民權利，其在「憲政改革」過程中完全被忽視，「從未成為憲政改革之焦點」。[71]也許正是因為如此，「大法官」反倒不必背負沉重的政治壓力，得以按照法理與法律的基本邏輯來解釋「憲法」。多數臺灣學者亦認為，「大法官」在臺灣人民權利發展與保障方面著力頗深，貢獻也遠大於其對政府體制和兩岸關係的解釋。[72]與前述兩者相比，兩岸關係則較為特殊：按臺灣學者的觀點，「本土化」是臺灣「憲政改革」的兩大重點之一，[73]而對兩岸關係的任何微小擾動，都可能產生難以估量的政治後果；但從「大法官」關於兩岸關係的解釋來看，多數解釋所涉及的案件與兩岸關係之定位的直接關聯程度並不高，大多僅觸及兩岸關係的側面。因此，「大法官」在選擇解釋方法時，一方面所背負的責任遠大於解釋政府體制和人民權利，不得不在選擇方法時謹小慎微，就事論事，不能如解釋政府體制和人民權利那樣，從大處著筆，用宏大敘事的手法來構建理論體系，以展示「大法官」的學術功底與成就；另一方面，「大法官」又必須至少在表面上遠離政治意識形態，透過嚴謹，甚至純粹的法學方法來解釋兩岸關係，在極端情況下甚至不惜藉助某些憲法理論來迴避對係爭案件的解釋。凡此種種，說明「大法官」所選擇的解釋兩岸關係的方法，只能是以一定政治目的為價值預設、同時潛藏政治意識形態的「純粹」法學方法。這一看似矛盾的結論，正是「臺獨」分子試圖藉助「大法官」解釋的法學外衣包藏其「臺獨」野心，並賦予「臺獨」以所謂「正當性」的險惡圖謀在「憲法」解釋方法論上的直接反映。

　　第二，「大法官」解釋兩岸關係的方法在發展方向上與其他兩者不盡相同。從方法論意義而言，「大法官」解釋兩岸關係的空間極小。因此，與政府體制和人民權利相比，「大法官」解釋兩岸關係的方法在發展方向上有所不同，甚至呈現出完全相反的趨勢。其一，對於政府體制和人民權利而言，從規則到原則是一個顯而易見的發展方向，而「大法官」在解釋兩岸關係時則正好相反。受德沃金「封閉完美法律體系」思想及凱爾森「法規範層級」思想的影響，「大法官」在解釋時，除注重從規範本身尋找解釋的依據，還將高於法規範的法原則作為「釋憲」的依據。當「大法官」無法從規範中尋找解釋依據時，他寧願將解釋建立在原則基礎上，直接運用含義廣泛、包容性強的原則為其解釋背書。而在兩岸關係

上則表現出另一種完全相反的趨勢,較之早期的所謂「五權憲法」、「國家發生重大變故」等抽象的原則言說,「大法官」更加願意從「憲法規範」中直接尋找解釋兩岸關係的依據。從法理上而言,規則無論如何比原則更加具體,也更具有確定性,在形式上也更具說服力,用於包裝解釋結果的效果顯然強於後者。因此,「大法官」願意在敏感的兩岸關係上選擇具有確定的規則作為其解釋依據。其二,與社會科學方法大量運用於解釋政府體制和人民權利不同,「大法官」在解釋兩岸關係時,越來越多地運用純法學方法。有臺灣學者認為,憲法解釋應與社會科學相聯結,走社會科學的道路,甚至讓臺灣的憲法學漸漸趨近一種社會科學。[74]在「釋憲」實務中,諸如博奕論、公共選擇理論、公共政策理論乃至社會調查方法已在「大法官」解釋中顯露出苗頭,憲法解釋方法論業已從單純的法學領域拓展到社會科學領域。然而,上述這些趨勢與現象與兩岸關係是絕緣的。從本質上而言,兩岸關係是一個綜合各個社會科學門類的綜合性問題,與其他社會科學的聯繫,應強於政府體制與人民權利兩者,但由於「大法官」在解釋兩岸關係時,刻意將其對兩岸關係的基本態度包裝在法學辭藻之下,嚴格適用純法學方法,導致兩岸關係的解釋與其他社會科學方法反而表現出背道而馳的趨勢。其三,「大法官」在解釋政府體制和人民權利時,避免使用「政治問題不審查」理論,表現出較強的司法積極主義,而在解釋兩岸關係時,則將「政治問題不審查」理論視為最後的救命稻草。截至2007年7月底,除協同意見書和不同意見書外,「大法官」僅在兩個解釋中運用了「政治問題不審查」理論:一為「釋字第328號解釋」,二為「釋字第419號解釋」,其中後一解釋尚不涉及所涉案件的核心。[75]可以說,真正完全適用「政治問題不審查理論」的解釋,只有「釋字第328號解釋」一例。然而,這並非說明「大法官」在解釋政府體制和人民權利時沒有面臨「政治問題」的詰問。「大法官」在作成「釋字第499號解釋」、「釋字第520號解釋」、「釋字第585號解釋」、「釋字第613號解釋」時,都曾有學者及「大法官」建議援引「政治問題不審查」理論,以迴避解釋有關政治爭議,但「大法官」並未以此為藉口迴避審查,而是積極介入爭議,作成相關解釋。而對於兩岸關係,「大法官」則將「政治問題不審查」作為救命稻草,在所涉案件必須對兩岸關係做出明確定位時,便將該案件定性為「政治問題」,堂而

皇之地不予解釋。

綜合上述縱向與橫向兩個方面的比較，我們可以清晰地看到，「大法官」解釋兩岸關係的方法呈現出所謂「去政治化」趨向，「大法官」試圖以「統獨中立」的姿態，至少在形式上與敏感的兩岸關係保持一定距離。與此同時，「臺獨」分子也正是力圖透過維持這種形式上「中立」的法學方法，為其「臺獨」目的提供「正當化」的外衣。

三、國外處理分裂國家行為相關問題的憲法解釋研究

國外透過憲法解釋處理分裂國家的問題有著大量先例。本書擬以德國聯邦憲法法院處理兩德統一問題、韓國司法機關處理韓朝問題和加拿大最高法院處理魁北克問題的實踐為例加以說明。

（一）德國聯邦憲法法院關於兩德統一問題的憲法解釋

德國聯邦憲法法院在兩德統一過程中發揮了重要作用。在兩德並存期間，聯邦憲法法院曾三次做出關於統一問題的重要判決。

聯邦德國《基本法》規定了統一條款，並以其作為聯邦德國據以主張統一和實現統一的根本法依據。《基本法》的統一條款共有四處。第一，《基本法》序言規定，「全體德國人民仍應透過自由的自決來實現德國的統一和自由。」《基本法》序言的上述規定，不僅是一種政治上的宣言，而且表明聯邦德國《基本法》對於德國分裂狀況的一種保留。1956年，聯邦德國憲法法院在「共產黨解散案」判決中，引據《基本法》序言的上述規定，導出了聯邦德國的「國家統一義務」（BVerfGE85）。《基本法》序言的上述規定，對聯邦德國政府和人民形成了具有法律拘束力的憲法委託[76]，這種委託要求聯邦德國政府和人民致力於實現德國統一。第二，《基本法》第23條列舉了《基本法》適用的各州名稱，

並於其第2項規定當德國其他地區加入聯邦後,《基本法》在其地域範圍內開始生效。《基本法》第23條通常被解讀為《基本法》的地域效力。根據這一條的規定,《基本法》並非是為全德國制定的憲法,而是有著特定的適用範圍,亦表明《基本法》並未承認德國永久性分裂的事實。而且,在其第23條第2項提供了「加入」這種實現統一的制度渠道。第三,《基本法》第116條第1項規定,「德國人」包括1937年12月31日後被驅逐出德國的難民及其後裔。這一條透過對「國籍」的回溯性確認,將聯邦德國塑造成「德意志帝國-魏瑪共和國」法統的延續者,標榜了聯邦德國對分裂前統一德國的直接繼承關係。第四,《基本法》第146條規定,《基本法》於德意志民族基於自決制定新憲法時失效。《基本法》第146條除規定基本法的時間效力外,為德國復歸統一提供了第二條路徑,即「制憲」。

兩德關係在1970年代經歷了動態發展的過程。1970年後,聯邦德國開始實施新東方政策,注重改善與民主德國的關係,逐漸實現兩德關係正常化,有效地促進了兩德在經濟、政治、文化和社會等各方面的交流和融合,為兩德復歸統一奠定了現實基礎。「新東方政策」有關兩德關係的主要內容,是透過兩個德國之間的相互接近和關係正常化,結束兩德政治對立,其舉措之一是對民主德國的承認。但是,這種承認並不是法律意義上的承認,也並非意味著將兩德關係視為兩國關係,而是承認民主德國在事實上的存在,兩德關係仍然是「德意志民族內部的特殊關係」[77]。《兩德關係基礎條約》是「新東方政策」的主要成果之一,主要內容包括:(1)兩德實現關係正常化,並在平等的基礎上發展友好關係;(2)兩德互相承認主權、領土完整和獨立;(3)兩德在國際上互不代表,並尊重對方在內政和外交上的獨立自主;(4)兩德在對方首都設置「常駐代表機構」。《兩德關係基礎條約》改變了兩德之間的對立關係,同時也為聯邦德國基本法帶來了一場危機。由於《兩德關係基礎條約》對民主德國改行「承認」的立場,尤其是要求雙方互相尊重對方的領土完整和獨立自主,聯邦德國內外均出現質疑《基本法》第23條第2項之有效性的聲音。聯邦德國內部的一些人士認為,在尊重民主德國統治範圍的條約義務下,透過「加入」的方式完成德國統一已經沒有可能[78]。聯邦德國憲法法院在關鍵時刻做出了具有歷史意義的判決

（BVerfGE36，1）。該判決意旨如下：「德意志聯邦共和國理解其領土的不完整性，只要可能且德國之另一部分準備加入德國，基於《基本法》的規定，其有義務採取一切必要行為，直到德國之另一部分加入聯邦德國，並如同其組成部分時，聯邦德國方為完整。」（BVerfGE36，1/28f）這段判詞包含了以下三個方面的內容：第一，《基本法》序言所規定的「國家統一義務」，並不因為「兩德關係基礎條約」的簽訂而解除，聯邦德國政府和公民仍有義務促進國家統一；第二，《基本法》第23條第2項所規定的「加入」方式，仍然是完成德國統一的方式之一，該項規定與序言所規定的「國家統一義務」有著必然聯繫；第三，儘管負有「國家統一義務」，但並不意味著聯邦德國必須採取僵化的立場對待民主德國，基於《基本法》的委託，聯邦德國可以採取一切必要的措施，以促進德國的統一。根據憲法法院的判決，在《兩德關係基礎條約》之後，聯邦德國的國家形態的確改變了，它從德意志帝國法統的唯一繼承者，變成了繼承者「之一」。但聯邦德國的「國家統一義務」並未因此而消除[79]，而備受爭議的「加入」方式，依然是德國復歸統一的憲法途徑之一。透過憲法法院判決解釋的方式，《基本法》在堅持統一立場的前提下，為適應兩德關係的發展進行了政策性微調，肯定了《兩德關係基礎條約》作為「統一方式」的合憲性，從而為兩德關係的發展掃清了法律障礙。

　　1990年8月31日，兩德簽訂《統一條約》，並於同年10月3日完成法律手續，德國完成統一。《統一條約》的合憲性問題，是兩德統一的最後一個法律障礙。《統一條約》對《基本法》的修改是否構成違憲，成為一個主要的爭議。這一爭議源於《統一條約》對《基本法》做出了多達五處的直接修改，而沒有依循《基本法》第79條第1項的修憲程序。《統一條約》簽署後，由聯邦德國政府以「條約法案」的形式，依照《基本法》第59條提請德國議會，要求德國議會就是否透過該條約進行表決。但是，根據《基本法》第79條所規定之修憲程序，對《基本法》的修改，須以「憲法修正案」形式提出，並獲得德國議會上下兩院各2/3的多數透過始得生效。因此，有聯邦德國參議院議員質疑《統一條約》以條約形式修改憲法的合憲性。對此問題，聯邦德國憲法法院做出了有利於《統一條約》的判決（BVerfGE82，316）。根據該判決，《基本法》序言所規定的

53

「國家統一義務」，不只是對各國家機關的行為產生拘束，而且也對各國家機關形成授權，各國家機關可以選擇對履行「國家統一義務」最為有利的舉措，聯邦德國政府簽訂《統一條約》的方式，當然屬於「最為有利的舉措」。

「統一」條款、《兩德關係基礎條約》和《統一條約》的憲法爭議，是聯邦德國《基本法》關於兩德統一問題的主要爭議。在解決爭議中，聯邦德國憲法法院造成了至關重要的作用。透過憲法法院的合憲性判決，兩德統一的最後一個法律障礙被消除了。透過對《基本法》的解釋，憲法法院使《基本法》成為一個開放的體系，後者也在憲法法院的調整中，逐漸與兩德關係正常發展和德國復歸統一的需要相適應。

（二）韓國法院關於韓朝關係問題的憲法解釋

1953年朝鮮戰爭停火後，韓國和朝鮮處於分裂狀態，雙方互不承認，高層政治往來、經貿往來近乎停止。韓國將「反共產主義」作為其基本國策之一，並將其體現在法律中。在實踐中，韓國發生多起與韓朝相互關係相關的案件，韓國司法機關（包括最高法院和憲法法院）對此類問題作過多次判決，本書以1972年「競選言論」案和1993年《旅北朝鮮游記》案為例說明[80]。

1972年「競選言論」案中，韓國軍政府的反對者、總統競選人蘇敏赫在競選演說中主張，應依據韓朝的人口比例，對雙方的武裝力量予以同時削減，從而減輕龐大軍備開支對雙方人民的重負。當時正逢朝鮮參加國際裁軍大會和國際奧運會之際，被告在公開演說中由此推定：「北朝鮮已被國際社會承認為合法的政治實體。因此，大陸也應當承認其主權國家的地位。」韓國當局據此指控蘇敏赫觸犯了1961年的《反共法》，危及到韓國的國家安全和對外政策。漢城地區刑事法院在該案件中，也援用「明顯與即刻的危險」標準，對該競選言論的性質進行界定。法庭認為，憲法保障表達自由並不意味著該自由是不受限制的。當某一言論的內容，對韓國的社會秩序和公共福利構成「明顯與即刻的危險」時，言論自由得受法律之限制。儘管被告的言論屬於總統競選者所表達的政治觀點，但該言論對韓國社會秩序和政治安全，構成了明顯與即刻的危險。因為該言論意味著韓國政府應當承認朝鮮為合法的主權國家，這無疑會提升朝鮮政權的聲譽。也就

是說，這類政治言論即使是競選者做出的，也是違法的。最終，蘇敏赫被判有罪。

1993年《旅北朝鮮游記》案中，韓國漢城一家雜誌社的編輯易寺甬刊發了作為持不同政見者的小說家黃宿湧的《旅北朝鮮游記》。政府認為刊發該稿件的行為觸犯了《國家安全法》，應判定被告有罪。被告則辯稱，該游記在事實上並不會有利於朝鮮；而即使該作品有利於朝鮮，他本人也並未意識到這一作品會產生這樣的後果或影響。一、二審法院均認定被告有罪。最高法院在終審中確認了下級法院的有罪判決，認定：「該游記並非真實地描述了該作者在北朝鮮的所見所聞。作者在主觀上存在著詆毀韓國民主政體之故意，片面強調了北朝鮮在社會制度、意識形態和生活水平上的相對優越性，大肆讚美金日成……的領導才能和獨立自主的意識形態，且用極具衝擊力和挑釁性的措辭為北朝鮮搖旗吶喊。因此，刊發這樣的作品對韓國的國家安全和自由政體構成了威脅。」[81]

上述兩案的核心都是韓國是否承認朝鮮是一個「合法的主權國家」。韓國地方法院並沒有對該實質問題表明態度。在前一案中，法官指出，蘇敏赫的言論含有韓國應承認朝鮮為合法主權國家的意思，因此，會對韓國國家安全產生「明顯與即刻的危險」。據此，我們可以推斷，韓國地方法院認為，韓國當時並未承認朝鮮是一個「合法的主權國家」。在後一案中，最高法院法官認為，游記作者的行為系「為北朝鮮搖旗吶喊」，「對韓國的國家安全和自由政體構成了威脅」。據此，我們可以推斷，韓國最高法院法官針對的並非是認為游記作者有分裂行為，而是游記作者對朝鮮社會制度的態度，所維護的並非是朝鮮半島的統一性，而是韓國社會制度的「民主性」。韓國司法機關的法官在堅持其憲法原則基礎上，把案件所涉及的政治問題轉化為純法律問題予以解決，迴避了憲法爭端。

（三）加拿大聯邦最高法院關於魁北克獨立問題的憲法解釋

加拿大是多民族的移民國家，其主要居民是英裔和法裔。而後者主要聚居在魁北克省。20世紀中葉，一部分法裔魁北克政客開始進行有組織、有綱領的分裂活動。而且主張獨立的政治團體於1976年贏得魁北克地方選舉，並開始策劃透過地區「全民公決」，實現獨立。1980年，魁北克舉行第一次「公決」，結

果只有40%的人支持獨立。之後，魁北克地方分裂集團不顧加拿大聯邦政府的堅決反對，於1995年舉行第二次「公決」，並把「公決」內容改成「實現魁北克主權，同時與加拿大其他部分形成夥伴關係」。儘管分裂勢力模糊了「公決」內容，但其支持率只增長了九個百分點，仍以失敗告終。加拿大聯邦政府對魁北克地方分裂集團的「獨立」活動進行了長期的鬥爭，而法律鬥爭則是其主要形式，其中加拿大聯邦司法機關的憲法解釋造成了關鍵性作用。

1998年，加拿大聯邦政府向最高法院提起非正式訴訟，要求最高法院就如下三個問題做出解釋：其一，根據加拿大憲法，魁北克省政府是否有權單方面宣布脫離加拿大聯邦；其二，根據國際法，魁北克省是否擁有自決權；其三，如果國際法與國內法在魁北克省獨立與否的問題上發生衝突，應該適用什麼法律。1998年8月，加拿大最高法院做出了歷史性的判決，指出「一個省無權單方面決定脫離加拿大聯邦」，無論是加拿大的聯邦憲法或是國際法都不允許一個省單方面決定獨立。[82]加拿大最高法院的判決，明確否定了魁北克省單方面宣布脫離聯邦的合憲性，為加拿大維護國家統一奠定了憲法基礎。

加拿大聯邦憲法並無條文明確規定省是否有權宣布獨立以及實現獨立的程序。加拿大最高法院透過解釋闡述了宣布獨立的憲法性程序要求。在一個民主國家，重大問題應當依照民意來決定。魁北克省方面的主要論點是該省人民具有自己決定是否獨立的權利。他們聲稱加拿大聯邦憲法的正當性基礎在於「人民主權」原則，制定憲法的人民主權必須允許人民在行使主權過程中透過多數決而自行脫離聯邦。鑒於此，法院首先肯定了民主原則在加拿大憲政體制中的地位，加拿大的政治制度建立在民主原則基礎之上，因而一省人民的民主意志表示具有份量，因為這種公投將為魁北克政府透過憲法手段實現分離而啟動修憲程序之努力賦予正當性。在這個背景下，法院認為應當將「清晰」多數作為定性衡量。最高法院的判詞承認魁北克省透過全民公決所體現的民意必須受到尊重，但為了保證民意在公決中得到充分尊重，法院主張公決所針對的問題以及公決結果的多數都必須足夠「清晰」。

如果魁北克省全民公決的程序和內容都滿足了「清晰」要求，魁北克是否就

可以宣布獨立？法院的回答是否定的。法院認為，因為不同層次的人民可能對獨立問題有不同的看法；即使魁北克省的多數人贊成獨立，整個聯邦人民中的大多數可能反對獨立。法院認為，不同層次的民意具有平等地位，「加拿大在各省、屬地和聯邦層面上可能有不同而同樣正當的多數。作為民主意念的平等表達，任何一個多數的正當性都不比其他多數更多或更少。」[83]聯邦制使各省都能根據本省人民的意志和利益追求其政策，但加拿大作為一個整體，也是一個民主社會，其中公民透過聯邦政府在其權限範圍內採取行動，在聯邦層面上實現公意。在局部和整體兩種意志發生衝突的情況下，任何一方都無權將自己的意志凌駕在對方之上，雙方必須按照憲法設定的程序透過協商來解決衝突。只有透過平等的談判，才能保證所有當事方的權利獲得尊重和協調。因此，地方自治必須和憲法體現的聯邦主義原則協調，地方利益應當與聯邦利益協調。雖然加拿大聯邦憲法既沒有明確授權也沒有禁止分離，分離行為對加拿大聯邦領土治理方式產生了影響，不符合現行憲法的安排。因此，地方獨立應當被定性為一個憲法問題，最高法院認為，一省脫離加拿大聯邦的行為應當透過修改憲法進行。法院最後指出，在經過一個多世紀的發展，加拿大聯邦在經濟、政治和社會制度方面出現了高度一體化，而魁北克的分離主張將使聯邦的政治和經濟面臨著分崩離析的風險。因此，如果聯邦和其他地區不同意魁北克獨立，那麼魁北克必須「顧全大局」；如果修憲進程的結果最終對分離主義主張不利，魁北克不得採取單方面的分離行動。

透過這項解釋，加拿大最高法院對維護聯邦的統一發揮了重要作用，為和平理性地解決魁北克問題做出了貢獻。

註釋

[1].參見黃江天：《香港基本法的法律解釋研究》，三聯書店（香港）有限公司，2004年版，第124頁。

[2].參見黃江天：《香港基本法的法律解釋研究》，三聯書店（香港）有限公司，2004年版，第126頁。

[3].參見《香港特別行政區基本法》（1990年）第158條。

[4].參見周葉中：《臺灣問題的憲法學思考》，《法學》，2007年第6期。

[5].關於臺灣「司法院大法官釋憲」機制，可參見周葉中、祝捷：《臺灣「憲政改革」研究》，香港社會科學出版社，2007年版，第90頁以下；關於「釋憲臺獨」，可參見同書第378頁以下。

[6].語頒布灣學者對「釋字第520號解釋」的評價。參見湯德宗：《憲法結構與違憲審查———司法院大法官釋字520號解釋案評釋》，載劉孔中、陳新民編：《憲法解釋之理論與實務》（第三輯），「中央研究院」中山人文社會科學研究所，2002年版。

[7].「荒腔走板」是臺灣學者評價「司法院大法官」解釋時所用頻率較高的一個詞語，典型的如蘇永欽對「釋字第585號解釋」所作的評價，參見蘇永欽：《沒有方法的解釋只是一個政治決定》，《月旦法學雜誌》，2006年第136期。

[8].我們所引臺灣「司法院大法官」解釋解釋文和解釋理由書，「釋字第610號解釋」之前的以《大法官會議解釋彙編》為準，參見《大法官會議解釋彙編》（增訂五版），三民書局，2006年版，「釋字第610號解釋」至「釋字第631號解釋」的解釋文和解釋理由書以臺灣「法源法律網」所載為準，http://db.lawbank.com.tw/，最後訪問日期：2011年4月30日。所有「司法院大法官」解釋的不同意見書、協同意見書，聲請人的聲請理由書、其他當事人的有關法律文書以及不受理意見書，均來自於http://db.lawbank.com.tw/，最後訪問日期：2011年4月30日。引用時不再一一指明。

[9].嚴格而言，「法統」型解釋亦可按案件案由歸入後述的權利型解釋和制度型解釋中，但這部分解釋數量較多，且在臺灣政治制度演變和「憲政改革」過程中扮演著重要的角色，因此我們將其單列為一個類別。

[13].「釋字第329號解釋」解釋文。

[14].參見「釋字第481號解釋」「大法官」劉鐵錚之不同意見書。

[15].前者是指符號的使用，後者是意指符號所表達出的對象，由符號組成的一個詞句，可以是毫無意義的胡言亂語，也可以是有意義的表達。參見殷鼎：

《理解的命運》，生活·讀書·新知三聯書店，1988年版，第182頁。

[16].參見「釋字第261號解釋」解釋文。

[17].以上參見「釋字第618號解釋」解釋文。

[18].以上參見「釋字第618號解釋」解釋理由書。

[19].參見「審理法」第13條，據該條規定，「大法官解釋案件，應參考制憲、修憲及立法數據……」

[20].「釋字第467號解釋」「大法官」林永謀之部分協同意見書。

[21].「釋字第392號解釋」解釋理由書。

[22].參見蘇永欽：《大法官解釋政府體制的方法》，載《公法學與政治理論——吳庚大法官榮退論文集》，元照出版公司，2004年版。

[23].參見「釋字第31號解釋」解釋文。

[24].關於「以大陸為中心」的「憲法史觀」與「以臺灣為中心」的「憲法」史觀，參見周葉中、祝捷：《臺灣「憲政改革」研究》，香港社會科學出版社，2007年版，第2頁以下。

[25].「精到廢」，系臺灣學者對「精省工程」的評價，參見紀俊臣：《精省與新地方制度》，時英出版社，1999年版，序言。

[26].關於「精省」後臺灣省地位及組織機構的變化，參見周葉中、祝捷：《臺灣「憲政改革」研究》，香港社會科學出版社，2007年版，第280頁。

[27].參見「釋字第467號解釋」「大法官」孫森焱之協同意見書。

[28].參見「釋字第467號解釋」「大法官」董翔飛、施文森之不同意見書。

[29].代表性觀點參見吳庚：《憲法的解釋與適用》，三民書局，2003年版，第513頁。

[30].蘇永欽：《大法官解釋政府體制的方法》，載《公法學與政治理論——吳庚大法官榮退論文集》，元照出版公司，2004年版。

[31].參見張嘉尹：《憲法解釋、憲法理論與「結果考量」——憲法解釋方法論的問題》，載劉孔中、陳新民主編：《憲法解釋之理論與實務》（第三輯），「中央研究院」中山人文社會科學研究所，2002年版。

[32].「釋字第497號解釋」解釋理由書。

[33].參見「釋字第467號解釋」「大法官」劉鐵錚之不同意見書。

[34].參見「釋字第328號解釋」「立法委員」陳婉真等18人「釋憲」聲請書。

[35].參見「釋字第328號解釋」解釋理由書。

[36].參見「釋字第329號解釋」「大法官」張特生之一部不同意見書。

[37].參見「釋字第329號解釋」「大法官」張特生之一部不同意見書。

[38].參見「釋字第329號解釋」「大法官」李鐘聲之不同意見書。

[39].語頒布灣學者對「釋字第585號解釋」的評價。轉引自黃明瑞：《從二則「反攻大陸」判例的作成與廢止論民法上的政治解釋》，《臺大法學論叢》，2005年第4期。

[40].蘇永欽：《結果取向的憲法解釋》，載蘇永欽：《合憲性控制的理論與實踐》，月旦出版社股份有限公司，1994年版。

[41].參見葉俊榮：《轉型法院的自我定位：論憲法解釋對修憲機制的影響》，《臺大法學論叢》，2003年第6期；蘇永欽：《立法裁量與司法審查》，《憲政時代》，2001年第2期。

[42].「釋字第242號解釋」解釋理由書。

[43].參見「釋字第475號解釋」解釋文。

[44].參見「釋字第329號解釋」「大法官」張特生之一部不同意見書。

[45].參見「釋字第329號解釋」「大法官」李鐘聲之不同意見書。

[46].參見蘇永欽：《結果取向的憲法解釋》，載蘇永欽：《合憲性控制的理

論與實踐》，月旦出版社股份有限公司，1994年版。

[47].參見祝捷：《走出「方法越多秩序越少」的困境》，載《第二屆東亞公法學現狀與發展趨勢國際研討會論文集》，中南財經政法大學編，2007年。

[48].參見張嘉尹：《憲法解釋、憲法理論與「結果考量」》，載陳新民、劉孔中主編：《憲法解釋之理論與實務》（第三輯），「中央研究院」中山人文社會科學研究所，2002年版；蘇永欽：《結果取向的憲法解釋》，載蘇永欽：《合憲性控制的理論與實際》，月旦出版社股份有限公司，1994年版；楊智杰：《建構大法官實際決策行為模型》，《政大法學評論》，2004年第81期。

[49].參見吳庚：《憲法的解釋與適用》，三民書局，2003年版，第572頁以下。

[50].釋只是一個政治決定》，《月旦法學雜誌》，2006年第136期。語頒布灣學者蘇永欽對「釋字第613號解釋」的評價，參見蘇永欽：《沒有方法的解

[51].參見「釋字第150號解釋」「大法官」姚瑞光之不同意見書。

[52].參見「釋字第558號解釋」「大法官」董翔飛之不同意見書。

[53].對兩者關係的討論，參見吳庚：《憲法的解釋與適用》，三民書局，2003年版，第572頁以下；祝捷：《走出「方法越多秩序越少」的困境》，載《第二屆東亞公法學現狀與發展趨勢國際研討會論文集》，中南財經政法大學編，2007年。

[54].參見許桂陶：《大陸釋憲機關之司法作用與政治性格——以數則大法官解釋為例》，臺灣中山大學政治學研究所，2003年碩士論文。

[55].參見「釋字第85號解釋」解釋文。

[56].參見「釋字第85號解釋」解釋理由書。

[57].參見「釋字第117號解釋」解釋理由書。

[58].參見「釋字第150號解釋」解釋理由書。

[59].「釋字第479號解釋」「大法官」董翔飛、劉鐵錚、黃越欽之不同意見

[60].「釋字第479號解釋」的「釋憲」聲請人「臺灣法學會」，在「釋憲」聲請書中羅列了大篇幅的法律理由後，道出了其聲請「釋憲」的真實原因：「政府對人民團體名稱的過度干預，實際上反而造成人民團體融入國際社會的困難，更加深了與對岸的衝突與混淆……（民間團體）扛著在國際社會上難以被接受的『中華民國』、『中國』或『中華』字樣，將使大陸面對國際化的挑戰時，在政府外交困境下」，並聲言該案「在國內並非單一個案」云云，充分暴露了其藉助此案突破「去中國化」法律限制的「臺獨」意圖。參見「釋字第479號解釋」之「釋憲」聲請書。

[61].參見「釋字第479號解釋」解釋文。

[62].臺灣自1990年進行了多次「憲政改革」，條文序號多有變化。其中授權制定「兩岸人民關係法」的條款於1997年第四次「憲政改革」前為「憲法」增修條文第10條，1997年「憲政改革」後，為「憲法」增修條文第11條。

[63].參見「釋字第467號解釋」「大法官」董翔飛、施文森之不同意見書。

[64].參見「釋字第467號解釋」「大法官」劉鐵錚之不同意見書。

[65].參見「釋字第265號解釋」解釋理由書。

[66].蘇永欽：《大法官解釋政府體制的方法》，載《公法學與政治理論——吳庚大法官榮退論文集》，元照出版公司，2004年版。

[67].參見「釋字第261號解釋」解釋文與解釋理由書。

[68].蘇永欽：《大法官解釋政府體制的方法》，載《公法學與政治理論——吳庚大法官榮退論文集》，元照出版公司，2004年版。

[69].如誘發臺灣政權組織形式向「雙首長制」方向發展的「釋字第419號解釋」，促使「國民大會」虛級化及第六次「憲政改革」的「釋字第499號解釋」，釐清地方自治制度框架的「釋字第527號解釋」和「釋字第533號解釋」，確定臺灣「司法改革」時間表的「釋字第530號解釋」等。

[70].參見蘇永欽：《憲法解釋——憲政成長的指標》，載蘇永欽：《違憲審查》，學林文化事業有限公司，1999年版；蘇永欽：《大法官解釋與臺灣社會變遷》，載蘇永欽：《合憲性控制的理論與實踐》，月旦出版社股份有限公司，1994年版。

[71].周志宏：《1991年修憲以來人權狀況之回顧與展望》，載臺灣法學會主編：《廿一世紀憲政風雲》，元照出版公司，2004年版。

[72].對「大法官」關於人民權利解釋的整理與評價，參見周葉中、祝捷：《臺灣「憲政改革」研究》，香港社會科學出版社，2007年版，第323頁以下。

[73].參見顏厥安：《憲法文本與中央政府體制》，載顏厥安：《憲邦異式——憲政法理學論文集》，元照出版公司，2005年版。

[74].參見蘇永欽：《大法官解釋政府體制的方法》，載《公法學與政治理論——吳庚大法官榮退論文集》，元照出版公司，2004年版。

[75].參見周葉中、祝捷：《臺灣「憲政改革」研究》，香港社會科學出版社，2007年版，第227頁。

[76].〔德〕皮特·巴杜拉著，張文郁譯：《德國統一之法律問題》，載《輔仁法學》第23期，第4頁。

[77].黃正柏：《德國統一前兩德關係發展述評》，《華中師範大學學報（哲學社會科學版）》，1993年第6期。

[78].Hacker.1977，Deutsche unter Sich，StuttgartS.124，pp.13.

[79].蘇永欽：《走向憲政主義》，臺灣聯經出版事業公司，1994年版，第52頁。

[80].本部分所引用的韓國法院案件的案情介紹參見高中：《韓國國家安全與表達自由案例研究》，2004年9月12日發表於中國法理網，網址http://www.jus.cn/ShowArticle.asp?ArticleID=498，最後訪問日期：2011年4月3日。

[81].參見高中:《韓國國家安全與表達自由案例研究》,2004年9月12日發表於中國法理網,網址http://www.jus.cn/ShowArticle.asp?ArticleID=498,最後訪問日期:2011年4月3日。

[82].Reference re Secession of Quebec, [1998] 2 S.C.R.217.

[83].Reference re Secession of Quebec, [1998] 2 S.C.R.217.

第三章 海峽兩岸和平協議及其實施機制研究

　　黨的十七大報告中首次提出「和平協議」這一概念。如同「九二共識」那樣，和平協議將在凝聚兩岸最大共識的基礎上形成，是構建兩岸關係和平發展法律框架的基礎性規範，將在兩岸關係和平發展中發揮重要作用。可以預見，臺灣的地位、臺灣當局的性質、兩岸關係和平發展的基本框架等重大問題，都將在和平協議中有所體現。當然，就目前局勢而言，和平協議僅僅是一個基本設想，至於其內容、簽訂方式以及效力等問題均需進一步研究。

一、海峽兩岸和平協議的性質與內容

　　大陸和臺灣之間取得共同的認同是兩岸簽訂和平協議的基礎。而大陸和臺灣以哪一層次的認同為基礎協商簽訂和平協議，將決定和平協議是否簽得成以及誰去簽等重大問題。我們認為，大陸和臺灣在意識形態、政權和國家等層次的認同上，均有較大分歧，短時間內難以取得一致，因此在民族層次上形成「中華民族共識」，是簽訂和平協議最為現實的選擇。

（一）兩岸共同認同的建構

　　什麼是兩岸取得共同認同的關鍵？這是和平協議認同選擇面臨的第一個問題。透過上述歷史脈絡和現實狀態的整理，大陸和臺灣的兩岸政策，在認同問題上有著截然不同的特點：對大陸而言，追求國家統一是政府、民眾的一致願望，兩岸政策也是圍繞統一而展開，因此，大陸兩岸政策在認同問題上的基本特徵是

一元性的；與此相比，臺灣的兩岸政策，在認同問題上則呈現出多元性特徵，即在認同多元化的背景下，臺灣的兩岸政策中既有部分「臺獨」的因素，也有部分「中華民國」的因素，甚至還有部分考慮到「中華民國」對大陸在名義上的「統治權」的因素。由於大陸的態度相對固定，因而兩岸之間形成共同認同的關鍵，就轉變為先在臺灣內部形成共同認同的問題，即先有臺灣內部的共同認同，才會有兩岸之間的共同認同。觀察臺灣現狀，我們認為，「中華民族認同」是目前島內各黨各派最有可能達成共識的層次。

儘管意識形態認同在臺灣仍有相當的影響力，但就總體而言，意識形態認同已經不是兩岸取得共同認同的主流。馬英九在2008年5月20日講話時認為，「兩岸問題最終解決的關鍵不在主權爭議，而在生活方式與核心價值」。臺灣也有一部分人以「民主、人權」狀況為由攻擊大陸，並將此作為「兩岸不能統一」的理由。但是，以「民主、人權」為由攻擊大陸的觀點，在臺灣也僅是一家之言，而且多數「臺獨」分子的「臺獨」論證脈絡，並不是從意識形態角度著眼。從此意義而言，意識形態或許可能成為「臺獨」分子主張「臺獨」的理由，但絕不會成為他們贊同統一的原因。況且，大陸在提出「一國兩制」後，已經明確改變了在意識形態層次尋求共同認同的態度，因此對大陸再提意識形態認同毫無意義。

在政權層次上，由於「中華民國」已淪為生存策略，因而政權認同沒有附麗的基礎。在臺灣，不少人都持這樣一種觀點，即「我們」（或者直接說「臺灣」）是一個「國家」，依據「憲法」，它的名字是「中華民國」。持這一被稱為「B型臺獨」觀點的人，未必都是「臺獨」分子，這其中也包括一部分支持統一的民眾。之所以會出現同一句式為統「獨」兩方面所共同使用的情況，是因為這裡的「中華民國」，已經不再是「中國」的一個政權符號，而是已經淪為「臺灣」作為一個「國家」的生存策略。存在於「中華民國憲法」中的「中華民國」透過「憲法」的建構作用，成為臺灣作為「國家」的一種「存在方式」。有臺灣學者更為透徹地指出，「中華民國」已死，只有「中華民國憲法」一息尚存。因此，「中華民國」的政權意義，不僅在大陸早已不復存在，而且在臺灣也逐漸消散。喪失了政權意義的「中華民國」符號，在臺灣已難以擔當作為共同認同基礎的重任。

臺灣在國家層次認同上已經高度變異，國家認同在臺灣因而難以獲得一致。由於在兩岸關係的框架內，對「臺灣」符號的認同沒有任何意義，因而臺灣內部要在國家層面獲得的共同認同，只能是對「中國」的認同。然而，從臺灣島內已經被高度撕裂的統「獨」認同來看，如果說經由「B型臺獨」的表達，臺灣的統「獨」雙方對「中華民國」尚能達成共識，那麼對去除了政權痕跡的「中國」符號，將難以獲得一致認同。

由此觀之，「中華民族認同」已成為臺灣內部最後也是最為現實的選擇。在臺灣島內，「臺獨」分子雖極力推行所謂「去中國化」運動，但卻去不了「中華民族」。如果說「中國」作為國家符號，可能成為「去中國化」的對象，那麼，「中華民族」這一民族符號不僅去不掉，反而可能被用作國家符號的替代品。因此，臺灣內部形成「中華民族認同」是完全可能的。馬英九提出的「同屬論」也有力地證明了這一點。不僅如此，「中華民族認同」也是兩岸間最具現實性的選擇，是兩岸動力系統作用的結果。兩岸之間在民族層次上的認同，有著比較成熟的政策基礎，如中共十七大報告提出的「家園論」和「命運共同體論」，與馬英九主張的「同屬論」，有著異曲同工之處。這一點，即便是「臺獨」分子也無法完全否認。從兩岸認同的四個層次來看，「中華民族認同」是最不具政治意味的一個，因而有利於兩岸在簽訂和平協議過程中迴避敏感的政治問題。「中華民族認同」的感召力，在兩岸認同的四個層次中也是最大的。「中華民族認同」以兩岸共同的風俗、語言、血緣和歷史記憶等因素為紐帶，有力地將兩岸人民聯繫起來，從而為簽訂和平協議奠定民意基礎。「中華民族認同」具有較強的包容力，可包容兩岸民眾對政黨、政權和國家的各種不同認知，足以為兩岸政治、經濟、文化、社會、軍事乃至國際事務的交流和合作提供緩衝和發展空間。正如臺灣著名政治人物邱進益所言：「用一個中華民族的概念處理問題，很多問題可以迎刃而解」。

關於「中華民族認同」的選擇，有四個值得討論的問題。第一個問題是為何兩岸之間在缺乏對「中國」共同認同的情況下，還能簽訂包括兩岸「三通」協議在內的重大協議呢？這個問題直接關係到兩岸能否在「九二共識」的基礎上達成和平協議。第二個問題是臺灣一部分人主張所謂「臺灣國族認同」，該主張是否

會衝擊「中華民族認同」。第三個問題是臺灣有人認為臺灣是一個移民社會,臺灣少數民族(即高山族同胞)是臺灣真正的主人。如果說閩南、客家和外省人等移民屬於中華民族,那麼臺灣少數民族就「不屬於中華民族」,「中華民族認同」的選擇如何解決臺灣少數民族問題。第四個問題是如何理解「臺灣本土意識」和「中華民族認同」的關係。

對第一個問題的回答可以參考江丙坤2008年6月6日在回應民進黨籍「立法委員」時的一段講話。江丙坤說,「兩岸復談,維護國家利益及對等、尊嚴絕對是最重要的態度,兩會簽訂的協議文件上也不會出現『九二共識』這些文字」。另外在考查同篇報導中一位民進黨籍「立法委員」的表現,可以更加清楚地看出其中的端倪:該位民進黨籍「立法委員」要求兩會復談時,客運包機、貨運包機及觀光客赴臺必須「三位一體」。由此可見,雖然臺灣一部分人不一定支持「九二共識」,但出於現實利益的考量,能夠接受兩岸進行事務性協商。其實,臺灣當局當初與大陸方面達成「九二共識」的原因也在於此。由此,應回到兩岸達成「九二共識」的時刻(moment),來考查臺灣當局與大陸達成「九二共識」的真實目的。曾任國民黨前副祕書長、「國家統一委員會」(以下簡稱「國統會」)研究委員的邱進益曾說,定位「一個中國」主要是因事務性問題所引起,不是用來對付中共。李登輝在「國統會」透過「一個中國」意涵時,也提出「現在說一個中國,不是講一個中國如何定位的問題,而是說明如果海基會與中共簽訂事務性書面協議時,其中如有一個中國說法,我們可將自己的意見與立場用文字表達出來。」在另一個場合,臺灣當局「國統會」多數委員認為,「目前(1992年)不宜將『一個中國』原則納入兩岸事務性談判之協定文字中,以免掉入中共的陷阱。」因此,當時臺灣當局之所以能和大陸達成「九二共識」,是為了順利開展兩會框架內的兩岸事務性協商,避免掉入中共的「文字陷阱」,而不是因為真心認同「一個中國」。可以說,「九二共識」對於臺灣當局而言,只是一項「以退為進」的策略,目的是為瞭解決兩岸事務性協商的基礎。對於和平協議這樣的政治性協議而言,臺灣當局是否會繼續沿用「九二共識」作為認同基礎是值得懷疑的。馬英九本人也曾說過,「九二共識」對兩岸「主權爭議」,只能是一個「暫時的處理」。大陸和臺灣之所以能在「九二共識」基礎上達成兩岸

「三通」協議，是因為兩岸「三通」協議是事務性協議，而不是政治性協議，而且儘早簽訂兩岸「三通」協議，也符合臺灣的利益。在此情況下，「九二共識」完全可以為其提供認同的基礎。可以說，協議的性質決定了協議所依賴的認同基礎。基於和平協議的政治性質，儘管大陸和臺灣都提出將「九二共識」作為兩岸繼續發展關係的基礎，但「九二共識」能否為和平協議提供足夠的認同基礎，仍值得懷疑。

　　回答第二個問題的關鍵是認清「臺灣國族認同」的實質。所謂「臺灣國族認同」，是指「臺灣人」應自成為一族，並按照「一個民族，一個國家」的民族國家理論，建立一個「國」。「臺灣國族認同」是「臺獨」分子所編造的一套理論，它不是杜撰臺灣人民的歷史，就是歪曲臺灣人民的歷史。「臺灣國族認同」的前提是形成作為「臺獨」意識的「臺灣人」觀念。持「臺獨」主張的學者認為，在臺灣反抗「外來政權」（包括日本殖民統治者、國民黨威權政府等）的鬥爭中，來自中國大陸不同地區的人和臺灣本地的少數民族在臺灣組成了「臺灣人」群體；1945年臺灣光復後，「臺灣人」成為與外省人對抗的符號，隨著「臺灣民主轉型」的深化，絕大多數外省人也認同自己「臺灣人」的身分，「臺灣人」由此成為全體臺灣民眾的集體符號，成為「國族」。「臺灣國族認同」理論的荒謬之處是顯而易見的。其一，「臺灣人」觀念在歷史上的確存在，但它並不是「臺獨」意識，相反，「臺灣人」是針對「日本人」而言的，其本身恰恰是臺灣民眾中華民族意識覺醒的產物；其二，「臺灣人」並不是一個獨立的民族，它包括來自大陸的人群（以漢族為主體）和臺灣本地的少數民族，即便有福佬、客家的區分，也不過是持不同方言的人在語群上的區別，而不是民族學意義上的「族群」；其三，閩南（福佬）、客家、臺灣少數民族與外省人的區別，不是民族意義上的區別，而是來臺時間上的，兩者的衝突不是民族的衝突，而是移民先後來臺所造成的社會資源分配出現緊張的結果。可見，所謂「臺灣國族認同」理論不過是藉了「臺灣人」的外殼，篡改了它的靈魂，賦予它本來沒有的「國家」意義。因此，所謂「臺灣國族認同」是一個偽命題，它所主張的「認同」並不是民族層次上的，而是「臺獨」分子以「民族認同」為包裝所構建的「國家認同」。

對於第三個問題，主張臺灣少數民族「不是中華民族的一員」的「臺獨」分子，更是犯了基本常識的錯誤。臺灣少數民族來源廣泛，有的來自於大陸南部山區，是古越人的一支，有的則來自於東南亞群島。他們雖然來源不同，但都是臺灣這片土地的主人。中華民族本身就是一個來源廣泛的集合體。她以漢族為主體，包括其餘55個少數民族，但是，這並不影響中華民族作為一個整體的存在。臺灣少數民族早已成為中華民族的一部分，構成了高山族的主體，將臺灣少數民族排除出中華民族大家庭的觀點因而是完全錯誤的。「中華民族認同」的選擇，從未削弱、也無意削弱臺灣少數民族的地位。相反，一部分「臺獨」分子打著「關懷原住民」的旗號，反而在根本上損害了臺灣少數族群的利益。

對於第四個問題的解答，關鍵是如何看待「臺灣本土意識」。「臺灣本土意識」，亦稱「臺灣意識」，是臺灣人民在特定歷史、文化和社會條件下產生的、對臺灣特有的情感、觀念和認同。「臺灣本土意識」起源於臺灣人民在漫長的移民、生產和生活的過程中，是臺灣人民熱愛臺灣之情的自然流露，其本身與政治無關。但是，由於受日本殖民統治者長期的殖民統治，以及臺灣當局的「動員戡亂」，臺灣人民產生了「臺灣人祖祖輩輩受人欺侮」、「臺灣人從來受外來人的統治」、「臺灣人曾經被祖國拋棄」、「臺灣人是二等公民」等悲情心態，這些悲情心態也是「臺灣本土意識」的一部分。「臺獨」分子誇大並渲染「臺灣本土意識」中的悲情心態，將「臺灣本土意識」與「臺獨意識」畫上等號，並且將「臺灣本土意識」作為主張「臺獨」的論據。從「臺灣本土意識」出發，「臺獨」分子利用臺灣人民的心結，肆意歪曲和臆造，將臺灣描述成一個屢遭「外來政權」壓迫的小島，將臺灣人民描述成一個屢遭強權殖民統治的「國族」，意圖以臺灣人民的悲情情結，引發島內民眾對「臺灣」的認同感，並且將這一臺灣人民在長期殖民統治和威權統治壓迫下產生的心理，描繪成對「外來政權」的不滿，從而透過異化「臺灣本土意識」，為其「臺獨」製造文化氛圍。早有學者指出，「臺灣本土意識」是中國意識的一部分，「臺灣本土意識」不等於「臺獨意識」。胡錦濤在「胡六點」中明確區分了臺灣意識與「臺獨」意識，指出「中華文化在臺灣根深葉茂，臺灣文化豐富了中華文化內涵」，「臺灣同胞愛鄉愛土的臺灣意識不等於『臺獨』意識。」由此可見，「臺獨」分子將「臺灣本土意識」

等同於「臺獨意識」,將臺灣人民對臺灣的情感等同於對臺灣「獨立」的追求是完全錯誤的。立足於此認識,所謂「臺灣本土意識」與「中華民族認同」之間的對立,其實是「臺獨意識」與「中華民族認同」的對立,而不是真正的「臺灣本土意識」與「中華民族認同」的對立。

(二)兩岸共識的定位

大陸和臺灣簽訂和平協議的目的是決定和平協議定位的關鍵。根據中共十七大報告的有關論述,和平協議的目的是為了正式結束兩岸敵對狀態,構建兩岸關係和平發展框架,開創兩岸關係和平發展新局面。可以預見,和平協議簽訂後,兩岸將在政治、經濟、文化、社會和軍事等諸方面建立互信,形成兩岸關係的正常化狀態,從而有力地促進兩岸關係和平發展。正因為如此,和平協議所形成的兩岸關係是一種比較穩定的狀態,「和平協議」也因此足以為兩岸關係在相當長一段時期內的正常發展和交流奠定基礎。臨時協議是不具備這些條件的。臨時協議建立在脆弱的平衡基礎上,所形成的是一種表面的、偶然的穩定狀態。臨時協議中任何一方的背信行為,都將動搖臨時協議及其所形成的穩定狀態。因此,兩岸關係若要長期穩定地維繫下去,就不能僅僅依靠一種臨時協議的方式來運作。以具有臨時協議性質的「九二共識」為例,由於其基礎是兩岸之間在國家層次的認同,因而在臺灣發生國家認同的裂變後,不僅不能對兩岸關係造成穩定作用,而且連自身的存在與否都曾受到懷疑,更遑論以之為依據所形成的穩定狀態。立足於上述認識,和平協議不能定位為臨時協議。和平協議也不能定位為重疊共識。重疊共識是大陸和臺灣就統一所達成的共識。簽訂和平協議的目的並非是解決兩岸統一問題,而是為了實現和保障兩岸關係正常化,使兩岸關係從對立走向緩和的一個過渡階段,並不是兩岸關係發展的終點。因此,大陸和臺灣應在和平協議的框架內繼續推進兩岸關係,而不是就此停步不前。

綜上所述,本書認為,和平協議不是臨時協議,也不是重疊共識,而是法理共識。從簽訂和平協議的目的來看,和平協議完全符合法理共識的特徵:其一,和平協議的基礎是兩岸在民族層次的認同,「中華民族認同」是能在相當長的一段時期內保持穩定的平衡點,因而足以為和平協議提供有力的支撐;其二,和平

協議所要營造的不是形式上的、偶然的穩定,而是結束兩岸敵對狀態,實現兩岸關係正常化和和平發展的狀態,在兩岸統一前,這一狀態將成為兩岸關係的常態;其三,和平協議為構建兩岸關係和平發展框架奠定了基本原則和制度主幹,將為兩岸關係正常化和和平發展提供制度保障。

當然,達到一種穩定的法理共識需要滿足一些基本要求,和平協議要成為穩定的法理共識,至少應該包括三項內容:其一,確定兩岸關係中某些最為關鍵的原則,並賦予其優先性,主要包括堅持「中華民族認同」、正式結束兩岸敵對狀態、肯定兩岸關係和平發展的前景、維護臺海地區和平穩定、維護兩岸同胞的民生福祉等;其二,由於法理共識「既不深刻,也不廣泛,它範圍狹窄,不包括基本結構,而只包括制度和程序」,可以說,法理共識的精髓是制度和程序,因此,和平協議在確認一系列重要原則之外,還需形成保障這些原則貫徹落實的制度和程序,包括形成兩岸關係和平發展框架的制度主幹,奠定建立和平協議的執行機制和監督機制,以期透過制度的建構,為兩岸關係正常化和和平發展提供制度保障;其三,為兩岸交流和合作提供制度渠道,促使兩岸之間發揮中華民族互助、互愛的傳統,發揚合作美德,形成合力,共同促進兩岸關係和平發展。

和平協議一旦簽訂,就表明大陸和臺灣之間形成了法理共識,因而兩岸任何認同「中華民族」的政黨、社會團體和人士,都可以進入和平協議所規定的制度渠道,討論兩岸關係和平發展的前景。以和平協議為基礎,大陸和臺灣持「中華民族認同」的群體可以呼籲其他群體(如連「中華民族」也不認同的極端「臺獨」分子),超越其狹隘觀點,共同參與到兩岸關係和平發展的大勢中來,透過制度性的溝通和交流,不斷擴大共識的深度和廣度,從而最終形成兩岸之間的重疊共識,實現祖國的完全統一。

和平協議應以兩岸原則、功能原則和制度原則為基本原則,以兩岸政治互信為優先性內容,以兩岸協商機制為主幹。和平協議的基本原則包括兩岸原則、功能原則和制度原則:兩岸原則是和平協議的基礎原則,也是和平協議對政治關係定位的基本態度,依據兩岸關係和平發展框架的Z型整合路徑,兩岸關係和平發展並不急於實現「統而不合」,而是在兩岸現狀的基礎上推動「合而不統」,從

而實現「以合促統」；功能原則是和平協議的核心原則，和平協議就是要按照兩岸關係和平發展框架的要求，沿著Z型整合路徑實現整合，透過經濟、文化、社會等低級政治的推動，實現高級政治的突破；制度原則，是指和平協議除規定若干優先性內容外，應只包括制度和程序，而避免對實質問題的判斷，從此意義而言，作為「法理共識」的和平協議，其主要內容是制度和程序的集合，目的是透過制度的安排，為兩岸關係和平發展提供制度平臺。和平協議的優先性內容，是指和平協議所必須確認的、兩岸關係中最為關鍵的內容。和平協議的優先性內容在兩岸關係中具有基礎地位，是兩岸關係在一定歷史階段得以發展的基礎。我們認為，和平協議的優先性內容是「兩岸政治互信」，即大陸和臺灣在政治方面彼此結束對立、互相信任所形成的狀態。之所以要將「兩岸政治互信」作為和平協議的優先性內容，主要是基於兩點考慮：其一，從形式上而言，建立「兩岸政治互信」已經成為大陸和臺灣的共識；其二，從實質上而言，「兩岸政治互信」也是兩岸當前可以共同接受的兩岸關係發展方向。具體到和平協議的內容而言，「兩岸政治互信」包括四點：確認兩岸正式結束敵對狀態，進入和平發展的新階段；確認兩岸對「中華民族」的共同認同；確認建立兩岸基礎關係；確認大陸和臺灣關於不單方面改變兩岸現狀的承諾。除了優先性內容外，和平協議應根據制度原則，著力於對兩岸協商機制的設計，從而建立起和平協議的主幹。兩岸協商機制的模式包括「兩航模式」、「隔空喊話」、「金門模式」、「兩會模式」、「澳門模式」和「兩黨模式」等六種。兩岸協商機制應分為兩岸事務性協商機制和兩岸政治性協商機制。兩岸事務性協商機制是兩岸就經濟、文化和社會等低級政治議題進行協商的制度和程序的總稱。現階段以海協會和海基會為主體的「兩會模式」是適應兩岸事務性協商的主要機制，和平協議對於「兩會模式」的增補和調整主要有：第一，兩會領導人不定期會談可以改為年度定期會談，實現兩會領導人會談的制度化和常態化；第二，由於兩岸關係在簽訂「和平協議」後將實現正常化，原來兩岸副職領導人及祕書長層次在第三地會談的制度可以取消，即兩會所有會談都應在兩岸擇地舉行，以體現兩岸關係的「一國性」；第三，兩會可以互派主任、處長級代表常駐對方，形成兩會日常性來往和訊息交換的渠道；第四，明確兩岸在兩會協商時，可以派遣公權力機關官員以適當名義在場，並可

在兩會模式的框架內，實質性地參與會談；第五，實行「複委託」制度，允許兩會對兩岸行業協會（同業公會）、非政府組織等社會團體以及個人進行複委託，允許這些團體或者個人在必要時與對方相關團體在專業領域進行事務性協商，增強協商機制的靈活性和針對性。兩岸政治性協商機制需要多種模式相互配合，也需要兩岸協商機制的創新。作為「中華民族認同基礎上的法理共識」，和平協議在兩岸原則和制度原則的作用下，對於兩岸政治性協商機制最大的貢獻，並不在於確定協商議題或提供協商的機制，而在於開放協商的可能性，為兩岸就政治問題的協商與交流提供進一步延展的空間。

二、海峽兩岸和平協議實施機制研究

和平協議的實施機制，是指和平協議在正式產生法律效力後，在兩岸域內和兩岸間貫徹和落實的制度的總稱。從和平協議實施的場域而言，和平協議的實施包括在兩岸域內的實施和在兩岸間實施。前者是指和平協議在兩岸各自管轄領域內的實施，目的是透過和平協議，對兩岸在制定、修改和解釋相關法律時，產生「緩和的效力」。後者則是指和平協議調整兩岸之間在政治、經濟、文化、社會和有關國際事務中相互往來的過程與狀態。與和平協議的域內實施相比，和平協議的兩岸間實施是更為重要的問題：其一，從性質上而言，和平協議是大陸和臺灣在「中華民族認同上的法理共識」，調整兩岸關係是和平協議的題中應有之義；其二，和平協議的主體是兩岸，因此，和平協議的主要調整對像是兩岸關係，主要適用的場域因而應是兩岸間，而在兩岸域內的實施由於只涉及一方主體，所以，和平協議在兩岸域內的實施方式也僅僅是根據和平協議對域內法進行相應調整；其三，和平協議的主幹是兩岸協商機制，實施和平協議的主要方式是兩岸透過和平協議所規定的協商機制開展兩岸協商，而域內實施則主要涉及和平協議的接受和效力等技術性問題，與和平協議的兩岸間實施尚有相當距離。

立足於上述認識，和平協議的實施機制涉及以下三個方面的問題：其一，和

平協議由誰實施,即和平協議的實施主體;其二,和平協議在實施過程中,必然涉及解釋的問題,誰解釋和平協議、如何解釋和平協議等問題都值得探討;其三,和平協議不是一成不變的,而是應該隨著兩岸關係和平發展的不斷深入而進行必要的變更,因此,有必要討論和平協議的變更問題。基於上述認識,本書對和平協議的兩岸間實施的論述,將按照主體、解釋和變更三個方面展開。

(一)和平協議的聯繫主體

在和平協議中被指定為負責和平協議實施的主體,是和平協議的實施主體。根據本書對和平協議內容的設計,實施和平協議的主要方式是兩岸之間在兩岸協商機制下的政治性協商和事務性協商,因此,和平協議的實施主體實際上是負責兩岸協商的主體,根據兩會協議的慣例,可以稱之為和平協議的聯繫主體。按照和平協議內容的設計,海協會和海基會是主要從事兩岸協商的主體,但是,和平協議並不禁止兩會透過複委託的形式,將兩岸事務中的一部分委託其他組織負責。因此,和平協議的聯繫主體包括兩個層次:其一,海協會和海基會是和平協議的聯繫主體,也即和平協議的實施主體;其二,經海協會和海基會複委託的其他組織在從事複委託事項時,也是和平協議的聯繫主體。

兩會是和平協議的聯繫主體,同時得對其他組織實行複委託。這裡涉及三個值得探討的問題:一是兩會何以作為和平協議的聯繫主體;二是兩會是否可以對其他組織進行複委託,由其他組織作為和平協議的聯繫主體;三是兩會可否向對方派駐常駐代表。對第一個問題的探討,有必要對聯繫主體的產生原因進行分析。如果仔細分析兩會協議中有關聯繫主體的文字,可以發現,有的聯繫主體是負責「聯繫實施」,而有的聯繫主體僅僅是負責「聯繫」。

由於兩會協議是大陸和臺灣高度關注的規範性文件,任何表述都經過了兩岸反覆協商。[1]因此,沒有理由認為協議文本中用「聯繫」還是用「聯繫實施」是協議制定者的隨意為之。立足於此認識,「聯繫」和「聯繫實施」應有著特殊的含義。考查協議文本中對「聯繫」和「聯繫實施」的使用,可以發現,如果聯繫主體能以自己的名義,並以自己所享有的權能完成有關業務的,協議文本大多使用「聯繫實施」一詞;如果聯繫主體不能運用自己名義而僅負責聯繫,具體事務

由其他有相應權能的主體完成的，則多使用「聯繫」一詞。如《海峽兩岸郵政協議》中，被指定為聯繫主體的海峽兩岸郵政交流協會與財團法人臺灣郵政協會不能直接從事兩岸郵政業務，因此被協議規定為是負責「聯繫」的聯繫主體，而負責具體郵政業務的郵件處理中心是可以以自己名義、運用自己所享有的權能直接從事兩岸郵政業務的組織，因此是負責「聯繫實施」的聯繫主體。由此可見，負責「聯繫」的聯繫主體只負責與相關主管部門及對方相應組織「聯繫」，而不從事具體的實施工作；負責「聯繫實施」的主體除完成上述工作外，還要從事具體的實施工作。兩會協議之所以會出現上述安排，是為了在兩岸公權力機關互不接觸的情況下，使兩岸可以透過聯繫主體就協議規定事項進行相互聯繫。至於聯繫主體和實施主體的關係，本書認為，大多數兩會協議所規定的聯繫主體是專為兩岸事務性交往的方便而設置的組織，因而缺乏實施兩會協議的能力，而且兩會協議大多涉及兩岸公權力機關才能有效開展的事務。因此，除了被兩會協議明確規定負責「聯繫實施」的聯繫主體外，聯繫主體一般只負責「聯繫」兩岸公權力機關，避免兩岸關係中公權力機關直接接觸的情況出現，而兩岸公權力機關才是大部分兩會協議真正的實施主體。[2]綜上所述，聯繫主體一般不是兩會協議真正的實施主體，只有在負責「聯繫實施」時，聯繫主體才是兩會協議真正的實施主體。

和平協議的情況與兩會協議完全相同。由於和平協議是一項法理共識的考量，和平協議除確認兩岸政治互信等優先性內容外，並不解決兩岸實質性問題，而是為解決實質性問題開闢制度通道。按此思路，和平協議並不解決兩岸是否承認對方公權力機關的「合法性」這一敏感議題。因此，在和平協議必須獲得兩岸公權力機關參與和配合才能實施的情況下，和平協議仍有必要設置聯繫主體制度，為兩岸公權力機關具體實施和平協議提供聯繫的制度渠道。

回答第二個問題需觀察到兩會協議的另一個現象：大多數兩會協議的業務聯繫主體不是海協會和海基會，而是兩岸從事相關業務的組織，只有其他有關事宜的聯繫主體才是海協會和海基會。出現上述現象的原因，是因為兩會協議具有高度的專業性，而海協會和海基會作為兩岸半官方性質的民間團體，具有綜合性的特點，是兩岸交流的「窗口單位」，所處理的事務都是兩岸關係中具有綜合性、

宏觀性的事務,因而由專業組織承擔聯繫工作,有助於貫徹和落實兩會協議。和平協議亦需考慮上述因素。作為一項法理共識,和平協議具有制度框架的性質。因此,和平協議的聯繫主體必須是具有綜合性的海協會和海基會,也只有將兩會作為和平協議聯繫主體,才能有效統籌兩岸關係和平發展的各方面事務。但是,海協會和海基會畢竟是綜合性組織,專業性不強的缺點將有可能影響和平協議的貫徹落實。因此,和平協議有必要規定複委託制度,允許兩會委託其他專業性組織完成專業性較強的事務。

由此,和平協議的聯繫主體機制基本形成,海協會和海基會是和平協議的聯繫主體,但是基於專門化業務的考量,和平協議亦應規定複委託制度,允許兩會委託其他專業性組織完成專業性較強的事務。

第三個問題殊為敏感。在兩會成為兩岸協商的主體後,兩會向對方派駐常駐代表在事實上成為兩岸派駐對方的代表。從和平協議實施的需要而言,兩會向對方派駐常駐代表既是一種事務性的需要,也是一種策略性的考量。臺灣學者張亞中曾經提出兩岸互設「常設代表處」的設想。[3]根據張亞中的設想,兩岸設置「常設代表處」,類似於國家間互設的大使館,只不過「兩岸並非一般國與國關係」,因而用「常設代表處」的名稱。[4]臺灣著名政治人物邱進益也曾提出兩岸互設官方機構的建議。按照邱進益的設想,「代表機構是官方的,但為了避免任何政治符號,用地名表示……不牽涉任何主權、國名、政府的問題」,而且名稱也不是一成不變的,「可以按照雙方關係進展作更動」。[5]上述兩位臺灣人士的建議,都是要在兩岸建立官方性質的常駐機構,雖然意識到了為避免「國家」、「主權」等爭議而使用與政治無涉的名義,但仍涉及臺灣當局的性質、大陸到底如何定位等敏感問題,因而在現實中也是不可行的。考慮到和平協議是「中華民族認同基礎上的法理共識」這一定位,對於臺灣當局的性質等問題,都不必在和平協議中解決,因此,兩岸也不適宜以「官方」名義向對方派駐常駐代表處。立足於此認識,為方便兩會就實施和平協議事宜進行聯繫,可以由兩會以聯繫和平協議實施為名,向對方(指兩會中的一方,而不是兩岸中的一方)派駐常駐代表。在名稱上,可以使用「海協會常駐海基會代表」和「海基會常駐海協會代表」等。透過兩會向對方派駐常駐代表的形式,不僅可以降低兩岸互派常駐代表

的政治敏感性，而且可以使兩岸公權力機關戴上「民間白手套」，透過兩會框架，達到互派常駐代表的作用。

（二）和平協議的解釋

本書所稱和平協議的解釋，是指透過對和平協議文本含義的闡明，使和平協議能夠在實踐中得以適用。由該定義可見，和平協議的解釋是和平協議實施的重要環節，與和平協議的適用具有同一性。和平協議的解釋亦可能在兩岸域內和兩岸間兩個場域發生，立足於此，確定和平協議解釋制度的基本思路是：和平協議在兩岸域內的解釋由大陸和臺灣根據各自的法律解釋制度確定，在兩岸間的解釋則透過建立和平協議解釋機制來解釋和平協議。需要指出的是，和平協議在兩岸間的解釋雖然不涉及兩岸域內的法律解釋制度，但是從解釋和平協議的效率、制度適應性和解釋結果的可接受性等方面考慮，和平協議在兩岸間的解釋不能忽視兩岸域內法律解釋制度，而應以兩岸域內法律解釋制度為基礎。

除《海峽兩岸空運補充協議》外，其餘兩會協議中均沒有協議解釋的直接規定，但有的兩會協議包括有「爭議解決」條款，透過「爭議解決」條款的設置，這些協議實質上規定了協議在兩岸間的解釋。

考查兩會協議文本，共有九份協議規定有「爭議解決」條款，具體又可分為兩種表述模式。第一種表述模式為「因適用本協議所生爭議，雙方應盡速協商解決」，《兩岸公證書使用查證協議》、《兩岸掛號函件查詢、補償事宜協議》、《海峽兩岸關於大陸居民赴臺灣旅遊協議》、《海峽兩岸海運協議》、《海峽兩岸空運協議》、《海峽兩岸郵政協議》、《海峽兩岸食品安全協議》和《海峽兩岸共同打擊犯罪及司法互助協議》均屬此類。第二種表述模式為「因執行本協議所生爭議，雙方應盡速協商解決」，該表述模式僅有《海峽兩岸金融合作協議》一份協議採用。上述「適用」與「執行」的使用，自有其根據，系因協議內容而做的表述，本書不作過多分析，但無論是「適用」還是「執行」，按照解釋學的觀點，其本質均為對協議的「解釋」。

在兩會協議中，「適用」與「執行」的基本依據都是兩會協議的文本。因此，「適用」與「執行」的基礎都是對兩會協議文本的「理解」。由此可見，

「適用」和「執行」兩會協議的過程，實際上包括兩個階段：第一階段為理解文本，第二階段則在對文本理解的基礎上，按照適用者或執行者對文本的理解，作出適用行為或執行行為。顯而易見，適用行為和執行行為都不過是對文本理解的外在表現。對文本的理解，是適用行為和執行行為的內在本質。由於理解與解釋的同一性，所以，在解釋學的論域內，對兩會協議的「適用」與「執行」，就是對兩會協議的解釋。

根據上述分析，對兩會協議「適用」或「執行」中爭議的解決，並非是確定兩岸到底誰對誰錯，而是確定何者是有權決定誰對誰錯的主體。顯然，在當前的兩岸局勢下，兩岸只能透過協商，以獲得兩岸對協議文本「共同的解釋」。由此可見，兩會協議透過設置「爭議解決」條款，形成了對兩會協議的解釋制度。結合兩會協議中有關聯繫主體的規定，兩會協議有關解釋的規定可以概括如下：第一，解釋的原因只能是因「適用」或「執行」兩會協議中出現爭議，屬於具體解釋，而不包括單純對文本理解不一、而與具體事務無涉者；第二，適用「爭議解決條款」解釋兩會協議的情形，只包括對兩會協議的兩岸間解釋，而不涉及兩會協議在兩岸各自域內的解釋；第三，解釋的主體是雙方共同組成的協商機制，這裡的「雙方」，應根據爭議所涉對象所屬的事務範圍決定，亦即若屬於「議定事項」的範圍，應將「雙方」確定為兩岸有關「議定事項」的聯繫主體，若屬於「其他相關事宜」的範圍，應將「雙方」確定為兩岸有關「其他相關事宜」的聯繫主體。

2009年4月簽訂的《海峽兩岸空運補充協議》第13條第2款在兩會協議中第一次出現了「解釋」一詞，規定「雙方對協議的實施或解釋發生爭議時，由兩岸航空主管部門協商解決」。該條的規定，在兩會協議解釋制度上，有著兩點突破：第一，明確提出「解釋」一詞，使解釋的範圍不限於「適用」或「執行」範圍，亦即將對兩會協議的解釋從具體解釋擴展到抽象解釋。第二，明確地將「雙方」確定為「兩岸航空主管部門」，從而將解釋主體明晰化。

兩會協議有關解釋的規定，尤其是《海峽兩岸空運補充協議》所體現出來的新變化，值得和平協議採用。

同時，不可能所有的解釋者對和平協議的解釋都有效力。為了保證解釋的有效性和被接受性，和平協議必須規定一個權威的「有權解釋者」（有權解釋主體），由這個「有權解釋者」對和平協議作出具有規範意義的解釋。因此，確定和平協議的有權解釋主體，並對和平協議的解釋權進行分配，對於有序解釋和平協議是最為重要的問題之一。《基本法》解釋權分配的三個特點對於和平協議的解釋既有值得借鑑之處，也有不適宜之處。

第一，對和平協議的解釋權進行分配時，應考慮到兩岸關係的現實，按照場域原則，而不是事務原則，確定解釋權的分配標準。考慮到兩岸關係的現實，可以依據場域原則，以和平協議的解釋發生在兩岸域內、還是兩岸間為標準，將和平協議的解釋權分配劃分為兩個層面：一是兩岸域內誰有權解釋和平協議；二是兩岸間誰有權解釋和平協議。對於前者，應由兩岸按照各自法域內的有關法律確定有權解釋者，對於後者，應另設和平協議解釋機制。

第二，對於兩岸域內解釋權的分配，可以借鑑香港《基本法》的有關規定，按照大陸和臺灣法律解釋的傳統和現行制度對和平協議的解釋權進行分配。由於和平協議在兩岸域內的實施，屬於兩岸的內部事務，大陸和臺灣因而可以根據各自法律解釋的傳統和現行制度自行確定。大陸方面，根據1982年憲法、《立法法》和《大陸人民代表大會常務委員會關於加強法律解釋工作的決議》的有關規定，大陸人大常委會負責解釋法律，國務院、最高人民法院和最高人民檢察院在具體適用法律時，也有權解釋法律。可以說，大陸採取的是立法解釋、行政解釋和司法（包括審判和檢察）解釋並存的法律解釋體制。至於誰解釋和平協議的問題，可以參照香港《基本法》的規定，由大陸人大常委會獨享對和平協議的解釋權，而行政機關和司法機關均無權解釋和平協議，但可參照《立法法》第43條，向大陸人大常委會提出解釋和平協議的要求。大陸人大常委會在解釋和平協議時，可以參照《基本法》第158條第3款最後一句的規定，要求大陸人大常委會在解釋和平協議時，徵詢涉臺單位如國臺辦或海協會的意見。臺灣方面，根據臺灣現行「憲法」，「司法院大法官」享有「憲法」的解釋權和對法律、命令的統一解釋權，而立法、行政、司法（包括各級法院和法官）以及地方自治團體均可解釋法律和命令，但在對法律和命令有不同理解時，「司法院大法官」的統一

解釋具有最終法律效力。[6]可以預見，和平協議簽訂後，臺灣仍會沿用上述制度，由「司法院大法官」對和平協議進行統一解釋，而立法、行政、司法以及地方自治團體亦可在具體適用過程中解釋和平協議，但「大法官」的統一解釋在島內是具有最終法律效力的解釋。

第三，對於和平協議在兩岸間的解釋，大陸和臺灣應另設和平協議解釋機制。就兩岸關係的現狀而言，兩岸關係不能等同於中央與香港特別行政區之間的關係，所以，《基本法》中有關中央與特別行政區關係的條款由大陸人大常委會解釋的規定，不適用於兩岸間的和平協議解釋。就現實狀況而言，大陸人大常委會對和平協議的解釋，在臺灣當局不承認的情況下，也無法產生實際效力。借鑑兩會協議有關解釋的規定，和平協議在兩岸間的解釋，可以透過兩岸共同參與的解釋機制完成。兩岸共同參與的和平協議解釋機制主要在兩種情況下發揮作用：其一，在兩岸之間就政治、經濟、文化、社會和國際事務等方面開展合作時，需要進一步明確和平協議的具體含義，或者出現了新的情況，需要明確是否可以適用以及如何適用和平協議，和平協議解釋機制應對和平協議作出解釋；其二，對於兩岸在各自域內解釋出現不一致、而且有可能影響兩岸間事務的，兩岸應共同透過和平協議解釋機制對和平協議進行統一解釋。在具體的操作上，和平協議的解釋機制可以作為兩岸協商機制的一部分，於需要解釋和平協議時，由兩會作為聯繫主體作具體協商。

根據不同的標準，和平協議在兩岸間解釋的特徵，有著如下幾個問題：其一，根據有權解釋者是否主動，可以分為主動解釋和被動解釋，那麼和平協議的兩岸間解釋是主動解釋還是被動解釋？其二，根據和平協議的解釋是否與具體案件或爭議（case or controversies）有關，可以分為具體解釋和抽象解釋，亦可稱為主觀解釋和客觀解釋，[7]那麼和平協議的兩岸間解釋是具體解釋還是抽象解釋？其三，根據解釋的結果是否具有拘束力，可以分為拘束性解釋和諮詢性解釋，[8]那麼和平協議的兩岸間解釋是拘束性解釋還是諮詢性解釋？

回答上述三個問題，明確和平協議兩岸間解釋的特徵，必須首先對「和平協議」的兩岸間解釋的實質加以澄清。根據和平協議在兩岸間解釋的制度設計，和

平協議在兩岸間的解釋，實際上是兩岸圍繞和平協議的含義而進行的協商，與嚴格意義的法律解釋有著較大差別。

根據和平協議聯繫主體的論述，兩會實際上是在兩岸公權力機關無法直接接觸時，為兩岸能開展有效交流而設置的半官方機構。在和平協議的實施中，兩會並不是真正的實施主體，而僅僅是聯繫主體，其所有的權力均來自於兩岸公權力機關的授權。因此，兩會在和平協議實施過程中不具有獨立地位。由此可知，兩會構成的和平協議解釋機制亦不具有獨立地位。立足於此認識，兩岸對和平協議都產生「誤解」時，由於兩會對兩岸的依附性，不可能作出一個「正確的理解」。由此可見，和平協議解釋並不是由兩會組成的和平協議解釋機制所作出的獨立判斷，將和平協議解釋機制的「誤解」透過其有權解釋者的地位，上升為「正確的理解」，而是透過兩個「誤解」之間的互相妥協、折中、融合，最終產生的「正確的理解」。因此，和平協議的兩岸間解釋機制，最符合羅爾斯所言之「公共理性論壇」的特徵，[9]體現了「中華民族認同基礎上的法理共識」。立足於此認識，和平協議的特徵將得以釐清。

第一，和平協議在兩岸間的解釋應采被動解釋。被動解釋是指有權解釋者只能在被要求解釋和平協議時，才能對和平協議進行解釋，而不能依自己的主觀意願，主動對和平協議進行解釋。之所以將和平協議在兩岸間的解釋確定為被動解釋，並排除主動解釋，主要是基於兩岸關係現實的考量。如前所述，兩會是在兩岸有關部門的授權和委託下從事兩岸協商，必須依照授權主體和委託主體的意思行事，而不具有獨立地位，由兩會構成的和平協議解釋機制也不具有獨立地位。在此情況下，對和平協議的主動解釋沒有存在的基礎，因為兩會不可能在無授權或委託的情況下，自行解釋和平協議。因此，和平協議在兩岸間的解釋，只能是由有關主體提出，透過兩會構成的和平協議解釋機制進行協商，最終形成對和平協議文本含義的共識。

第二，和平協議在兩岸間的解釋兼具具體解釋和抽象解釋的特點。具體解釋和抽象解釋以是否涉及具體案件或爭議為標準所進行的解釋種類劃分。僅就定義而言，抽象解釋與具體案件或爭議無關，只要提起解釋的主體適格，有權解釋者

就應對被提起解釋的法律規範進行解釋。考查兩岸的法律解釋制度和實踐，大陸方面大陸人大常委會的法律解釋有著抽象解釋的特點，但是對香港《基本法》的解釋，都是針對「具體案件或爭議」進行的；臺灣方面「司法院大法官」的「憲法」解釋及統一解釋，具有具體解釋的特點。[10]在兩種截然不同的解釋類型中，和平協議的解釋應作何定性呢？我們認為，一種解釋類型是具體解釋還是抽象解釋，與解釋的目的和主體有著密切的聯繫。大陸方面大陸人大常委會解釋法律的主要目的是為了明確法律的適用，臺灣方面「司法院大法官」解釋「憲法」和法律的直接目的是為瞭解決具體個案，而且前者是具有抽象性特徵的立法機關，後者是具有個案性特徵的司法機關，兩者在解釋的類型上自然會出現截然對立的局面。從解釋的目的而言，和平協議在兩岸間的解釋主要是為了使兩岸在和平協議的認識上取得一致，進而有效地促進和平協議在兩岸間的適用。從主體的角度而言，兩會既不是立法機關，也不是司法機關，和平協議解釋機制因此不必受到立法機關抽象性和司法機關個案性的限制。基於上述認識，和平協議的兩岸間解釋較大陸人大常委會的法律解釋制度和「司法院大法官」的「釋憲」機制更加靈活和務實，兼具體解釋和抽象解釋的特點。具體而言，包括以下兩個方面：其一，和平協議既可以是抽象解釋，也可以是具體解釋，即不必以「具體案件或爭議」為限，只要是遇到兩岸對和平協議含義需要明確時，都可啟動和平協議解釋機制，透過和平協議解釋機制予以解釋；其二，在對和平協議進行抽象解釋時，應明確規定前提條件，防止濫用和平協議解釋權，從而保證和平協議的抽象解釋不偏離設計和平協議解釋機制時的目的。具體的限制條件可以參照臺灣「審理法」對「憲法釋疑」案件的限制，規定提起解釋和平協議的主體，只有在行使與兩岸關係有關的職權過程中，涉及對和平協議的具體含義的理解時，方可向和平協議解釋機制提起解釋和平協議的申請。

　　第三，和平協議在兩岸間的解釋同時具有諮詢性解釋和拘束性解釋的特點。和平協議在兩岸間的解釋具有法律效力，對兩岸產生拘束性。和平協議解釋的拘束性與和平協議自身的效力有關。若承認和平協議的效力，自不必懷疑和平協議在兩岸間解釋的拘束性。和平協議在兩岸間解釋的諮詢性應從國際法上的「諮詢」來理解。基於上述認識，當兩岸雙方或任何一方擬採取與兩岸關係有關的行

動前,無論該行動是立法性質、行政性質還是司法性質,均可就該行動所涉及和平協議的含義提供諮詢意見。

和平協議解釋機制是兩岸協商機制的一部分,和平協議解釋機制的程序可以遵循兩岸協商機制的程序框架。根據所解釋事項的不同,和平協議解釋機制可分別按照兩岸事務性協商機制和兩岸政治性協商機制所規定的程序進行。但是,和平協議的解釋有其特殊性,儘管總體上遵循兩岸協商機制的程序,仍應根據和平協議解釋的特性進行修正和補充,尤其是在如何降低和平協議解釋可能對兩岸關係產生的消極影響、保證和平協議解釋的有效性方面,應作專門的程序設計。

由於和平協議的極端敏感性和社會影響力,任何對和平協議的解釋,尤其是對和平協議在兩岸間的解釋都有可能對兩岸關係產生重大影響。即便是有權解釋主體亦應保持解釋者的謙抑性,而不能對和平協議進行隨意解釋。根據詮釋學的基本原理,所有理解、適用和平協議的主體都是和平協議的解釋主體。因此,對解釋權進行分配的意義,不過是確定了有權解釋主體。對有權解釋主體的確定,並不意味著該有權解釋主體壟斷了對和平協議的解釋,更不意味著有權解釋主體可以隨意解釋和平協議。考慮到和平協議在兩岸間解釋的實質,隨意解釋的風險已經降至最低。但是,這仍不能保證和平協議的兩岸間解釋不出現隨意解釋的局面。在此方面,程序控制發揮著極為重要的功能。從詮釋學的角度而言,憲法解釋所需考慮的因素具有多元性。這裡的多元性,並不單指解釋主體的多元性,還包括憲法文本、環境、社會影響等因素。可以說,一個科學的、具有可接受性的釋憲結果的生成,乃是多元視域融合的結果。[11]基於此認識,在承認多元主體共同參與解釋的背景下,控制隨意解釋和平協議的最佳辦法是構建和平協議解釋的秩序,即透過科學的程序安排,使所有適用和平協議的主體,而不僅僅是有權解釋主體,都參與到對和平協議的解釋中來,使他們對和平協議的解釋都能有暢通的表達渠道。[12]

參考上述觀點,我們認為,降低和平協議解釋的隨意性,科學的程序安排將扮演關鍵性的角色(keyrole)。科學的程序安排有助於形成合理的和平協議解釋秩序。這一點,和平協議的兩岸間解釋有著先天優勢:和平協議的兩岸間解釋並

不是透過「有權解釋者」的「自我解釋」實現的，而是兩岸在各自對和平協議理解基礎上的妥協、折中和融合。因此，和平協議在兩岸間的解釋先天地具有了多元視域融合的特徵。程序所起的作用是體現並強化這一特徵，進而將這種多元視域融合從兩岸公權力機關擴展到兩岸所有主體。上述思想應貫徹到具體的程序設計中，主要包括：第一，明確兩會是和平協議的有權解釋者的同時，應承認多元解釋主體的地位，賦予多元解釋主體知情權和表達權，使多元解釋主體能有效影響最後解釋結果的作成；第二，明確規定除兩會外的多元解釋主體參與解釋和平協議的程序，透過聽證、公眾參與、公開辯論、就解釋結果徵求意見等方式，廣泛吸取兩岸各界的意見；第三，建立補充解釋制度，允許兩會透過和平協議解釋機制，對已經生效的解釋加以補充，以使和平協議能在文本不變動的情況下，與兩岸關係和平發展的實際情況始終保持一致。

最後需要解決的是和平協議解釋程序中的幾個技術問題：其一，解釋結果以何種形式表現於外；其二，和平協議的解釋如何為兩岸所接受；其三，和平協議的解釋效力如何。這三個問題的核心是第一個問題，一旦確定了和平協議解釋結果的表現形式，其接受和效力都可根據該表現形式的特點加以確定。我們認為，既然和平協議解釋機制被納入兩岸協商機制的一部分，因而可以將和平協議在兩岸間解釋的結果以兩會協議的形式表現出來，解釋的對象可以在協議的名稱中加以說明，如《兩會關於和平協議第×條的解釋》或者《兩會關於和平協議中××問題的解釋》等。由此，對和平協議解釋的接受及其效力，可以按照對前述兩會協議的處理方式進行。唯需說明的是，和平協議解釋的效力高於其他依據和平協議制定的規範性文件（包括和平協議確認的兩會協議，以及依據和平協議制定的兩岸協議），而與和平協議等同。

和平協議以文本的形式存在，和平協議的文本不僅體現出某種規範性的存在，還試圖體現出和平協議的意蘊。意蘊是某種比語言的邏輯系統更深層的東西，是先於語詞並與語言同樣原始的東西。[13]和平協議透過和平協議文本的語言表示意蘊，語言形成了意蘊的內涵與外延，可是語言的可變性又模糊了和平協議的意蘊。因為語言總是在描述一物時，又同時指示另一物。[14]語言的可變性決定了規範的開放性，而和平協議本身在制定過程中為了迴避政治爭議就被高度

抽象化以符合包容性的要求,其所用語言相對於其他文本的語言更加多變。一個詞語具有多個特定的指向性含義,特定詞語的「指」(signifier)和「所指」(signified) [15]之間,如何進行取捨需憑藉解釋者的意願和價值取向。在此我們試圖透過程序的建構來限制對和平協議的隨意解釋。但是,當多元解釋主體圍繞和平協議的文本展開解釋博奕時,僅僅透過程序的限制,至多只能再次降低隨意解釋的風險,而不可能將風險完全消除。為此,有必要明確和平協議解釋的界限,不允許和平協議解釋機制解釋某些因體現和平協議核心精神而具有極端重要性的內容,從而迴避因隨意解釋而破壞和平協議核心精神的風險。

明確和平協議解釋的界限是為了更好地保護兩岸關係。兩岸關係敏感而脆弱,和平協議作為一項法理共識,雖然有助於在兩岸間形成一個比較穩定的狀態,但是由和平協議所規定的穩定狀態以和平協議所規定的制度為基礎。因此,和平協議的變化,即便只是透過解釋的隱性變化,都將削弱甚至徹底動搖這種穩定的狀態。為了保護兩岸關係這種來之不易的穩定狀態,必須對和平協議中某些核心制度加以特殊保障。

第一,確立不解釋優先性內容原則。所謂不解釋優先性內容原則,是指禁止大陸和臺灣任何有權解釋者以及兩會構成的和平協議解釋機制解釋和平協議所確定的優先性內容,而無論該解釋的場域是兩岸域內還是兩岸間。確定不解釋優先性內容原則主要是出於以下兩點考慮。其一,和平協議中的優先性內容在和平協議中處於核心地位,而且具有極端敏感性。其二,根據功能原則,對和平協議所規定的優先性內容,屬於解釋和平協議時應予迴避的對象。

第二,確立在解釋中不引用政治關係定位的原則,即不引用政治關係定位解釋原則,是指兩岸任何有權解釋者以及由兩會構成的和平協議解釋機制在解釋和平協議時,無論解釋發生的場域是在兩岸域內還是兩岸間,都禁止引用大陸和臺灣的政治關係定位作為支持其觀點或否定其他觀點的依據。確立不引用政治關係定位解釋原則,將徹底杜絕兩岸在和平協議實施過程中,於政治關係定位共識之外表達自己觀點的機會,消除可能妨礙和平協議實施的隱患。

第三,確立以和平協議解釋和平協議的原則。以和平協議解釋和平協議原

則，包括兩層含義：其一，就實體面而言，和平協議的有權解釋者於解釋和平協議時，應以和平協議有規定者為限。和平協議未規定者，不應作擴大解釋或透過解釋填補漏洞，絕對排斥和平協議的有權解釋者藉解釋和平協議之名、行修改和平協議之實；[16]其二，就方法面而言，對和平協議的解釋，應以和平協議文本為依據，注意和平協議前後文本的協調，即不是透過社會上的字典或歷史上的字典來解釋和平協議，而是將和平協議本身當作一本字典，透過條文之間的邏輯關係來推知和平協議的含義。[17]「以和平協議解釋和平協議」原則的確立，可以儘可能地將和平協議之外的因素排除出和平協議解釋的範圍，從而確保和平協議自身的安全和穩定，也可防止有權解釋者對和平協議的無形修改和曲解。

第四，確立歷史解釋優先原則。法律解釋是法律適應社會變遷的方式之一。從此意義而言，對和平協議的解釋，是和平協議適應兩岸關係和平發展的重要機制。透過歷史解釋這一制動閥的作用，可以使和平協議的變遷與兩岸關係和平發展保持協調，從而始終使和平協議的含義處於兩岸關係所能接受的狀態。

不解釋優先性內容原則和不引用政治關係定位解釋原則，是在內容方面劃定解釋和平協議的界限，以和平協議解釋和平協議原則和歷史解釋優先原則，是從方法的角度劃定瞭解釋和平協議的界限。透過該四項原則在內容和方法兩個方面的界定，和平協議可能出現隨意解釋進而危及和平協議存在基礎的可能性被降至最低。

（三）和平協議的變更

和平協議的變更，亦即和平協議的修改，是指對和平協議文本的增補、刪除和變動。按照兩會協議的慣例，這裡我們將和平協議的修改稱為和平協議的變更。和平協議的文本反映了簽訂和平協議時兩岸關係的發展狀況。隨著兩岸關係和平發展的深化，和平協議的文本將出現不適應兩岸關係和平發展的地方。雖然對和平協議的解釋能在一定程度上使和平協議與兩岸關係和平發展保持協調，但解釋畢竟要在文本的文義射程內方有可能。在兩岸關係和平發展超出文本的文義射程之外時，僅憑解釋的方法已經無法滿足和平協議變遷的要求。況且和平協議在實施過程中，可能出現一些規範上的漏洞，由於前述對和平協議解釋的限制，

僅靠和平協議的解釋是無法填補這些漏洞的。因此，允許變更和平協議，以保證和平協議與兩岸關係和平發展的適應性，有其必要。

考查兩會協議的文本，兩會協議的變更包括三種形式：一是具體的狹義變更，即在兩會協議中明確規定可以變更的內容；二是概括的狹義變更，即兩會協議雖明確規定不可變更，但未規定變更的內容，從理論上而言，兩會協議的任何內容都屬於可變更的範圍；三是對未盡事宜的補充，即兩會協議規定未盡事宜的處理方式。由於後者可以理解為對兩會協議的增補，因而也納入兩會協議的變更中一併討論。在兩會簽訂的16份協議中，規定有變更（包括狹義變更和對未盡事宜的補充）的有11份，另有一份系對兩會協議的增補。考查八份規定有變更內容的兩會協議，可以發現，兩會協議對於狹義變更和對未盡事宜的補充的規定，已經形成了固定的模式。在實踐中，迄今為止，兩岸對於兩會協議的變更共有兩次。第一次是1994年對《兩岸公證書查證協議》中適用公證書種類的增補。根據《兩岸公證書查證協議》第2條第2項，兩岸有關方面於1994年11月決定擴大寄送公證書副本的範圍，並經兩會確認後生效。從模式上而言，對《兩岸公證書查證協議》的此次變更依據上述第一種模式的變更。[18]在變更程序上，此次變更經歷了兩個階段。第一階段為商談階段。1994年11月21日至28日，兩會副祕書長孫亞夫和許惠佑在南京進行預備性磋商，就包括「擴大寄送公證書副本種類」在內的議題進行商談，初步達成「擴大寄送稅務、病歷、經歷及專業證明等四項公證書副本」的共識。[19]第二階段為確認階段。兩會副會長、祕書長級官員在負責人會談上正式達成「關於增加寄送公證書副本種類」的共識後，兩會透過「換文」的形式分別予以確認，「關於增加寄送公證書副本種類」自1995年2月1日正式生效。第二次對兩會協議的變更，是2009年對《海峽兩岸空運協議》的補充。根據《海峽兩岸空運協議》第1條、第3條和第4條，海協會和海基會於2009年4月27日簽訂《海峽兩岸空運補充協議》，將《海峽兩岸空運協議》中的常態化包機改為空中定期航班，從而實現了兩岸航空運輸業務正常化。從模式上而言，對《海峽兩岸空運協議》的此次變更，屬於前述第一種模式。[20]在變更程序上，此次變更基本上依循制定新協議的程序，主要經歷了兩個階段：第一階段是協商階段。2009年4月18日，兩會有關負責人在臺北進行預

備性磋商，就兩岸空中直航定期航班議題的主要內容及協議文本進行了工作性商談，並達成原則共識；[21]第二個階段為簽訂階段。2009年4月27日，海協會領導人陳雲林和海基會領導人江丙坤在南京進行第三次會談，簽署了《海峽兩岸空運補充協議》，從而完成了對《海峽兩岸空運協議》的變更。

至於兩會協議變更的另兩種模式，雖未在實踐中出現，但對變更程序亦有著概括性規定：第二種表述明確規定透過「雙方協商同意」的形式變更，第三種則規定「雙方得以適當方式另行商定」。對於後者，雖未明確規定「適當方式」為何，但由「商定」二字可見，其方式仍是「雙方協商」，只不過在具體方式上可以更加靈活，如可以透過換文、函告、口頭表述、默許等。

儘管兩岸在兩會協議的變更上只有一次實踐，但僅此一次實踐就已證明兩會協議有關變更的規定是適宜的，其中一些有益之處值得和平協議設計變更機制時參照。當然和平協議亦應根據自身特點加以取捨和修正。這是我們主要討論和平協議變更的表述模式、程序及限制。

對和平協議的變更應注意兩個方面：其一，對和平協議的變更應在和平協議文本有規定的框架內；其二，對和平協議的變更不應減損和平協議的權威性。和平協議雖然將功能原則作為其基本原則，但畢竟與單純事務性的兩會協議不同。作為「中華民族認同基礎上的法理共識」以及兩岸關係和平發展框架的基礎性規範，和平協議是在兩岸高度共識基礎上形成的。和平協議所規定的內容、規定的用語等，都是在高度妥協、審慎斟酌的基礎上確定的，和平協議沒有被涉及的部分以及沒有使用的用語，都應當作為有意之省略，而不應認為是會談中的疏忽或者開放可透過普通的兩會協商機制加以變更的可能性。因此，對和平協議的變更同對一般事務性兩會協議的變更不同，應僅在和平協議已有文本框架的基礎上對現有規定加以補充和完善，而不應在已有文本框架之外，另行規定新的內容。同時，和平協議的效力主要依靠政治力的尊重來維持，規範意義上的效力是極其微弱的。因此，對和平協議的變更應注意在實現和平協議適應性的同時，維護和平協議的權威性。

在有關變更的表述模式上，和平協議可以採取第一種和第二種模式，但不適

宜第三種模式，亦即對和平協議的變更應采狹義變更的表述模式，而不宜以「未盡事宜」為名做任何擴張，防止動搖和平協議的基礎，偏離和平協議的性質，減損和平協議的權威性。再者，大陸和臺灣若對和平協議「未盡事宜」達成共識，可以透過兩岸協議形式加以體現，而無必要變更和平協議。第一種「具體的狹義變更」模式和第二種「概括的狹義變更」模式，由於明確了變更應僅在和平協議文本框架內，符合和平協議的性質和地位，也有助於在不減損其權威性的情況下，提高其適應性，因而可以為和平協議所採用。

在變更程序上，和平協議可以參照前述《海峽兩岸包機會談紀要》等五份兩會協議的方式，由兩會透過協商、以書面方式確認。值得注意的是，依該變更程序所進行的協商，其直接依據是和平協議，而不是兩岸有關部門的再次授權。因此，與兩會根據兩岸有關部門的授權進行簽訂和平協議的談判有所不同。由於兩會對和平協議的變更沒有兩岸有關部門的再次授權，依照和平協議的規定變更和平協議因而應受到限制，而不能由兩岸透過兩會機制隨意為之。

當然，對變更規定模式的限制，也是對和平協議變更的限制之一。但是，透過狹義變更的模式對和平協議的變更在理論上仍有改變和平協議性質和地位的可能。為了消除這種可能性，有必要採取其他方式限制和平協議的變更。對於此，還有兩種思路可供選擇：一是程序的思路，即規定和平協議應採取比變更其他兩岸協議（主要是兩會協議）更為嚴格的程序；二是實體的思路，即規定和平協議中不得按照變更程序予以變更的事項。首先考查程序的思路。由於包括和平協議在內的所有兩岸協議都不是依照普通立法程序中的多數決獲得透過的，而是兩岸協商所取得的共識，對和平協議的變更亦是如此。因此，雖然和平協議居於基礎性地位，但在變更程序上仍與其他兩岸協議（主要是兩會協議）基本相同，而與憲法修改比普通法律的修改適用更為嚴格的程序不同。考慮到和平協議的此種特徵，程序的思路不適用於和平協議。由此可見，對和平協議變更的限制，只能按照實體的思路進行。因此，確定和平協議中不允許透過變更程序予以變更的內容是限制和平協議變更唯一可行的方法。

我們認為，確定和平協議中不得依其自身所規定的變更程序予以變更的事

項，可以依下列三項原則：其一，空洞化原則，即若變更該事項，則導致和平協議的空洞化；其二，授權原則，即若變更該事項，則超出兩會獲得的和平協議談判時所委託的範圍；其三，核心領域原則，即若變更該事項，則因變更和平協議的核心領域而導致無法實現兩岸簽訂和平協議的目標。[22]基於此考慮，並結合和平協議的制度原則，我們認為，和平協議中不得變更的事項，是和平協議所確認的優先性內容。除此以外，其餘有關兩岸協商機制的所有內容，均可透過和平協議所規定的變更程序加以變更。

註釋

[1].參見張惠玲：《歐盟「共同外交暨安全政策」之整合談判過程與臺海兩岸協商經驗之比較》，臺灣中山大學大陸研究所，2002年博士論文，第146頁以下。

[2].需要指出的是，《海峽兩岸食品安全協議》中出現了「兩岸業務主管機關」字樣，這一現象的出現是否意味著兩岸公權力機關可以透過更加便利的渠道開展聯繫，而聯繫主體制度是否因此將逐漸退出歷史舞臺，值得進一步觀察。

[3].參見張亞中：《〈兩岸和平發展基礎協定〉芻議》，《中國評論》，2008年第10期。

[4].參見張亞中：《〈兩岸和平發展基礎協定〉芻議》，《中國評論》，2008年第10期。

[5].參見邱進益：《提出〈兩岸和平合作協議草案〉的心路歷程》，系邱進益在「兩岸和平合作論壇」（中國評論通訊社、《中國評論》月刊主辦）上的發言稿，《中國評論》，2008年第11期。

[6].參見周葉中、祝捷：《臺灣「憲政改革」研究》，香港社會科學出版社有限公司，2007年版，第94頁以下。

[7].參見湯德宗：《論違憲審查制度的改進——由「多元多軌」到「一元一軌」的改進方案》，載湯德宗：《權力分立新論》（卷二），元照出版公司，2005年版，第187頁；關於主觀解釋和客觀解釋的提法，是我們根據主觀訴訟和

客觀訴訟改造，參見吳庚：《憲法的解釋與適用》，三民書局，2003年版，第365頁。

[8].參見湯德宗：《論違憲審查制度的改進———由「多元多軌」到「一元一軌」的改進方案》，載湯德宗：《權力分立新論》（卷二），元照出版公司，2005年版，第191頁。

[9].〔美〕羅爾斯著，萬俊人譯：《政治自由主義》，譯林出版社，2000年版，第226頁。

[10].根據《立法法》第42條規定，大陸人大常委會在兩種情況下可以進行法律解釋：其一，法律的規定需要進一步明確具體含義的；其二，法律制定後出現新的情況，需要明確適用法律依據的。由此規定可見，《立法法》第42條只規定了大陸人大常委會解釋法律的情況，並未規定大陸人大常委會在解釋法律時，是否必須以具體案件或爭議為前提。另考查《立法法》第90條，國務院等五類主體有權在認為行政法規等規範性文件與憲法、法律相牴觸時，向大陸人大常委會提出審查要求。此處的「認為」是否需要與具體案件或爭議有關、是否與該五類主體行使職權有關，《立法法》第90條都未作出明確規定。由此分析可知，大陸人大常委會的法律解釋既可以是抽象解釋，也可以是具體解釋。但是，從實踐而言，大陸人大常委會沒有針對具體案件或爭議作出過法律解釋，所有的法律解釋都是為瞭解決法律適用問題，尤以對《刑法》的立法解釋為最多。臺灣「司法院大法官釋憲」機制由於其司法性，將「具體案件或爭議」作為聲請「釋憲」或統一解釋的要件。有臺灣學者認為，「司法院大法官審理案件法」（以下簡稱「審理法」）第4條和第5條的規定，「大法官」可以進行「憲法釋疑」，而「中央」及地方各機關、三分之一以上「立法委員」聯署，均可聲請審理「憲法釋疑」案件，由於「憲法釋疑」案件「並無得以附麗的事實基礎」，具有高度抽象性，與「司法為個案爭議解決之本質」不符，據此認為「憲法釋疑」案件屬於抽象解釋。但是，依據「審理法」之規定，上述主體並不是在任何情況下，都能要求「大法官」進行「憲法釋疑」的，而是必須符合「行使職權」的要件，即只能在「行使職權」的過程中遇到的「憲法疑義」，方可提出「釋憲聲請」，且

該「憲法疑義」應與「行使職權」有關。根據臺灣學者的觀點，由於「行使職權」要件的存在，「憲法釋疑」案件有了「相對主觀化」的趨勢。當然，亦有比較純粹的抽象解釋，如德國聯邦憲法法院的抽象審查權。參見臺灣「司法院大法官審理案件法」（1993年）第4條、第5條，第7條和第19條，臺灣「憲法增修條文」（2005年）第2條；周葉中、祝捷：《大陸臺灣「違憲審查制度」變革評析》，《法學評論》，2007年第4期；蔡宗珍：《大陸憲法審判制度之檢討》，載蔡宗珍：《憲法與國家》（一），元照出版公司，2004年版，第113頁；湯德宗：《權力分立與違憲審查》，載湯德宗：《權力分立新論》（卷二），元照出版公司，2005年版，第79頁以下；吳庚：《憲法的解釋與適用》，三民書局，2003年版，第367頁；吳信華：《「行使職權」作為機關聲請法令違憲解釋要件之探討》，載劉孔中、陳新民主編：《憲法解釋之理論與實務》（第三輯），「中央研究院」中山人文社會科學研究所，2002年版；劉兆興：《德國聯邦憲法法院的抽象審查權》，《外國法譯評》，1997年第2期，等等。

[11].參見祝捷：《從主體性到主體間性——憲法解釋方法論的再反思》，載《廣東社會科學》，2010年第5期。

[12].參見祝捷：《憲法解釋方法論之困境與重構》，載《公法評論》（第5卷），北京大學出版社，2008年版。

[13].洪漢鼎：《詮釋學——它的歷史和當代發展》，人民出版社，2001年版，第204頁。

[14].殷鼎：《理解的命運》，生活·讀書·新知三聯書店，1988年版，第85頁。

[15].前者是指符號的使用，後者是意指符號所表達出的對象，由符號組成的一個詞句，可以是毫無意義的胡言亂語，也可以是有意義的表達。參見殷鼎：《理解的命運》，生活·讀書·新知三聯書店，1988年版，第182頁。

[16].對「以和平協議解釋和平協議原則」在內容方面的含義，參考了吳庚對「憲法解釋憲法」的定義。參見吳庚：《憲法的解釋與適用》，三民書局，2003年版，第572頁以下。

[17].對「以和平協議解釋和平協議原則」在方法方面的含義，參考了美國學者阿麥爾（Amar）的交互文本主義（Intratextualism）。See Akhil Reed Amar：Intratextualism，112 Harvard Law Review.788-789（1999）。另可參見祝捷：《憲法解釋方法論之困境與重構》，載《公法評論》（第5卷），北京大學出版社，2008年版。

[18].《關於增加寄送公證書副本種類》中明確說明，對公證書副本種類的增加，是依據《兩岸公證書查證協議》第二條。

[19].參見張惠玲：《歐盟「共同外交暨安全政策」之整合談判過程與臺海兩岸協商經驗之比較》，臺灣中山大學大陸研究所，2002年博士論文，第149頁。

[20].《海峽兩岸空運補充協議》的前言中明確說明，將常態化包機改為空中定期航班的依據中，包括《海峽兩岸空運協議》第4條。

[21].參見《海協會與海基會商定兩會領導人第三次會談4月26日在南京舉行》，2009年4月18日，資料來源：http://www.gwytb.gov.cn/gZyw/gZyw1.asp?gZyw_m_id=1945，最後訪問日期：2009年4月28日。

[22].對於和平協議變更的限制，我們多參考對憲法修改的限制。參見陳慈陽：《憲法學》，元照出版公司，2005年版，第117頁以下。

第四章 構建兩岸關係和平發展框架的法律障礙及解決機制

兩岸關係和平發展不僅僅是複雜嚴峻的政治問題，更是憲法法律問題。構建兩岸法律機制是兩岸關係和平發展的必然趨勢，是運用憲法思維處理臺灣問題的必然產物，也是遏制「臺灣法理獨立」的必然選擇。[1]兩岸關係和平發展框架的法律障礙及解決機制，是構建兩岸關係和平發展框架的法律機制的主要內容，是保障兩岸關係和平發展、解決兩岸發展法制阻礙的重要方式。為此，在梳理臺灣法治發展歷史和現狀的基礎上，透過對兩岸理念、規範和制度的比較研究，探討兩岸和平的法律障礙，在「一個中國」的原則構建下，思考和建構兩岸關係和平發展框架的法律障礙解決機制。

一、兩岸法制發展概述

兩岸關係法制發展並不是一成不變的，而是兩岸在國內外情勢不斷變換，兩岸政治、經濟、文化等不斷發展導致兩岸關係微妙變化的過程中不斷形成的。兩岸關係和平發展框架下的法律障礙及其解決機制也是一個形成中的概念，需要從歷史、現實和未來發展三方面綜合考察，從而從中總結經驗、深化對法律障礙的理解、加深對法律障礙的研究。

（一）臺灣法律制度的歷史演進、現狀及其特點

臺灣法律制度的歷史總體上有三個大的階段，分別是中日戰爭後日本對臺灣的殖民統治階段、國民黨退居臺灣後的階段，以及「後蔣時代」至今的發展階

段。

　　第一階段：日本對臺灣的殖民統治時期。中國自古就享有對臺灣的管轄權。在明朝時候始稱臺灣，後經過清朝建府、光緒建省，才最終定名為「臺灣省」。從法律體系上，臺灣長期以來屬於中華法系的統治區域。這個時期，臺灣在中國政府的有效統治之下，其與大陸在法律適用和執行方面沒有太大差異。因此，這個時期的基本特點是，在法律基本理念上堅持儒家學說的指導思想，注重倫理法制和尊親關係。其次，禮法合一。禮作為整個宗法體系和皇權控制的核心概念，也深刻體現在法律制度中。在刑事審判和民事裁決中，講求親疏遠近、尊貴卑賤、長幼次序，這種以禮為核心、融禮入法的過程，貫穿於整個封建統治時期。其三，以刑為主、諸法合體。整個中華法系在法律規範上主要是刑事實體規範為主、民事實體規範為輔，摻雜行政和其他程序性規範。

　　20世紀末，清朝統治搖搖欲墜、國內積貧積弱、國外列強盤剝。中華民族陷入分崩離析、國將不國的艱難時刻。1895年《馬關條約》的簽訂，標誌著日本對臺灣殖民統治的開始。自1895年《馬關條約》簽訂到1945年10月25日日本投降，日本在臺灣統治了50年零156天。這半個世紀，日本對臺灣的殖民統治的特點是：其一，政治上的獨裁統治。在立法中，賦予總督在轄區內有制定具有法律效力的命令的權力。總督據此權力，可以恣意剝奪和限制居民的財產和自由、克減居民的各項基本權利。司法上，總督可以任意開設臨時法院，一審裁決。行政上，總督享有對臺灣的人事任免權以及警察治安、政治、經濟的專制性權力。其二，經濟上的壓榨。主要體現在透過立法剝奪臺灣居民的權利，壓制臺灣民眾反抗，掠奪臺灣資源。比如，1895年「官有林野取締規則」、1898年「臺灣地籍令」、1905年「土地徵收規則」等。其三，奴化教育和文化同化。1919年及1922年的「臺灣教育令」，不僅在官方禁止使用漢語和民族方言，還強迫民眾放棄中國信仰和風俗。

　　第二個階段：國民黨退居臺灣後的時期。這個時期是「兩蔣」統治時期，但主要是指蔣介石主政的時期。1949年，國民黨退居臺灣，兩岸法治發展呈現出不同的發展進程和表現形態。臺灣的法制基本上沿用了中華民國時期的法律體制

和傳統。即，臺灣法制體系的主體是中華民國時期制定的「六法全書」，即「憲法、民商法、刑法、行政法、民事訴訟法、刑事訴訟法」等。但隨著1950年代以來，臺灣經濟的飛速發展，除了「憲政」體系不斷變化外，民商和經濟法律也做了較大的修改和調整。這個歷史時期的基本發展特點是：

1.兩岸之間主要是對抗和破壞，缺乏溝通和對話，法律層面沒有直接的接觸和發展。在國際上不斷展開和新中國的外交爭奪賽，兩岸之間不接觸、搞暗殺和破壞。所以這個時期的兩岸法制是對立的，法律交往最大的障礙就是政治分裂。這種情況一直到1990年「國家統一委員會」、「行政院大陸委員會」和「海峽交流基金會」的陸續成立才得以解決，以及1992年《臺灣與大陸地區人民關係條例》的頒布，兩岸之間才有了較為規範化的交流平臺，兩岸法制交往才慢慢走上新的階段。

2.「憲政法統」的危機。蔣介石國民黨退居臺灣後，在臺灣主要依靠國民黨政權在大陸時期制定的「中華民國憲法」和「動員戡亂時期臨時條款」進行所謂的「法統」統治。「中華民國憲法」於1946年在南京制定，至1991年，歷經44年未作任何修改。1948年「動員戡亂時期臨時條款」賦予總統以超越憲法的「緊急處分權」，成為一部可以架空憲法的臨時憲法。蔣介石退居臺灣後，仍舊以中國政府正統自居，出現了所謂「萬年國代」、「萬年立委」的滑稽景象。為了緩和專制統治和民主發展的危機，蔣介石政權不得不透過修改「臨時條款」的方式，實行「增選補選」和「增額選舉」。至1972年，對「臨時條款」共進行了四次修訂。

3.法律體系的逐步完善。臺灣長期適用舊中國的法律體系，但隨著社會經濟的不斷發展，它已不能滿足現實的需要。為此，臺灣當局進行了民商事的立、改、廢。其特點是：

其一，注重學習、借鑑和移植資本主義的法治原則、規範和制度。在發展完善實體法的同時，也重視程序法制的建設。臺灣的法律屬於資本主義的法律，宣揚主權在民、實行立法、司法、行政、考試、監察「五權憲法」，實現權能分離，分權制衡的目的；經濟上，保障和維護私有財產，立、改、廢不適應經濟發

展的民商事法律，從而促進資本主義經濟的發展。在立、改、廢實體法的同時，也注重程序法建設，制定了「中央程序標準法」等，規範「法律」與「命令」，「中央」和「地方」法律的適用、修改等各項程序和原則，從程序法制的角度完善法律體系。

其二，為維持和鞏固國民黨一黨專制，有意識地對法律制度進行區別建構。臺灣法律體系的內容不是同步進步協調發展的。涉及國民黨專制統治的「臨時條款」，「中華民國憲法」並沒有得到及時修改和完善。而為了適應臺灣經濟建設的需要，臺灣當局對民商事法律進行了大量的制定和修正，一批近現代意義的公司法、經濟法、金融證券法等相繼頒布，從法律規範和制度上，為臺灣的經濟發展、招商引資、社會穩定等提供了相對穩定的環境。

其三，注重立法和修改法律，堅持基本法和特別法相結合的法律體系。現有法律體系中，形成了以「憲法」為核心、以其他五法為主體的法律體系，做到從實體到程序、從「憲法」、「民商法」到「刑法」的全面覆蓋。同時，臺灣當局根據不同時期形勢發展的特點，制定頒布大量的特別法以補充基本法的不足。尤其是加強對民商經濟立法的力度，以便為臺灣的經濟發展提供制度支撐。

4.在法律技藝上，側重學習德日大陸法系國家的法律技藝，但也吸收歐美等國的優點。「六法全書」中的「憲法」、「民商法」、「刑法」等就是對德日法律的移植。此外，還加強對普通法系判例的學習和比較分析。

第三個階段：「後蔣時代」至今的發展階段。即在蔣經國逝世後，「兩蔣時代」基本結束的階段。這個階段「憲政」改革、民商事法律完善和兩岸交流機制的初步建立。

1.「憲政」改革方面，主要是七次「修憲」運動。分別在1991年、1992年、1994年、1997年、1999年、2000年和2004年。「憲政改革」對「憲法」做了大量修正，廢除了「國民代表大會」，擴大包括「公民復決」、「公投」和「直接選舉」等直接民主；對「總統」和「五院」的職能進行了調整，限制、縮小和虛化「國會」，擴充「立法院」的職能和權力，「總統」在「憲法」和政治體系中的地位得到強化。從法理規範看，七次「修憲」基本上架空了「五權體

制」，實行了「三權體制」，弱化了「雙首長制」而採取了「總統制」，「立法院」權力空前膨脹。

　　2.民商事法律的繼續完善。民商事方面法律的發展主要是為了適應1970年代以來經濟和社會高度發展的需要。在經濟上，由於「土地改革」效果明顯，經濟結構外向型轉型，以及中產階級的壯大，要求對民商事法律進行及時的修正和完善。在「立法」方面，修改了「民法典」，加強了對社會公益的保護。為適應社會發展的需要，增列了民事特別法，增酌規定「司法院解釋」、「最高法院判例」等內容，體現了從個人本位向社會本位拓展，注重私權與公共利益保障的平衡。商事法方面，修改「公司法」，放鬆政府對公司的管制、強化對公司的有效監管、提高公司管理效率；修改「票據法」，採取「三票一法」的立法模式，確立流通證券制度；修改「保險法」，形成總則、保險契約、財產保險、人身保險、保險業和附則的體系；修訂「海商法」，突出「海商法」的組織法和活動法性質、債權證券和物權證券的功能，以及「海商法」和「民法」互動的運行形式等。[2]除此以外，還加強了對「民事訴訟法及相關法律」、「刑事訴訟法及相關法律」等的修訂和完善。總之，該時期民商事實體法和程序法發展的特點是，內容上更為充實詳盡、規範上更為具體協調、體系上更為豐富完善，基本滿足了臺灣經濟發展和社會進步的客觀需要，體現了一定的立法技術和法律修訂技巧，是臺灣法律現代化發展較快的時期。

　　3.兩岸交流機制的初步建立及兩岸關係立法的制定。隨著「葉九條」及大陸方面對臺政策的陸續頒布，在兩岸經貿存在實際往來、民間發展壓力較大的情況下，臺灣方面逐步加強了兩岸交往方面的立法。1991年，臺灣當局終止「動員戡亂時期」，重新定位兩岸關係。隨後，又透過「中華民國憲法增修條文」，為制定新時期兩岸人民關係立法提供了「憲法」基礎。1992年透過《臺灣與大陸地區人民關係條例》（簡稱《兩岸人民關係條例》），這成為指導和規範兩岸關係最重要的法律文件。同年，又制定了《臺灣與大陸地區人民關係條例實施細則》。該細則至2003年共修正、增訂六次，目前共計73條。《實施條例》作為《臺灣和大陸地區人民關係條例》的配套規定，在《臺灣和大陸地區人民關係條例》的具體運行上給予操作指導和規範。《臺灣和大陸地區人民關係條例》制定

後至2008年也經過13次修正、增訂，分為六章96條，即總則，言明立法的目的和宗旨；行政，包括兩岸人民往來相互許可，雇工、繳稅、投資、貨幣等；民事，包括各種「準據法」、法律行為、物權、婚姻、繼承等法律適用問題；刑事，主要是兩岸刑事犯罪問題，涉及劫持航空器等；罰則，對違反關於兩岸往來關係的法律規定的行政處罰或刑罰；最後附則，即關於生效的規定。因此，性質上，它是一部特別法；從內容上看既包括實體法、又包括程序法。《臺灣和大陸地區人民關係條例》及其《實施條例》，是當前臺灣處理兩岸關係最重要最具有操作性的法律規範。整部條例反映了臺灣當局對兩岸關係的政治認同度，突出強調臺灣對本土安全的維護，對兩岸民間往來的限制。同時，該條例採取大量「委任立法」的技術，有意為將來兩岸往來預留發展空間。在「立法」規範的同時，為了能處理好兩岸交往中的新問題，臺灣當局也成立了一些新機構，主要有：一是「國家統一委員會」。該會於1990年成立，期間透過「國家統一綱領」，但於2006年年底被終止。二是「行政院大陸委員會」。該會1990年成立，是「行政院規劃研究制定和執行大陸政策」的職能機構。三是「海峽交流基金會」。於1990年成立，主要是受「行政院」委託，辦理兩岸民間交流事務。當前，兩岸當局除了各自的立法外，兩岸往來的有關問題主要還是依靠海協會與海基會的商談機制，透過達成共識和簽訂協議的方式逐步解決的。這個方面的磋商成果包括簽署了事關兩岸人員往來、經濟貿易、醫療衛生、知識產權、教育協作、司法合作等方面的協議。

綜上可見，臺灣法制發展的三個階段，主要有三個突出特點：

1.臺灣法制發展是臺灣法制現代化的產物。臺灣終結了日本殖民法統後，法制發展的過程都屬於近現代法制現代化的一部分。首先，國民黨敗退臺灣，帶去的體現「法統」和「正宗」的「六法全書」，本身就是清末民初中國法制現代化發展的產物。其後孫中山的「五權憲法」體現了「權能分離」、「均權制衡」及其他民主思想；而民商合一的「立法」體例和「刑法」的制定等，都明顯地學習和借鑑了德日等國的立法經驗。同時，臺灣基本上建立了類似西方的代議制政治體系，確立了選舉制、議會制、政黨制等憲政制度，宣揚法律面前人人平等，基本確立了資本主義的法律體系。其次，逐步建立了諸法分離，實體與程序區分的

法律體系。整個法律體系學習了大陸法系的法典編纂方式，已經形成了「憲法法規」、「民法及其關係法」、「民事訴訟法及其關係法」、「刑法及其關係法」、「刑事訴訟法及其關係法」、「行政法規」和「國際法」等七法體系。其中的民商事法律相對比較發達，法律規範體系也比較完善。最後，法律文化和法治意識比較強。臺灣在結束「兩蔣」統治及國民黨專政後，民眾有較強的民主思想和抗爭意識；1950年代後經濟的騰飛也造就了大批的「中產階級」，市民社會得到較快發展；文化教育國際化程度比較高，法律意識比較強。

2.政治民主、經濟發展是法律變革的主要動力。政治民主的覺醒和經濟發展的需要，客觀上要求臺灣立足本土、面向世界建構完善的法律體系。「憲政改革」緩解了民眾民主發展的要求，強化了權力監督和社會監督，擴展了民眾參政的政治訴求，儘可能地維護和保障了臺灣民眾的基本權利。經濟立法則適應了經濟國際化和島內經濟轉型的需要，為招商引資、擴大貿易、保障投資、促進經濟發展提供了法律保證。然而，法律變革中也凸顯了政治考量和意識形態鬥爭的權力思維，「兩蔣時期」政治性法律和非政治性法律的非均衡發展，以及現代臺灣當局制定的以《臺灣和大陸地區人民關係條例》為核心的「兩岸關係法制」體系，都是以「兩岸分治」為前提，意圖「永久性」維持現狀，成為造成「臺灣事實獨立」的法律依據。[3]這些法律依據，再加上臺灣「憲政改革」的「修憲」、「入聯公投」等實踐，成為目前阻礙兩岸關係和平發展最核心的法律障礙。

3.地域性是臺灣法制的主要特色。臺灣法制與大陸法制既不可能是國與國之間的關係，也不同於單一制國家內不同區域之間的法律關係，而是存在相當複雜的特殊性。這種特殊性影響臺灣與大陸內地、港澳特別行政區，以及本地法制的統一、協調和發展。同時，兩岸之間的法律障礙，不僅存在法治理念、法律體系、法律制度、法律實施等各個方面的差異，也深受兩岸政治關係和國際格局的影響。這種特殊性要求兩岸關係和平發展的法律障礙解決機制，不僅要在研討兩岸法制發展特色的基礎上，促進兩岸法制的溝通、銜接和協調，也要考慮政治、社會、經濟、文化、國際等多種因素。總之，隨著兩岸往來日益緊密，法律交流和衝突也會逐步增多，但不論這種法律衝突有多麼尖銳，始終都只是在一個國家主權下不同領土範圍之間的區際法律衝突，不是國與國之間的衝突。

（二）兩岸法制發展的差異及其影響

兩岸關係和平發展框架的法律障礙首先受到兩岸不同的政治、經濟、社會文化因素的影響。這些因素的綜合作用造成了兩岸法治理念、法律體系、法律制度和法律實施的巨大差異。因此，加強兩岸法律的比較研究，對於分析兩岸關係和平發展框架法律障礙的解決意義重大。

首先，政治制度不同。中國大陸實行的是社會主義制度，實行工人階級領導、以工農聯盟為基礎的人民民主專政。人民代表大會制度是根本政治制度。目前，臺灣已進行多次「憲政改革」，「五權憲法」已經被「三權分立」所代替，實行權能分立，地方自治，制定了適應資本主義發展的「七法」全書。需要指出的是，20世紀末臺灣民主化運動，尤其是「憲政改革」後，臺灣的政黨制度和選舉制度成為我們研討兩岸關係和平發展的重要切入點。中國大陸實行中國共產黨領導的多黨合作和政治協商制度。而臺灣實行的是多黨制度，目前主要是國民黨和民進黨爭奪對臺灣執政權力的控制權。由此形成了具有臺灣特色的政黨政治。政黨之間為了執掌地區領導權，會為了爭取少數選民的支持和各自政黨的利益，而相互傾軋、消極工作，對臺灣法律的制定、執行和實施影響很大，對兩岸法制交往的連貫性、協調性和可執行性都提出了新的考驗。

其次，經濟制度不同。中國大陸實行社會主義的經濟制度，臺灣實行資本主義經濟制度，生產資料資本主義個人所有。私有經濟在臺灣經濟中的比重相當大。中國大陸土地和自然資源歸國家和集體所有，不存在個人對土地的所有權，而臺灣則允許私人占有土地所有權。從經濟結構看，大陸自改革開放以後，經濟結構逐步多元化，形成了公有制為主體，個體經濟、私營經濟並存的經濟制度，國有經濟占主導地位；同時國家鼓勵、支持和引導非公有制經濟的發展，並對非公有制經濟依法實行監督和管理。在多種所有制結構制度和分配形式下，中國大陸的經濟發展呈現多元化、市場化、國家化、法治化的發展趨勢。在堅持對外開放，對內搞活的基礎上，市場因素和創新活力、社會生產力和財富得到極大提高。當前，中國大陸經濟總量和發展潛力在世界經濟體系中占有極其重要的地位。臺灣在20世紀中後葉逐步騰飛，在高新科技、製造業、金融產業、教育業

等方面發展較快。但是隨著中國大陸經濟持續高速穩定發展，兩岸經濟、貿易、物資、人員往來日益緊密，臺灣對大陸的經濟依賴逐步加深。為此，「兩會協商」簽訂和實施了不少有利於經濟貿易和人員往來的協議。在日益活絡和廣泛交往的利益驅動下，兩岸間的經濟貿易摩擦和衝突日益顯現，問題有的還較為突出和急迫，特別是在兩岸都加入WTO，中國—東盟自由貿易區建立、區域和國際化融合方面，存在很多現實和理論上的法律問題，都亟待認真解決。

最後，社會文化的差異。中國大陸改革開放以來，社會形態和文化建設取得較大發展，整個社會階層呈現出一系列特點：中產階級崛起的加快，社會中下層規模比例進一步縮小等。[4]因此形成了目前中國大陸利益主體多元化、價值訴求多樣化以及現代公民意識的覺醒。而臺灣政治民主化改革後，大力發展外向型經濟，市場因素活躍，推行地方自治，市民社會發育比較健全和完善。臺灣的民主意識、公民意識、法治意識、權利意識比較突出。而中國大陸隨著市場經濟的深入和政治改革的穩步推進，公民意識等也得到一定提高。但是，權力崇拜、特權思想、人治觀念仍需要進一步消除。同時，臺灣法律文化不同於中國大陸。從法律性質看，中國大陸是社會主義法律，臺灣是資本主義法律。前者是中國特色社會主義法律體系，後者屬於大陸法系。兩者相比，臺灣法律文化具有幾個鮮明的特色，第一，在繼受中華法系法律傳統的基礎上，又接受「西風東漸」的成果，大力地學習和借鑑西方，尤其是德日等大陸法系國家的法律。第二，由於臺灣實行資本主義，經濟自由化內在地推動和完善立法、司法，以及行政的經濟職能，因此，臺灣的經濟立法比較健全和完善。此外，臺灣參加國際經濟貿易的活動較早，國際經貿的法律制定、研究也很突出。第三，法律教育與實踐培育了一批具有國際化視野、專業化態度的法律共同體成員，他們推動並繁榮了臺灣的法律發展、促進了法律文化的形成。在理論和實踐上，法律共同體的發達，對臺灣民主法治的影響和法律文化的培育造成較大的作用。

綜上所述，中國大陸和臺灣在政治制度、經濟制度，以及社會文化等方面存在客觀上的差異。這些差異中，有些屬於本質的差異，我們絕不能混淆，在處理兩岸法律糾紛衝突的時候，要堅持原則絕不含糊。而有些只是法律規範和應用技藝上的差異，我們可以相互參照學習比對，透過合作溝通尋求可以銜接和協調的

連接點。因此,在探討兩岸關係和平發展框架的法律障礙及解決機制的時候,我們要堅持原則性和靈活性的統一、本著求同存異、協商合作的態度,透過循序漸進、穩步推進的方式,逐步實現兩岸法律解決機制的構建。

二、兩岸關係和平發展框架法律障礙的主要問題

關於兩岸關係和平發展法律障礙的原因,有的學者從宏觀「憲政」實踐,到中觀法律運行,直至微觀規範差異角度,列舉了六條之多。這實際上已經抓住和把握住了兩岸關係和平發展的核心。從部門法的角度看,兩岸關係和平發展中的法律問題,涉及政治、經濟、文化以及社會等多方面,其突出表現就是民商事法律問題、刑事法律問題、行政法律問題,以及相關的程序性問題。因此,兩岸投資貿易法律問題、人員外來法律問題、司法協助法律問題、刑事司法法律問題等在實踐中比較集中。

(一)兩岸關係和平發展法律障礙的主要表現

1.經貿投資方面的法律障礙

目前,中國大陸是臺灣最大的貿易夥伴、出口市場和貿易順差來源地。中國大陸與臺灣已經在包括「三通」、保險、證券、金融、農業、醫療、知識產權保護等方面進行了深入的交流合作,修訂並頒布了包括《海峽兩岸經濟合作框架協議》、《海峽兩岸知識產權保護合作協議》、《海峽兩岸醫療衛生合作協議》等一系列條例、實施辦法和合作協議。兩岸經貿投資方面的法律障礙主要在臺灣方面。經貿投資往來本來是有利於臺灣民眾,也是惠及兩岸各方的事情。但是,臺灣方面囿於所謂的「主權問題」,害怕和大陸的過度交往,尤其是法律文件的定位和性質,會阻礙其謀求「臺灣獨立」之路。因此,從宏觀層面看,法律障礙即表現為是鼓勵投資還是限制投資,是開放市場還是封閉市場,是「國民待遇」還是低於「國民待遇」的問題,體現於投資的領域、範圍、合作方式、實施形式等方面的法律限制問題。從中觀層面看,就是關注協議的性質、簽訂的方式和實施

的制度,透過具體制度構建,賦予大陸投資主體什麼樣的權利、苛責何種義務,以及設立門檻的限度。從微觀層面,就是享有權利的多少、優惠的程度,以及管控的力度等方面。以《海峽兩岸經濟合作框架協議》(ECFA)為例,臺灣當局為避免協議內容涉及「一個中國」原則和「一國兩制」字眼,因而排斥中國大陸與香港、澳門之間簽訂的CEPA模式。為了防止所謂「矮化」臺灣的考量,緩和臺灣島內不同政見力量的訴求,而將經濟合作協議名稱修改為ECFA。其實,ECFA只是一個綜合過渡性的經濟合作框架,只訂宗旨和目標,具體實施則需日後逐步完善。儘管以這樣的方式妥協,在協議簽訂後,臺灣島內仍舊有不少勢力聲言「矮化」臺灣,揚言要廢除協議。此外,陸資入島在臺灣也受到不少不公平待遇,臺灣當局把兩岸投資嚴格限定在「民間、間接、單項」的格局內,在大陸投資規模、投資項目正面列表和違規處罰等方面實行嚴格限制,很多領域還禁止大陸投資。可以說,臺灣有關陸資入島的制度對陸資施以「差別待遇」,不僅沒有優惠政策,反而加以重重限制。[5]而且,一方面臺灣當局對大陸貿易進行「限制性」和「防禦性」管控,另一方面,對臺商投資大陸以外的其他國家或地區進行鼓勵和保護。

2.人員往來方面的法律障礙

大陸為了吸引更多臺灣投資和人員交流,制定了相當詳盡的制度。除促進兩岸經貿往來的制度外,還在兩岸人民往來的管理制度、入學和就業保障、司法考試、婚姻登記管理等方面提供相當的便利。此外,還在各省、自治區、直轄市以及部分副省級以上單位設立保障臺胞權益的聯繫機構並公示聯繫方式。總體上看,兩岸人員往來涉及的法律有如下幾類:首先,人員往來的法律問題,包括臺灣居民入出境審批、簽注、居留時限。大陸居民赴臺許可、基於何種理由申請探親、旅遊、工作,以及相關活動保障。其次,就學、學歷資格認可問題,包括是否對等承認學歷及有關資格認證,是否給予居民同本地居民同等的就學條件和優惠,是否可以參加各類考試,以及執業申請和限制。再次,就業問題保障,涉及勞工工資待遇、福利保障、生活環境、人身安全,以及其他侵權案件處理。還有通航和旅遊問題,即是否可以直接通航,航線安排和保障,旅遊申請審批、旅遊者權益保障等問題。最後,在民間捐贈、新聞採訪、商業演出、廣播電視、文化

科技展覽等方面也都存在相關的法律障礙。

3.刑事和司法協作方面的法律障礙

刑事問題比較複雜和敏感。實體上涉及的法律問題主要是國家安全和公共安全、經濟犯罪、侵犯人身權利的犯罪、侵犯公民民主權利的犯罪、妨害社會管理及婚姻自由等，其中還涉及訴訟時效、追溯期間、刑期的減免等具體執行問題。程序上，存在對涉臺或對大陸互涉刑事案件的管轄協作問題，案件審理程序的特殊安排、執行刑罰的方式等問題。而司法協作涉及共同打擊犯罪，包括情報收集、交換、追捕、遣返、審理和審判執行等問題，以及法律文書、證據文件等查證採信，調查取證問題等，還有司法文書的承認、送達與執行問題，仲裁協議、仲裁形式和仲裁執行等問題。

除了這三類法律障礙外，兩岸關係和平發展的法律障礙還涉及港臺、澳臺交往中的法律問題，臺灣對外交往中的法律問題，等等。

（二）兩岸關係和平發展法律障礙的主要特點

第一，政治對立和不信任是兩岸關係和平發展法律障礙解決機制建立的癥結所在。兩岸關係和平發展法律障礙的總根源是「臺獨」分裂勢力的分裂活動。他們透過街頭運動、政黨政治和輿論鼓噪，在很大程度上從立法、行政和司法等多個方面，影響兩岸關係和平發展法律障礙解決機制的建立。實際上，兩岸法律障礙背後的政治考量和政黨利益訴求已成為兩岸關係和平發展法律障礙的矛盾和鬥爭中心，各種政治因素和法律因素相互交織，並在「憲政」改革、司法解釋、各部門法中具體化為法律事務而表現出來。以不具有完全政治性的兩岸經貿交往投資權益制度為例，中國大陸初步形成了以《反分裂國家法》和《中華人民共和國臺灣同胞投資保護法》等對臺工作專門立法為核心，以行政法規、部門規章和地方性法規為支撐的保護臺灣同胞投資權益的制度體系。[6]這一制度體系涉及貿易、海運、旅遊、勞工合作、經濟技術展覽等多個方面。相比中國國內其他經濟立法，呈現出涉臺投資立法「高位階」和其他經濟立法「低位階」，從中央立法到地方法規的，包括法律、行政法規、部門規章、地方性法規的多元立法體系，在橫向和縱向兩個維度上，建構了涉臺經濟立法的基本法律保障體系。[7]臺灣也

制定了《臺灣與大陸地區人民關係條例》、《大陸地區人民來臺投資許可辦法》、《大陸地區之營利事業在臺設立分公司或辦事處許可辦法》、《臺灣與大陸地區金融業務往來許可辦法》等陸資入島的制度體系。相比中國大陸，基於政治考量，臺灣在陸資投資的審批與許可、投資範圍、對投資個人權益保障、對投資者的稅收與金融支持、有關投資權益保障等方面，進行了嚴格限制。整個立法表現出行政立法「泛化」和「缺位」的現象，即行政部門的「法規命令」在臺灣有關大陸經貿法律中占據重要地位，而涉及的法律及配套子法卻「缺失」嚴重，從而導致行政部門的行政權被高度放大，不同執政黨執政會有不同解讀，使兩岸經貿投資的核心領域得不到保障。總體上看，大陸地區對臺灣投資的寬鬆和「最優惠待遇」與臺灣對大陸資本進入的防範和限制形成鮮明對比。此外，政治性因素還體現了兩岸關係和平發展法律機制的運行，受到兩岸形勢和現實發展的客觀影響和約束。比如，兩會在事務性商談中確定的關於兩岸公證書使用查證協議、共同打擊海上走私、搶劫等犯罪活動、海商漁事糾紛處理等議題，由於各種政治原因，要麼未能正式簽署生效，要麼簽署後未能有效執行。可見，政治性因素及兩岸關係的現實發展，貫穿於兩岸和平發展法律障礙解決機制建立的全過程。

　　第二，歷史發展中的遺留問題和新時期的新情況為兩岸法律障礙解決機制的建立提出了新的時代課題。兩岸關係和平發展中的法律問題，存在於法律制度的歷史演進、法律問題的產生及內容、糾紛解決的各個階段。從法律制度的歷史演進看，大陸在1949年新中國成立後逐步建立了中國特色的社會主義法律體系。它不僅與國民黨實行的資本主義法律體系不同，也與中國古代文明以來的法律文化和傳統割裂，體現了社會主義的時代特徵和發展規律。而臺灣繼續延續並發展了「六法全書」的「法統」秩序，並在「憲政改革」，經濟立法等方面與世界資本主義經濟制度進行對接。兩種法律制度的歷史演進造成了兩岸法治理念、法律制度和管理體系的不同。其次，在法律問題的產生及內容上，主要經歷了長期的對立隔離、甚至嚴重對峙的歷史過程。因此，一些法律問題本身就帶有明顯的歷史痕跡。如在民事和刑事法律中，兩岸婚姻關係的長期隔離，必然容易導致刑事「重婚」的問題；1990年代中期，兩岸頻發的劫機事件又凸顯兩岸的政治對立和司法協作的問題。隨著時代的發展，兩岸在人員往來、經貿發展、權益保障等

多個方面提出了許多新的時代問題。儘管歷史的因素有所削弱，但作為歷史文化一部分的法律制度及其運行所體現的理念，需要兩岸不斷擴大共識、縮小爭議、求同存異地共同協商解決。最後，糾紛解決機制的矛盾也不可避免。在實踐中，臺灣在經貿國際化、行政執法和某些制度建構方面，都有值得兩岸共商學習改進的地方。以海事執法看，兩岸海事交往的發展，海事執法和執行制度的差異，造成了兩岸糾紛和矛盾的產生。而在刑事司法中的政治犯問題、引渡問題、嚴重刑事犯罪和司法協助方面，歷史形成的制度差異和差距，成了阻礙兩岸關係和平發展法律障礙的客觀制度因素。總之，兩岸必須正視歷史、立足現實、面向未來，本著求同存異、互利互惠、協商發展的原則，才能為法律障礙的解除創造條件。

　　第三，兩岸關係法律問題本身的性質，也制約著法律糾紛解決機制的建立和完善。首先，中國大陸和臺灣同屬一個中國，法律問題屬性的衝突是單一制國家內不同地區的區域法律衝突。它不是西方典型的聯邦制或邦聯制，也不同於歐盟主權國家法律衝突的情況。臺灣是單一制國家結構形式下的一個地方行政區域和政權組織。雖然統一後它將享有比香港澳門特別行政區更多的自治權利，在國際法層面享有更多的自治和活動範圍，但它不能與「一個中國」的基本原則相牴觸，更不能違反有關兩岸關係的憲政性法律文件。可以看到，由於兩岸關係法律定位和實踐發展的複雜性，兩岸法律問題的特殊性和嚴峻性將更加突出。其次，法系特點和階級屬性的雙重衝突。中國大陸和臺灣分別屬於社會主義法系和大陸法系，雖然中國大陸社會主義法制建設學習和借鑑了大陸法系的一些法治原則、法律制度和技術規範，但中國大陸進行了較多的本土化改造，體現了中國社會主義建設的發展規律和運行特點，有著自己的特色和內容。而兩岸法系的階級衝突，即社會主義與資本主義法律的內在衝突則更加突出。相比西方其他國家的區際法律衝突，如美國州之間的法律衝突等，兩岸法律問題的性質變得更加尖銳。在經貿、文教、人員往來等私法領域，這些問題比較容易協商解決，但在憲法、行政法、刑事司法等公法領域，法律的政治背景和階級屬性則不容易消解。最後，兩岸的政治對立和分離使一個主權國家的法律未能覆蓋整個主權統轄的範圍。即，政治上有兩個客觀存在的政權組織實體，在公法和主權問題上互不承認，各自的法律只能覆蓋各自統轄的地域，沒有共同和最高的立法、行政和司法

機關。因此,兩岸之間的法律交往合作、經貿投資保障、法律執行等方面,既不能簡單移植其他國家不同區域間透過統一的主權立法和司法判斷解決的方式,也不同於香港澳門基於《基本法》下的政治運行模式和糾紛解決方式。這種特有的表現形式和矛盾特點,使構建兩岸關係和平發展法律障礙的解決機制更加困難。其中涉及相當多艱難的理論問題,如主權及其行使的形式和方式,就將是一個重要的突破口。

三、兩岸關係和平發展框架法律障礙消解之路徑

(一)基本原則

1.堅持一個中國原則

一個中國原則是包括兩岸經貿投資、人員往來、科、教、文、衛等在內全部法律問題的核心原則和底線,任何個人、政黨、團體和政治實體都不能跨越和背離這個核心原則。兩岸關係和平發展的歷史經驗和實踐發展證明,只有堅持這個政治底線,兩岸關係才能良性互動,互惠互利,共同發展。任何背離、歪曲和否認一個中國原則的言論和舉動,都不能得到兩岸人民的支持和擁護,最終必將損害兩岸人民共同的發展和福祉。目前兩岸之間關於這個問題的討論仍舊十分激烈。尤其在臺灣當局內部,一些黨派和「臺獨」人士為了謀取私利,脅民族公益而自肥,不斷為兩岸和平發展法治建構設置制度上的障礙。從法律角度看,一個中國原則是兩岸在「九二共識」中初步確認,並為兩岸憲制性法律所確認的一項憲政原則。雖然兩岸在法治和政治層面都堅持一個中國原則,但對「一個中國」的政治涵義則認知不同,即採用「一中各表」的做法。在兩岸事務性協商中,也可不涉及「一個中國」的政治涵義。這是考慮到兩岸歷史和現狀的折中選擇,是雙方盡最大誠意為兩岸和平發展謀福利創發展的階段性舉措。不談「一個中國」的政治涵義不代表這個原則不重要,更不是一種可以肆意放縱、任意解讀的縱容之舉。臺灣當局應該本著為臺灣民眾謀利益和創未來的立場,適時採取措施為兩

岸和平發展法律框架的建立提供便利和創造條件。

2.互惠互利、共同發展原則

互惠互利、共同發展是一項基本原則。它要求大陸和臺灣在解決法律問題糾紛的時候,能夠互諒互讓、照顧彼此的關注和利益,透過互惠互利、循序漸進的方式,創造共同發展的局面。大陸在這方面較為主動和積極,已制定了一系列關於經貿投資、人員往來、司法協作的法律、法規及其他規範性制度,並且從中央到地方都設立了對臺事務保障機構,以保障臺胞在大陸投資的權益,以及在大陸學習、工作、生活、定居的權利和在大陸文教科技發展的權利。大陸在對臺司法文書的認證、經貿投資的優惠、學習工作的便利上,不僅給予臺胞以「國民待遇」,有的甚至是「超國民待遇」。相比臺灣,臺灣當局主要依據《臺灣與大陸地區人民關係條例》,在經貿投資、所有權和物權保障、婚姻繼承、資格認證和司法協作等方面,都苛以很多不合理限制。這些理念和制度無疑有違互惠互利、共同發展的原則,不僅不利於大陸對臺投資和人民交往,更是對臺灣自身利益的損害。

3.原則性與靈活性相結合原則

在建構法律障礙解決機制中,不僅需要考量國內外的政治形勢,尤其是臺灣當局的政局變換,更要考慮兩岸人民的共同福祉,採取輕重緩急、循序漸進的策略。因此,原則性與靈活性相結合原則尤為重要。「一個中國」是最根本的原則和底線,同時考慮到兩岸關係中的諸多因素,靈活性就顯得十分突出。目前,兩岸兩會透過事務性商談達成一系列的合作協議和框架,在堅持「一個中國」的原則下,循序推進了很多事項,體現了一定的靈活性。但這裡有兩個問題值得注意:一是必須防止執其一端的做法,注意平衡和協調,即原則性與靈活性必須良性平衡;二是注意適時地推進與政治相關聯的議題,完全規避政治或者忽視政治肯定是不可取的。

(二)基本內容

兩岸關係和平發展的法律障礙可以歸納為三個方面:第一,缺乏完善的法律機制協調兩岸交往中出現的法律問題;第二,兩岸就有關法律事項缺乏共識和認

知，同時，由於在社會制度、政治體制和法律規範上的客觀差異，現有制度無法吸收和解決現實中不斷湧現的新問題；第三，出於政治考量和國際局勢的變化，現有制度和規範不能得到有效貫徹，簽訂的協議不能得到有效執行。為瞭解決這些問題，我們認為可以從下面幾方面予以推進。

第一，加強兩岸關係和平發展的法律問題對應的立法工作，包括對現有法律制度的修訂及完善。加強兩岸法律問題立法的突出問題有兩個：首先，梳理現有兩岸關係立法的基本狀況，保證現有法律規範能夠將實體和程序相結合，具有現實性和可操作性。由於大陸和臺灣的相關法律法規都將適時修訂，一些新的法律衝突點有可能產生，因而兩岸相關法律有必要審查、修訂，以滿足時代發展的需要；同時要分步驟分階段地立法推進兩岸合作協議和發展框架的具體實施。這涉及《海峽兩岸經濟合作框架協議》、《海峽兩岸知識產權保護合作協議》、《海峽兩岸醫藥衛生合作協議》等協議的進一步細化和制度化。其次，兩岸協商促請臺灣當局就經貿往來中的「差別待遇」進行修正，為兩岸往來提供公平合理的法治保障。當前兩岸經貿往來中直航條款、陸資對臺投資等重要法律都缺乏配套子法，大量行政立法和行政命令成為兩岸經貿往來的主體法律。這些經貿立法級別低、重要配套法律缺失，導致實踐中兩岸經貿發展的制度不對等、權利不對稱等問題，因此，「差別待遇」甚至「歧視待遇」成為兩岸協商下一步亟待磋商解決的問題。

第二，明確兩岸法律問題的管轄和執行，深入探討包括民商事和刑事司法協作等的執行問題。兩岸可以就法院管轄和判決的承認執行進行雙邊會談協商，透過協議的方式將這個問題明晰化，以儘可能減少和降低現有法律衝突的頻率。具體措施是，在協議簽署的主體上可以沿用兩會商談形式，即透過海協會與海基會授權協商的方式逐步推進，商談的協議交由雙方權力機關批准生效。協議中可以採取詳盡列表和概括排除的方式，明確管轄的事項和範圍，排除不予以承認執行的內容。對於判決的承認和執行，可以採取分開處理的方式，即在確認有權管轄的前提下，先對判決的承認進行確認，再根據情形透過法庭命令的方式再予以執行。至於兩岸互設犯罪管轄的協調問題，可以採取以犯罪行為地管轄為原則，以最初受理和優先控制管轄為補充，輔之以協商管轄的方式。[8]而行政管理活動中

111

產生的行政訴訟、行政復議、國家賠償等管轄和執行問題則更為複雜。我們認為，基於行政事務中立和行政政治有限分離的原則，可以就有關行政執行和管理的相關事項，透過兩岸有權機關簽訂區域性行政協議的方式分階段逐步解決。可以在行政協議中協定管轄的事項和範圍、解決的途徑、雙方權利義務和救濟方式，透過實踐和會商的過程不斷完善。

第三，逐步建立統一的區際衝突法規範。目前學術界有三種意見：類推適用國際私法解決海峽兩岸法律衝突，海峽兩岸各自制定衝突法規範，以及大陸統一的區際衝突法規範。第一種觀點，現有法律規範和配套規定不夠完善；第二種容易加大區際法律衝突的複雜性和難度；第三種，大陸性中央立法機關統一制定缺乏現實的政治條件。因此，我們認為可以透過分階段的方式，循序漸進地制定中國大陸與臺灣的統一衝突法規範。首先，類推適用兩岸各自現有的國際私法規則來解決衝突，適時制定以調整海峽兩岸為主要內容的衝突特別法。與此同時，大陸與臺灣臨近及貿易頻繁的省份，可以先行先試，在堅持一個中國原則下，透過平等協商的方式，形成地區間協議以避免衝突的產生。他們之間的協議可以作為臺灣與大陸其他省份交往衝突的參考，並為兩岸統一衝突法規範的制定提供經驗。在衝突處理方式上，除上述適用國際私法規範、地區間協議的方式外，對部分經貿衝突，可以採用WTO糾紛解決機制，或者《海峽兩岸經濟合作框架協議》中確定的商談解決機制。最後，在充分經驗積累和試錯磨合過程中，累積互信，創新方式，在平等協商的基礎上，適時共同制定海峽兩岸衝突規範法。該法可先以學術稿的方式在文化界討論改進，經過修訂和完善後由各方有權機關公示民眾，在聽取和吸收各方意見後，再由各方有權機關審議透過。這種方式照顧了歷史和政治現實，同時也靈活處理和關照了各方利益和問題，是一種可資探討的解決途徑。

第四，規範和支持兩岸學術交流和民間往來。學術交流和民間往來對於兩岸法律接觸、溝通和瞭解有著官方接觸不可替代的作用。大陸學生赴臺就讀和臺灣學生來大陸學習的雙向交往，為兩岸年輕人增進理解、培養友誼提供了溝通平臺。此外，一些不具有官方性質的民間組織和團體，如海協會與海基會、紅十字會、宗親聯誼會等，同學術機構和研究團體一樣，為兩岸民間溝通、學術交流與

經貿往來提供了渠道。目前，兩岸關係和平發展法律障礙解決機制，需要發揮這些學術和民間團體的積極功能，但仍舊需要從以下幾方面予以改進：首先，規範兩岸學術和民間團體的制度，既要保障民間交流的正常運行，同時也要注意國家安全和公共利益。對於臺灣學術團體赴大陸學習，和大陸學生赴臺研究給予更多的指導，規範包括申請審批、居留學習權益保障等制度。其次，加大對兩岸學術交流和民間往來的支持力度。對涉及兩岸和平發展的課題、致力於兩岸共同利益的團體，給予一定的政策和資金支持，並制定詳盡的細則予以制度化保障。最後，著力推動兩岸文化交流，尤其是青年人的文化交流。加強兩岸民間文化交流，發展文化產業，對於提升文化和民族認同，彼此理解，提高交往水平意義重大。

兩岸關係和平發展框架的法律障礙既有兩岸歷史演進、政治發展、法律制度等多方面促成的實際差異，還受到國內外，尤其是臺灣當局內部政局變換的深刻影響。因此，兩岸關係和平發展法律障礙解決機制的建立，必定是建立在對歷史和現實的尊重、對政治和社會的考量，以及為兩岸人民謀福利的基點之上。在理論和實踐中，堅持「一個中國」，互惠互利共同發展，原則性與靈活性相結合的原則，透過循序漸進、協商一致的方式，為兩岸關係和平發展法律障礙的解決尋求新的突破口和解決途徑，最終必定為兩岸關係和平發展提供良好的制度基礎。

註釋

[1].周葉中：《論構建兩岸關係和平發展框架的法律機制》，《法學評論》，2008年第3期。

[2].參考曾憲義主編：《臺灣法概論》，中國人民大學出版社，2007年版，第99頁。

[3].周葉中：《論構建兩岸關係和平發展框架的法律機制》，《法學評論》，2008年第3期。

[4].陸學藝主編：《當代中國社會結構》，社會科學文獻出版社，2010年版，第401頁。

[5].周葉中、祝捷：《兩岸關係的法學思考》，香港社會科學出版社有限公司，2010年版，第233頁。

[6].周葉中、祝捷：《兩岸關係的法學思考》，香港社會科學出版社有限公司，2010年版，第221頁。

[7].彭莉：《兩岸互涉性經濟立法：演進路徑、框架構成及待遇問題》，《當代亞太》，2008年第4期。

[8].高銘暄、徐宏：《海峽兩岸互涉犯罪管轄協調問題探討》，《中國刑事法雜誌》，2010年第1期。

第五章 兩會協議實施機制與構建兩岸關係和平發展框架

兩會協議的實施是指兩會協議在正式產生法律效力之後，在兩岸域內和兩岸間貫徹和落實的制度的總稱。從兩會協議的場域而言，兩會協議的實施包括在兩岸域內的實施和兩岸間的實施。前者是指兩會協議在各自管轄領域內的實施，目的是透過兩會協議，對兩岸在制定、修改和解釋相關法律時，產生「緩和的效力」。後者則是指透過和平協議等調整兩岸之間在政治、經濟、文化、社會和有關國際事務中相互往來的過程和狀態。

一、兩會協議實施機制

兩會協議的實施機制涉及以下五個方面的問題：其一，兩會協議的接受，即以何種方式落實的問題；其二，兩會協議由誰實施，即兩會協議的實施主體；其三，兩會協議在實施過程中需要解釋時，由誰解釋，如何解釋的問題；其四，兩會協議不是一成不變的，而應該隨著兩岸和平發展關係不斷深入而進行必要的變更；其五，兩會協議的實施機制對解決兩岸法律障礙有何作用。基於上述認識，對兩會協議的實施進行論述，將按照接受、主體、解釋和變更四個方面展開。

（一）兩會協議的接受

1990年11月21日，為應付兩岸關係發展的需要以及推行有限的大陸政策，臺灣當局成立了「財團法人海峽交流基金會」（簡稱海基會），並於1991年3月

9日正式掛牌工作。與之相對應，1991年12月16日，大陸社會團體法人性質的民間團體「海峽兩岸關係協會」（簡稱海協會）在北京成立。兩會成立之後發揮了重要的溝通橋樑的作用。大陸和臺灣透過海協會和海基會進行接觸商談，並以雙方的名義簽訂了一系列協議，這些協議被稱為兩會協議。1993年4月27日至30日，在「九二共識」的基礎上，海協會會長汪道涵與海基會董事長辜振甫，在新加坡正式舉行第一次「辜汪會談」。這次會談達成了四項協議，包括《辜汪會談共同協議》、《兩會聯繫與會談制度協議》、《兩岸公證書使用查證協議》和《兩岸掛號函件查詢、補償事宜協議》。2008年6月12日至14日，海協會與海基會在北京復談，海協會會長陳雲林和海基會董事長江丙坤共同簽署《海峽兩岸包機會談紀要》與《海峽兩岸關於大陸居民赴臺灣旅遊協議》。2008年11月3日至7日，陳雲林率團訪問臺灣，兩會領導人第二次會談在臺北舉行。此次會談簽署了《海峽兩岸空運協議》、《海峽兩岸海運協議》、《海峽兩岸郵政協議》和《海峽兩岸食品安全協議》。2009年4月25日至26日，兩會領導人第三次會談在南京舉行。此次會談簽署了《海峽兩岸空運補充協議》、《海峽兩岸金融合作協議》、《海峽兩岸共同打擊犯罪及司法互助協議》三項協議。2009年12月21日至25日，陳雲林二度率團訪臺，與江丙坤在臺中市舉行兩會領導人第四次會談，簽署了《海峽兩岸漁船船員勞務合作協議》、《海峽兩岸農產品檢疫檢驗合作協議》、《海峽兩岸標準計量檢驗認證合作協議》三項協議。2010年6月29日，海協會會長陳雲林與海基會董事長江丙坤29日在重慶舉行兩會恢復協商以來的第五次領導人會談，簽署《海峽兩岸經濟合作框架協議》和《海峽兩岸知識產權保護合作協議》。2010年12月21日，海協會會長陳雲林21日與海基會董事長江丙坤在臺北簽署了《海峽兩岸醫藥衛生合作協議》。到目前為止，兩會協議共計有19項。兩會協議主要有兩種形式：一是以「協議」為名的兩會協議；二是以「紀要」為名的兩會協議。儘管這些協議絕不是「國與國」之間簽訂的條約，但在分析這些協議在兩岸各自管轄區域內的適用問題時，可以在理論層面運用國際法的相關理論進行類比。

按照通行的國際法準則和國際法理論，國家有落實條約[1]的義務，至於如何落實，一般有兩種方式：其一，若條約包含直接適用的內容，則條約無需轉化立

法，而直接以併入方式接受為國內法的一部分；[2]其二，若條約不包含直接適用的內容，則締約國應採取措施，使條約得適用於內國。條約的接受是採取直接適用的方式，還是採取不直接適用的方式，完全以條約自身如何規定為依據。[3]對於不包含直接適用內容的條約，有兩種使用方式：一是將條約規定轉變為國內法；二是將條約規定納入國內法。[4]前者（轉化）實質是為了國際法能夠在國內有效地加以適用，透過其立法機關，將國際法有關具體規則變成國內法體系，用國內法的形式表現出來；後者（納入或併入）是指為了使國際法能在國內適用，一般作出原則規定，從總體上承認國際法為國內法的一部分。[5]當然，也有國家將兩種方式結合起來，根據條約的性質和具體內容，對有些條約以轉化的方式適用，而對有些條約以納入的方式適用。至於到底應採取何種方法，則由各國憲政體制所決定。

　　考查兩會協議文本，兩會協議的生效條款先後採取過四種模式。第一，簽訂後經過一定期間後生效，即兩會協議在雙方簽訂後經過一定期間，待該期間屆滿後方產生效力。該模式首見於《辜汪會談共同協議》，主要為1990年代簽訂的兩會協議所採用。根據《辜汪會談共同協議》協議第5條規定，「本共同協議自雙方簽署之日起三十日生效實施。」《兩會聯繫與會談制度協議》、《兩岸公證書使用查證協議》、《兩岸掛號函件查詢、補償事宜協議》、《海峽兩岸關於大陸居民赴臺灣旅遊協議》以及《海峽兩岸包機會談紀要》等兩會協議均以此模式生效。第二，待雙方確認後確定的日期生效，即兩會在確認兩會協議內容後，從一個確定的日期起生效。該模式常用於兩會複委託其他組織或個人簽訂的兩會協議中。如《港臺海運商談紀要》第4條規定，「本商談紀要經海峽兩岸關係協會、財團法人海峽交流基金會核可並換文確認，於今年（1997年）7月1日起正式生效。」第三，簽訂後一定的期間內生效，即兩會協議在兩會簽訂該協議後一定期間內產生效力，但在實踐中一般為期間屆滿之日起生效。該模式為兩會在2008年11月簽訂的四份協議中所採用。如《海峽兩岸空運協議》第13條規定，「本協議自雙方簽署之日起四十日內生效」。第四，最長過渡期後生效，即兩會協議規定一個最長的過渡期，由雙方進行相應準備工作，待準備工作完成後生效，但不得超過給定的最長過渡期。如《海峽兩岸共同打擊犯罪及司法互助協

議》、《海峽兩岸金融合作協議》和《海峽兩岸空運補充協議》都規定，「協議自簽署之日起各自完成相關準備工作後生效最遲不超過六十日」。

第一種模式和第二種模式都是兩會協議在1990年代所採取的模式，第三種模式和第四種模式是在2008年之後所採用的模式。從表面上看，第三種模式和第四種模式都是在一定期間屆滿後生效。但是，第三種模式對給定期間沒有作出明確的界定，導致兩岸對此理解不一，而第四種模式則將給定的期間明確為「緩衝期」。在對於第三種模式中給定的期間的理解上，大陸方面認為，該給定期間為「生效緩衝」期，即便任何一方沒有完成接受程序，協議亦自動生效；臺灣方面則認為，該給定期間應是「生效決定」期，如果有任何一方在此期間內作成否定協議的決定，則該協議不產生效力。上述爭議歸結到一點，就是兩會協議，是否必須經過有形的接受程序。

2008年11月12日，臺灣當局「立法院」將當月4日海協會和海基會領導人簽訂的四項協議交有關委員會審查。[6]根據臺灣「立法院職權行使法」第8條規定，「交付有關委員會審查」屬於「立法院」進行「議案審議」的「一讀程序」，以及被「交付相關委員會審查」的議案不必然產生法律上的效力。但臺灣「立法院」將上述四項協議「交付有關委員會審查」時，距兩會領導人11月4日簽訂《海峽兩岸食品安全協議》已過七天。若按《海峽兩岸食品安全協議》第9條規定，該協議已經生效。那麼，臺灣當局「立法院」在《海峽兩岸食品安全協議》生效後，仍然按照將其「交付有關委員會審查」，是否有兩會協議非經臺灣法律所規定的程序不具有法律效力的意味？值得注意的是，國臺辦發言人范麗青於2008年11月26日召開的國臺辦例行新聞發布會上，針對有記者問及臺灣當局「立法院」對《海峽兩岸食品安全協議》等四項協議的審查是否可能影響其執行和生效時指出：「兩岸所簽署的三項協議，規定在簽署後40天內生效，目前雙方都在進行一些內部的各自準備的工作。兩岸同胞都期望三項協議生效以後盡快推動兩岸三通，以達到擴大兩岸交流合作，促進兩岸的經貿發展，共同應對當前日益嚴峻的經濟形勢的目的。」[7]考查國臺辦發言人的表述，至少有兩處值得注意：第一，雖然臺灣「立法院」將四項協議都「交付有關委員會審查」，但國臺辦發言人僅提及規定有「簽署後40天內生效」的三份協議，從而將《海峽兩岸

食品安全協議》排除在外,這一表述是否意味著大陸方面認為依《海峽兩岸食品安全協議》第9條之規定,《海峽兩岸食品安全協議》已經生效?第二,國臺辦發言人並未正面回應記者所提「立法院審查」一事,而僅以「雙方都在進行一些內部的各自的準備工作」代替之,這裡的「準備工作」含義為何,發言人並未作出具體說明。雖然國臺辦發言人的表述並不能直接體現出大陸對四項協議是否生效的態度,但就上述分析而言,大陸方面的態度應更多偏向認為「協議應按協議之規定生效而不受臺灣內部原因影響」。由此,兩岸至少在表述上存在矛盾之處。而且臺灣民進黨「立法院」黨團公開表示,若四項協議並非經「立法院」決議,而是「自動生效」將「不會承認效力」。[8]民進黨的這一態度與大陸方面的觀點完全相左。上述圍繞《海峽兩岸食品安全協議》等四項協議所產生的爭議,基本上可以反映出兩岸在兩會協議接受上的主要衝突在於:在兩會協議中給定的期間到底是協議生效的緩衝期,還是兩岸依照各自域內的法律批准協議的期限?

  兩岸顯然意識到了第三種模式的缺陷,是造成上述爭議的原因之一,因而在2009年4月簽訂的三份兩會協議中發展出第四種模式,以防止再度引發不必要的爭議。與第三種模式相比,第四種模式不僅將給定期間明確為「生效緩衝期」,而且對兩岸在「緩衝期」內的工作也做了規定。在第四種模式的表述中,雙方在緩衝期內應完成「相關準備工作」。這裡「準備工作」有著深刻的內涵:第一,「準備工作」固然包括人員物資、裝備等工作,同時也包括法制工作,尤其是兩岸應以合適方式使兩會協議成為各自法域內法律體系的一部分亦即對兩會體系的接受,可以說「準備工作」依此可以作為兩會協議接受機制的直接淵源。第二,「準備工作」又是一個相當含糊的中性詞。它並非嚴格意義上的法律用語,可以有效迴避「批准」、「接受」等國際法學意義上的詞語,以確保兩會協議的「一國性」,防止因協議文本的缺陷,引發所謂兩會協議「條約化」的話題。當然,至於兩岸以何種方式完成「接受」這個「準備工作」,則由兩岸依據其各自的法律自行決定,第四種模式不便也無必要加以規定。

  中國大陸認為,兩會協議具有直接適用性質,因而以兩會協議的直接適用性為基礎,形成三種具體的適用方式。需要說明的是,這些具體的適用方式並沒有制度化,而是根據實踐進行的總結。第一,直接適用方式。直接適用方式,是指

兩會協議在依據其自身規定生效後，即成為中國大陸法律體系的一部分，自然具有法律效力。按照大陸方面在實踐中的做法，「直接適用」的內涵是廣泛的：其一，在對象上，「直接適用」係指兩會協議適用於包括公權力在內的所有公民、法人和其他組織；其二，在方式上，「直接適用」不僅是有關部門處理具體案件的規範依據，而且是指定規範性文件的依據。如根據司法部1993年頒布的《海峽兩岸公證書使用查證協議的實施辦法》第1條，司法部制定這一實施辦法的目的就是「為履行《兩岸公證書使用查證協議》」。[9]可以說，兩會協議在大陸至少可以作為行政立法上的依據。第二，先行立法適用方式。先行立法適用方式，是指大陸在兩會協議簽訂前先行制定相關法律，並以該法律為調整兩會協議所涉事項的依據。如兩會雖於2008年6月才簽訂《海峽兩岸關於大陸居民赴臺灣旅遊協議》，但國家旅遊局、公安部和國臺辦早在2006年就制定了《大陸居民赴臺灣旅遊管理辦法》，在事實上起著管理和規範大陸居民赴臺旅遊事務的作用。[10]第三，納入適用方式，是指大陸有關部門在兩會協議簽訂前後，以印發、通知等形式將兩會協議納入到法律體系中。如國臺辦、公安部和海關總署於1995年聯合下文，以通知形式將《兩會商定會務人員出入境往來便利辦法》印發給各地臺辦、公安機關和海關，要求上述單位遵照執行。[11]大陸方面為實施兩會協議所頒布的[12]範性文件（截至2011年4月10日），參見下表所示：

規範性文件名稱	發文單位、時間	落實兩會協議的名稱、時間	適用方式
《海峽兩岸公證書使用查證協議實施辦法》	司法部、1993年	《兩岸公證書使用查證協議》	直接適用
《司法部關於增加寄送公證書副本種類事宜的通知》	司法部、1994年	《海協關於增加寄送公證書副本種類事函》、1994年	納入或併入
《兩會商定會務人員出入境往來便利辦法》	國台辦、公安部、海關總署、1995年	《兩會商定會務人員出入境往來便利辦法》、1995年	納入或併入
《大陸居民赴台灣地區旅遊管理辦法》	國家旅遊局、公安部、國台辦、2007年	《海峽兩岸關於大陸居民赴台灣旅遊協議》	先行制定
《關於台灣海峽兩岸間海上直航實施事項的公告》	交通運輸部、2008年	《海峽兩岸海運協議》、2008年	直接適用
《台灣海峽兩岸直航船舶監督管理暫行辦法》	交通運輸部、2008年	《海峽兩岸海運協議》、2008年	直接適用
《關於促進兩岸海上直航政策措施的公告》	交通運輸部、2009年	《海峽兩岸海運協議》、2008年	直接適用
《關於公布進一步促進海峽兩岸直航政策措施的公告》	交通運輸部、2009年	《海峽兩岸海運協議》、2008年	直接適用
《最高人民法院關於人民法院認可台灣地區有關法院民事判決的規定》	最高人民法院、1998年	《海峽兩岸共同打擊犯罪及司法互助協議》、2009	先行制定
《最高人民法院關於人民法院認可台灣地區有關法院民事判決的補充規定》	最高人民法院、2009年	《海峽兩岸共同打擊犯罪及司法互助協議》、2009	先行制定
《最高人民法院關於涉台民事訴訟文書送達的若干規定》	最高人民法院、2008年	《海峽兩岸共同打擊犯罪及司法互助協議》、2009	先行制定

續表

規範性文件名稱	發文單位、時間	落實兩會協議的名稱、時間	適用方式
《最高人民法院關於審理涉台民商事案件法律適用的規定》	最高人民法院、2010年	《海峽兩岸共同打擊犯罪及司法互助協議》、2009年	直接適用
《商務部辦公廳關於進一步落實「海峽兩岸漁船船員勞務合作協議」有關工作的通知》	商務部、2010年	《海峽兩岸漁船船員勞務合作協議》	納入或併入
《海關總署公告 2010年第86號（關於發布「海峽兩岸經濟合作框架協議」貨物貿易早期收穫產品的產品特定原產地規則）》	海關總署、2010年	《海峽兩岸經濟合作框架協議》	納入或併入
《關於發布「台灣地區商標註冊申請人要求優先權有關事項的規定」及相關書式的公告》	國家工商行政管理總局、2010年	《海峽兩岸知識產權保護合作協議》、2010年	直接適用
《關於台灣地區申請人在大陸申請植物新品種權的暫行規定》	農業部、國家林業局、2010年	《海峽兩岸知識產權保護合作協議》、2010年	直接適用
《關於台灣同胞專利申請的若干規定》	中國專利局、2010年	《海峽兩岸知識產權保護合作協議》、2010年	直接適用

與大陸肯定兩會協議的直接適用性不同，臺灣對兩會協議的直接適用性持否定態度。因此臺灣方面認為，對兩會協議的接受應經過有形的批准或審查程序，但以何程序接受兩會協議則曾產生過爭議。爭議產生的原因是臺灣一部分政治人物和學者基於所謂臺灣的「國家」屬性，認為大陸和臺灣簽訂的兩會協議是「兩國間的條約」。1993年，陳建平等84名臺灣「立法委員」針對辜汪會談簽訂的四項事務性協議，認為「何種協定應送立法院審議、何種協定僅須送立法院備案，涉及……有關『條約案』之意義與範圍之釐清」，故聲請臺灣「大法官」解釋。[13]「大法官」針對陳建平等84人的解釋，作成「釋字第329號解釋」。在解釋理由書中，「大法官」明確指出：「臺灣與大陸地區間簽訂之協議，因並非本解釋所稱之國際書面解釋，應否送請立法院審議，不在本件解釋之範圍，並此說明」[14]，從而否定了兩會協議的「條約性」。「釋字第329號解釋」是臺灣有

關兩會協議接受的根本法源,在法律層面解決了兩會協議是否是「條約」的問題。依照「釋字第329號解釋」的意旨,對兩會協議的接受不應按照條約的接受程序為之,而應依據《臺灣與大陸地區人民關係條例》的有關規定進行。

《臺灣與大陸地區人民關係條例》對於兩會協議的接受形成了比較成熟的制度框架,但並非沒有缺陷。《臺灣與大陸地區人民關係條例》對兩會協議接受的體制共分兩部分:第一,界定「協議」的概念,以明確兩會協議接受機制的適用對象。根據《臺灣與大陸地區人民關係條例》第4-2條第3項,臺灣方面將「協議」定義為「臺灣與大陸地區間就涉及行使公權力或政治議題事項所簽署之文書」,而「協議之附加議定書、附加條款、簽字議定書、同意記錄、附錄及其他附加文件,均屬構成協議之一部分。」根據此定義,一項兩會協議若要進入《臺灣與大陸地區人民關係條例》所規定的接受機制,必須涉及公權力之行使或政治議題事項。當然,兩會協議的行使均涉及臺灣公權力的行使,也當然適用《臺灣與大陸地區人民關係條例》所規定的程序。第二,將兩會協議依其內容是否涉及臺灣法律之修改或法律保留事項,分別規定不同的接受程序。根據《臺灣與大陸地區人民關係條例》第5條第2項,兩會協議之內容「若涉及法律之修改或應以法律定之」,「協議辦理機關應於協議簽署後三十日內報請行政院核轉立法院審議」,反之,若兩會協議「其內容未涉及法律之修正或無需另以法律定之者,協議辦理機關應於協議簽署後三十日內報請行政院核定,並送立法院備查」。在核轉、審議、核定和備查四個程序中,核轉和備查不具有實質性的審查意義,僅具有形式上的轉交、備案等意義,而核定和審議則具有實質性的審查意義。「行政院」經由核定程序、「立法院」經由審議程序,可以對兩會協議作成實質性的決定,亦即不能排除兩會協議在這兩個階段被否決的可能。由此可見,兩會協議的接受權限是:若協議之內容涉及臺灣法律之修改或法律保留事項,兩會協議應經由「立法院」審議,在「立法院」審議透過後,才能在臺灣法域內生效;若協議之內容不涉及臺灣法律之修改或法律保留事項,則由「行政院」核可,經「行政院」核可後,兩會協議即告在臺灣域內生效。

當然,根據《臺灣與大陸地區人民關係條例》第5條第1項之規定,兩會協議在簽訂前必須經過臺灣「行政院」同意。因此,若臺灣對兩會協議的接受僅適

用於「行政院」核定、「立法院」備查的方式,則被接受的幾率較大。所以說,真正能產生兩會協議被否決效果的,主要是適用「行政院」核轉「立法院」審議的方式接受兩會協議。問題的關鍵在於:如何判斷兩會協議是否涉及臺灣法律之修改或法律保留事項。下面就以《海峽兩岸海運協議》為例說明。2008年11月兩會簽訂《海峽兩岸海運協議》後,臺灣「行政院」和「立法院」就是否應將該協議交由「立法院」審議產生爭議。「立法院法制局長」劉漢廷認為,《海峽兩岸海運協議》第3條「雙方統一兩岸登記船舶自進入雙方港口至出港期間,船舶懸掛公司旗,船艉及主桅暫不掛旗」的規定,與臺灣「商港法」關於「船舶入港至出港時,應懸掛中華民國國旗、船籍國國旗及船舶電臺呼叫旗」的規定相悖。因此,要實施《海峽兩岸海運協議》,必須修改「商港法」的上述規定,或修改《臺灣與大陸地區人民關係條例》,將「商港法」排除出兩岸關係適用範圍。[15]按照劉漢廷的觀點,《海峽兩岸海運協議》無論如何都涉及臺灣有關法律的修改,因而必須由「行政院」核轉「立法院」審議。但依臺灣「立法院議事規則」之規定,「立法院」難以在協議規定之40日內完成規定程序,從而可能導致《海峽兩岸海運協議》無法按期生效。因此「行政院」以變通辦法,依據《臺灣與大陸地區人民關係條例》第95條,將《海峽兩岸海運協議》作為實施臺灣與大陸地區直接通商的辦法,交由「立法院」「決議」。據《臺灣與大陸地區人民關係條例》第95條之規定,「立法院」若在30日內不能做出「決議」,則被推定為(視為)同意。後續實踐證明,《海峽兩岸海運協議》正是憑藉《臺灣與大陸地區人民關係條例》第95條的「推定同意」規定於協議規定的生效期間屆滿前被臺灣接受。

圍繞《海峽兩岸海運協議》的爭議之所以能得到妥善解決,主要取決於兩點:第一,協議內容特殊,涉及兩岸「三通」事項,可以在《臺灣與大陸地區人民關係條例》找到變通處理的法律依據;第二,《臺灣與大陸地區人民關係條例》第95條規定了「推定同意」制度,使《海峽兩岸海運協議》是否直接適用的問題在「推定同意」的名義下被繞開。因此,《海峽兩岸海運協議》(依此方法透過的還有性質與其類似的《海峽兩岸空運協議》)的接受,僅屬個案,而不具有普遍性。在實踐中,兩會協議是否涉及臺灣法律之修改或法律保留事項,除

非如《海峽兩岸海運協議》般明確找到需修改或違背法律保留原則之處，否則，全屬於法律解釋問題，臺灣主管兩會協議所涉事項的部門，具有相當大的發言權。

　　至於兩會協議被接受後是以轉化形式適用，還是以納入或併入形式適用，臺灣法律並未作進一步規定。2009年5月，臺灣「法務部」關於《兩岸共同打擊犯罪及司法互助協議》的新聞稿，透露頒布灣方面適用兩會協議的具體方式。根據該新聞稿，「法務部」聲言：「相關之合作內容，系在我方現行的法令架構及既有的合作基礎上，以簽訂書面協議之方式，強化司法合作之互惠意願，同時律定合作之程序及相關細節，提升合作之效率及質量。與對岸律定合作事項涉及人民權利義務部分，均在現行相關法律下執行，未涉及法律之修正，亦無須另以法律定之。」[16]按此新聞稿的態度，臺灣方面對兩會協議的適用被分為三種情況。第一種情況，兩會協議涉及法律之修改或法律保留事項，而「立法院」否決了兩會協議。此時，按照臺灣法律，兩會協議不產生法律效力，臺灣方面自適用原有關法律。第二種情況，兩會協議涉及法律之修改或法律保留事項，而「立法院」未否決兩會協議，從而產生修法（涉及法律之修改時）或立法（涉及法律保留事項時）的效果。此種情況下，臺灣方面執行修改後的有關法律，並因而間接適用兩會協議。第三種情況，兩會協議不涉及法律修改或法律保留事項。按照上述新聞稿的理解，發生第三種情況時，兩岸簽訂協議盡在「強化……意願，同時律定合作之程序及相關細節」，臺灣方面對於合作事項涉及人民權利義務部分，均在現行相關法律下執行，至於兩會協議，只是在執行相關法律時，產生間接的適用效果。[17]從上面分析可以看出，臺灣方面對於兩會協議的具體適用方式為轉化，亦即將兩會協議的具體規則轉化為其域內法律中，再透過執行其域內法律達到適用兩會協議的效果。

　　對比兩岸接受條約和兩會協議的時間，可以說出現了正好相反的情況：大陸方面在實踐中對條約是否具有直接適用性持謹慎態度，但認為兩會協議具有直接適用性；臺灣方面在實踐中認為「條約」、「協議」等「國際協定」具有直接適用性，甚至直接適用臺灣不能參加的「條約」，但卻否認兩會協議的直接適用性。這一狀況是大陸和臺灣對兩會協議態度的真實反映：大陸方面積極推動兩岸

关系和平发展，将两会协议作为两岸关系和平发展的重要依据和方式，因而在两会协议的接受上亦采取较为积极的态度；反观台湾方面，由于所谓「主权」、「国家」等观念作祟，担心两会协议会侵害台湾所谓的「主权」，因而对两会协议采取消极态度，意图透过有关部门的批准方可在台湾生效。

可喜的是，由于看到现有两会接受机制存在包括上述问题在内的诸多问题，两岸在实施两会协议时运用了一套新的做法，即在两会协议签订后由两岸相关主体签订谅解备忘录，让双方相关主体建立制度性的对话模式。这一步还「为两岸互动开启了第三条道路」[18]。2009年4月26日，海协会、海基会签署了《海峡两岸金融合作协议》，建立了两岸金融合作框架。2009年11月16日，银监会主席刘明康、保监会主席吴定富、证监会主席尚福林分别与台湾金融监督管理机构代表陈冲正式签署了《海峡两岸银行业监督管理合作谅解备忘录》、《海峡两岸保险业监督管理合作谅解备忘录》以及《海峡两岸证券及期货监督管理合作谅解备忘录》。这三份金融监管合作备忘录的签署，是落实《海峡两岸金融合作协议》的具体举措。

这种透过双方协商、谈判从而达成共识，并用文本加以记录的协议，在大陆被称为「合作备忘录」，在台湾被称作「谅解备忘录」，其英文全称为memorandum of understanding，MOU是其英文的简写。此次两岸金融监管合作备忘录（MOU）的签署可谓低调、从简。这一两岸金融界翘首期盼多年的备忘录，以「专差传递」的方式完成，又称「邮签」。16日当天，两岸相关机构各派一位工作人员，将文件送到对岸机场交收。其后，两岸四位负责人约好在同一时间完成历史性的签署，并同步对外宣布。这份两岸中国人之间的备忘录，没有英文版本，只有中文简体和繁体两种版本。台湾金融管理部门指出：备忘录只是两岸有关协商结果的记录，并无法律约束力。但作为两岸金融合作实质性的一步，意义十分重大。用一位蓝营「立委」的话说，是「位阶虽低，地位重要」。[19]双方以务实的简体文及繁体文、使用「大陆方面」及「台湾方面」的名称、采纳换文等作为，让各方鹄候多时的MOU终于完成签署程序，实是在WTO模式（世界贸易组织下的关税领域）及两会模式（海基会、海协会用「两岸crossstraight」）之外，开启了第三条签署协议的路径。这是兼顾世界惯例、形

式對等及雙方需求下難能可貴的成果，不禁要給參與努力的各方拍拍手，新模式也讓未來合作有了更多可能。[20]三份合作備忘錄的簽訂也為兩會在2010年6月29日簽訂《海峽兩岸經濟合作框架協議》奠定了基礎。

（二）兩會協議的聯繫主體

聯繫主體是兩會協議的特色，截止2010年4月10日，兩會協議中的聯繫主體，可整理列表如下：

協議名稱	聯繫主體
《兩岸公證書使用查證協議》	1. 關於寄送公證書副本及查證事宜,雙方分別以中國公證員協會或有關省、自治區、直轄市公證員協會與財團法人海峽交流基金會相互聯繫。 2. 其他相關事宜,由海峽兩岸關係協會與財團法人海峽交流基金會聯繫。
《兩岸掛號函件查詢、補償事宜協議》	1. 掛號郵件之查詢由中國通信學會郵政專業委員會與財團法人海峽交流基金會或其指定之郵件處理中心(航郵中心)相互聯繫。 2.其他相關事宜由海峽兩岸關係協會與財團法人海峽交流基金會相互聯系。
《海峽兩岸關於大陸居民赴台灣旅遊協議》	1.議定事宜,雙方分別由海峽兩岸旅遊交流協會（以下簡稱海旅會）與台灣海峽兩岸觀光旅遊協會（以下簡稱台旅會）聯繫設施。 2.協議的變更等其他相關事宜,由海峽兩岸關係協會與財團法人海峽交流基金會聯繫。
《海峽兩岸包機會談紀要》	議定事項,由海峽兩岸航空運輸交流委員會與台北市航空運輸商業同業公會相互聯系。必要時,經雙方同意得指定其他單位進行聯繫。
《海峽兩岸空運協議》	1.議定事項,由海峽兩岸航空運輸交流委員會與台北市航空運輸商業同業公會相互聯繫。必要時,經雙方同意得指定其他單位進行聯繫。 2.其他相關事宜,由海峽兩岸關係協會與財團法人海峽交流基金會聯繫。
《海峽兩岸海運協議》	1.議定事項,由海峽兩岸航運交流協會與台灣海峽兩岸航運協會聯繫實施。必要時,經雙方同意得指定其他單位進行聯繫。 2.其他相關事宜,由海峽兩岸關係協會與財團法人海峽交流基金會聯繫。
《海峽兩岸郵政協議》	1.議定事項,由海峽兩岸郵政交流協會與財團法人台灣郵政協會相互聯繫。具體郵政業務由雙方郵件處理中心聯繫實施。 2.其他相關事宜,由海峽兩岸關係協會與財團法人海峽交流基金會聯繫。
《海峽兩岸食品安全協議》	1.議定事項,由雙方食品安全等業務主管部門指定的聯絡人相互聯繫實施。必要時,經雙方同意得指定其他單位聯繫實施。 2.其他相關事宜,由海峽兩岸關係協會與財團法人海峽交流基金會聯繫。
《海峽兩岸共同打擊犯罪及司法互助協議》	1.議定事項、由各方主管部門指定之聯絡人連繫設施。必要時,經雙方同意得指定其他單位進行聯繫。 2.其他相關事宜,由海峽兩岸關係協會與財團法人海峽交流基金會聯繫。
《海峽兩岸金融合作協議》	1.議定事項,由雙方金融監督管理機構,貨幣管理機構指定的聯絡人相互聯繫實施。必要時,經雙方同意得指定其他單位進行聯繫。 2.其他相關事宜,由海峽兩岸關係協會與財團法人海峽交流基金會聯繫。

續表

協議名稱	聯繫主體
《海峽兩岸空運補充協議》	議定事項的實施,由雙方航空主管部門指定的聯絡人,使用雙方商定的文書格式相互聯繫。
《海峽兩岸農產品檢疫檢驗合作協議》	1. 議定事項,由雙方業務主管部門指定的聯絡人相互聯繫實施。必要時,經雙方同意可指定其他單位聯繫實施。 2. 其他相關事宜,由海峽兩岸關係協會與財團法人海峽交流基金會聯繫。
《海峽兩岸漁船船員勞務合作協議》	1. 議定事項,由雙方業務主管部門指定的聯絡人相互聯繫實施,經雙方同意可指定其他單位負責實施。 2. 其他事宜,由海峽兩岸關係協會與財團法人海峽交流基金會聯繫。
《海峽兩岸標準計量檢驗認證合作協議》	1. 議定事項,由雙方業務主管部門指定的聯絡人相互聯繫實施。 2. 其他事宜,由海峽兩岸關係協會與財團法人海峽交流基金會聯繫。
《海峽兩岸經濟合作框架協議》	業務事宜由雙方業務主管部門指定的聯絡人負責聯絡。
《海峽兩岸知識產權保護合作協議》	1. 議定事項,由雙方業務主管部門指定的聯絡人相互聯繫實施。必要時,經雙方同意得指定其他單位進行聯繫。 2. 其他相關事宜,由海峽兩岸關係協會與財團法人海峽交流基金會聯繫。
《海峽兩岸醫藥衛生合作協議》	1. 議定事項,由雙方相關業務主管部門指定的聯絡人相互聯繫實施。必要時,經雙方同意得指定其他單位進行聯繫。 2. 其他相關事宜,由海峽兩岸關係協會與財團法人海峽交流基金會聯繫。

除本表所列兩會協議外,其餘兩會協議均未規定聯繫主體。未規定聯繫主體的協議除了《港臺海運商談紀要》外,都是兩會框架式的協議,包括《辜汪會談協議》和《兩會聯繫與會談制度協議》。可以說,絕大多數規範兩岸間具體事務的協議,均規定有聯繫主體。由於表中採取廣義的「聯繫主體」定義,在兩會協議文本中出現的「聯繫方法」、「聯繫機制」等,已作為聯繫主體列入上表。[21]從表中可見,兩會協議的聯繫主體可以歸納為三類:

第一類是業務聯繫主體。由於規定有聯繫機制的兩會協議都是專門規定某一具體事務的協議,所涉事務具有高度的專業性,因此,兩會協議一般規定由兩岸從事相關業務的組織負責協議的聯繫。業務聯繫主體的特徵是專業性,其所負責

聯繫的事項也都是協議所直接規定的事項。

業務聯繫主體是兩會協議中聯繫主體的主要部分，具體包括四種模式。其一，大陸和臺灣的聯繫主體都是從事相關業務的組織。如《海峽兩岸海運協議》因涉及兩岸海航業務，因而規定由海峽兩岸航運交流協會與臺灣海峽兩岸航運協會負責聯繫。其二，兩岸中一方的聯繫主體為從事相關業務的組織，另一方的聯繫主體是負責綜合性事務的組織或其指定的組織。如《兩岸公證書使用查證協議》中，大陸方面的聯繫主體是中國公證員協會或有關省、自治區、直轄市公證員協會，而臺灣方面的聯繫主體是海基會。再如《兩岸掛號函件查詢、補償事宜協議》，大陸方面聯繫主體是中國通信學會郵政專業委員會，臺灣方面的聯繫主體是海基會指定之郵件處理中心。其三，將議定事項和具體業務分開，分別指定聯繫主體。如《海峽兩岸郵政協議》規定，議定事項由海峽兩岸郵政交流協會與財團法人臺灣郵政協會負責聯繫，而具體郵政業務則由雙方郵件處理中心聯繫實施。其四，兩會協會採取授權方式，只規定授權單位，而不規定具體的聯繫主體，由授權單位指定聯繫主體，而協議所規定的授權單位，一般是兩岸各自管理協議所涉事項的主管部門。如《海峽兩岸食品安全協議》規定，議定事項由雙方食品安全等業務主管部門指定的聯絡人負責聯繫實施。隨著兩岸事務性交流的不斷深化，採取授權方式、由兩岸有關事務主管部門指定聯絡人的模式，已經為越來越多的兩會協議所採用。

第二類是另行指定的業務聯繫主體。包括《海峽兩岸包機會談紀要》在內及其以後簽訂的協議中共有八份兩會協議，除明確規定業務聯繫主體外，還規定了經雙方同意，兩會可在協議明確的業務聯繫主體之外，另行指定業務聯繫主體。但是，上述兩會協議並未規定另行指定的業務聯繫主體負責聯繫何種事務。規定另行指定的業務聯繫主體，是兩會協議所採取的預防措施，目的是防止因明確規定的業務聯繫主體不便聯繫或聯繫不暢，而導致兩岸聯繫中斷的情形發生。協議文本並未對另行指定的業務聯繫主體負責聯繫的事務範圍進行規定。從文本分析角度而言，另行指定的業務聯繫主體被規定在「議定事項」的條款下，因而可以將另行指定的業務聯繫主體理解為業務聯繫主體的一個特例，其所負責聯繫的事務範圍不得超過協議的議定範圍。

第三類是其他相關事宜的聯繫主體。除《海峽兩岸包機會談紀要》、《海峽兩岸空運補充協議》和《海峽兩岸經濟合作框架協議》外，17份規定聯繫主體的兩會協議中，有14份規定了聯繫機制的兩會協議，都規定海基會和海協會是協議「其他相關事宜」的聯繫主體。兩會協議並未規定「其他相關事宜」的範圍，但從兩會簽訂協議的目的可知，所謂「其他相關事宜」，是指雖然沒有明確規定在兩會協議中，但卻是與協議所規定的事項密切相關的事宜。

聯繫主體作為兩會協議中的一個特有現象，符合兩岸關係發展的現狀，為兩會協議的貫徹落實提供了有效機制。

（三）兩會協議的解釋

除《海峽兩岸空運補充協議》和《海峽兩岸經濟合作框架協議》外，其餘兩會協議均沒有協議解釋的直接規定。另有一些兩會協議包括有「爭議解決」條款，透過「爭議解決」條款的設置，在實質上規定了協議在兩岸間的解釋。

在兩會簽訂的協議中，有14份協議規定有「爭議解決」條款，具體又可分為兩種表述模式。第一種表述模式為「因適用本協議所生爭議，雙方應盡速協商解決」。《兩岸公證書使用查證協議》、《兩岸掛號函件查詢、補償事宜協議》、《海峽兩岸關於大陸居民赴臺灣旅遊協議》、《海峽兩岸海運協議》、《海峽兩岸空運協議》、《海峽兩岸郵政協議》、《海峽兩岸食品安全協議》和《海峽兩岸共同打擊犯罪及司法互助協議》等採用了此種模式。第二種表述模式為「因執行本協議所生爭議，雙方應盡速協商解決」。該表述模式僅有《海峽兩岸金融合作協議》採用。在兩會協議中，儘管對適用與執行區別使用，但都是為落實協議內容而進行的活動，無論是適用還是執行，按照解釋學的觀點，其本質都需要對協議進行解釋。

在兩會協議中，適用與執行的基本依據，都是兩會協議的文本，因此，適用與執行的基礎都是對兩會協議文本的理解。據此原理，適用和執行兩會協議的過程，實際上包括兩個階段：第一階段為理解文本；第二階段為在對文本理解的基礎上，按照適用者或執行者對文本的理解，做出適用行為或執行行為。適用行為和執行行為是對文本理解的外在表現，對文本的理解是適用行為和執行行為的內

在本質。由於理解與解釋的同一性，在解釋學領域內，對兩會協議的適用與執行過程，必然存在對兩會協議的解釋。

按照解釋學的觀點，適用與執行兩會協議的主體，就是解釋兩會協議的主體。因此，兩會協議的解釋主體出現了多元化的特徵。多元解釋主體在解釋兩會協議時，必然將產生對兩會協議不一致的解釋，此時，就產生瞭解釋上的爭議。由此可見，所謂適用或執行中產生的爭議，其本質是解釋上的爭議。對於解釋爭議的解決，關鍵並非在於確定什麼（what）是正確的解釋。因為按照解釋學的原理，任何解釋者在解釋文本時，都將受到其前理解的支配，並且都會根據自己的利益進行解釋。[22]因此，所謂解釋，不過是圍繞文本所展開的利益博奕。故而，不可能提出一種正確的解釋。於是，解釋學的問題從一個本體論問題轉變為一個認識論問題，亦即解決解釋爭議的關鍵，在於確定誰（who）是有權解釋主體，然後將該有權解釋主體的解釋作為正確的解釋。

根據上述分析，對兩會協議適用或執行中爭議的解決，並非是確定兩岸到底誰對誰錯，而是確定何者是有權決定誰對誰錯的主體。顯然，在當前的兩岸局勢下，兩岸只能透過協商，以獲得兩岸對協議文本共同的解釋。由此可見，兩會協議透過設置「爭議解決」條款，形成了對兩會協議的解釋制度。結合兩會協議中有關聯繫主體的規定，兩會協議有關解釋的規定可以概括如下：第一，解釋的原因只能是因適用或執行兩會協議中出現爭議，屬於具體解釋，而不包括單純對文本理解不一而與具體事務無涉者；第二，適用「爭議解決條款」解釋兩會協議的情形，只包括對兩會協議的兩岸間解釋，而不涉及兩會協議在兩岸各自領域內的解釋；第三，解釋的主體是雙方共同組成的協商機制，這裡的雙方，應根據爭議所涉對象所屬的事務範圍決定：若屬於「議定事項」的範圍，應將雙方確定為兩岸有關「議定事項」的聯繫主體；若屬於「其他相關事宜」的範圍，應將雙方確定為兩岸有關「其他相關事宜」的聯繫主體。

2009年4月簽訂的《海峽兩岸空運補充協議》第13條第2款的規定，是「解釋」一詞在兩會協議中的第一次出現。該條規定，「雙方對協議的實施或解釋發生爭議時，由兩岸航空主管部門協商解決」。該條的規定，在兩會協議解釋制度

上有著兩點突破：第一，明確提出「解釋」一詞，使解釋的範圍不限於適用或執行範圍，亦即將對兩會協議的解釋從具體解釋擴展到抽象解釋；第二，明確將雙方確定為「兩岸航空主管部門」，從而將解釋主體明確化。

2010年6月29日簽訂的《海峽兩岸經濟合作框架協議》第10條規定：1.雙方應不遲於本協議生效後六個月內就建立適當的爭端解決程序展開磋商，並盡速達成協議，以解決任何關於本協議解釋、實施和適用的爭端。2.在本條第一款所指的爭端解決協議生效前，任何關於本協議解釋、實施和適用的爭端，應由雙方透過協商解決，或由根據本協議第十一條設立的「兩岸經濟合作委員會」以適當方式加以解決。在第11條中，賦予由雙方成立的「兩岸經濟合作委員會」以「解釋本協議的規定」和「解決任何關於本協議解釋、實施和適用的爭端」的職能。《海峽兩岸經濟合作框架協議》之所以對解釋問題做出如此明確的規定，並設立了一個獨立的機構進行解釋，是因為較之於之前所簽訂的兩會協議，該協議涉及單位多、內容廣、複雜性高。不僅解釋主體非常明確，且解釋的工作也獨立於「實施」和「適用」而存在，抽象解釋的功能更加突出。

兩會協議中有關解釋主體的規定，隨著兩岸交流的不斷深入而呈現出明顯的變化。「解釋」這一字眼的從無到有，解釋主體從概括規定到明確授權，解釋手段從適用或執行中的附帶解釋發展到專門解釋，解釋範圍從具體解釋擴展到抽象解釋。

（四）兩會協議的變更

考查兩會協議的文本，對兩會協議的變更包括三種形式：一是具體的狹義變更，即在兩會協議中明確規定可以變更的內容；二是概括的狹義變更，即兩會協議雖明確規定變更，但未規定變更的內容，從理論上而言，兩會協議的任何內容都屬於可變更的範圍；三是對未盡事宜的補充，即兩會協議規定未盡事宜的處理方式。由於後者可以理解為對兩會協議的增補，因而也納入兩會協議的變更中一併討論。在兩會簽訂的19份協議中，規定有變更（包括狹義變更和對未盡事宜的補充）的有14份，另有一份是對兩會協議的增補。考查規定有變更內容的兩會協議，可以發現，兩會協議對於狹義變更和對未盡事宜的補充規定，已經形成

了固定模式。

第一，兩會協議中對具體的狹義變更的描述。有三份兩會協議明確規定了可以變更的具體內容：《兩岸公證書使用查證協議》第2條規定，雙方得根據公證書使用需要，另行商定增、減寄送公證書副本種類；《兩岸掛號函件查詢、補償事宜協議》第1條規定，掛號函件的開辦範圍，雙方得以書面協議增減；《海峽兩岸空運協議》第4條規定，雙方同意儘可能在協議實施半年內，就定期客貨運行作出安排。需要指出的是，有些協議雖然也涉及對協議（或其附件）的變更，如《海峽兩岸空運協議》和《海峽兩岸海運協議》，分別規定可以對附件所列的包機班次和開放港口進行數量上的變動，但我們認為，該規定並不涉及兩會協議變更的問題，而僅有對有關協議具體執行方式的規定。

第二，兩會協議中對概括的狹義變更的表述。兩會協議對於概括的狹義變更共有兩種規定方法。《兩岸公證書查證協議》、《兩岸掛號函件查詢、補償事宜協議》和《兩會聯繫與會談制度協議》對概括的狹義變更的規定相同，是兩會協議中對概括的狹義變更表述的第一種方式。上述三項協議中均將概括的狹義變更規定為「協議變更……經雙方協商同意。」2008年兩會復談後簽訂的12份協議對於概括的狹義變更的方式在前述三項協議規定的基礎上增加了「並以書面方式確認」的規定，從而將概括的狹義變更的形式進行了明確規定，是兩會協議對概括的狹義變更表述的另外一種方式。由於在公開資料上未見兩會依據概括的協議變更條款變更兩會協議，因此，僅從協議文本上不能推斷第一種概括的狹義變更，是否意味著兩會可以透過非書面方式確認對兩會協議的變更。

第三，兩會協議中對未盡事宜的補充的表述。兩會協議規定未盡事宜的補充的方式只有一種，即規定「本協議如有未盡事宜，雙方得以適當方式另行商定。」這裡值得討論的問題是兩會協議的「未盡事宜」與前文討論聯繫主體時所涉及的「其他相關事宜」有何區別。對於此兩種表述的區別，至今尚未見兩岸官方的正式說明，也無學者在公開場合進行過討論。按照我們的理解，「其他相關事宜」是指雖然沒有規定在兩會協議，但卻是與協議所規定事項有關的事宜。按此理論，「其他相關事宜」實際上是指雖然沒有規定在協議中，但是從協議所確

定的事項中可以明確推知的事宜，只要是那些為了實現議定事項，必須落實和聯繫的事宜。因此，對「其他相關事宜」的確定，屬於對兩會協議的解釋。與此相對，「未盡事宜」是指那些既沒有規定在兩會協議中，也不能透過協議所確定的事項明確推知的事宜，主要是那些尚未被規定在協議中，但屬於協議應該規定或可以規定的事宜。對「未盡事宜」的確認，不是透過解釋兩會協議就可以完成的，因而必須透過對兩會協議的變更。

　　以上分析僅以兩會協議的文本為分析對象。在實踐中，迄今為止，兩岸對於兩會協議的變更共有兩次。第一次對兩會協議的變更是1994年對《兩岸公證書查證協議》中使用公證書種類的增補。根據《兩岸公證書查證協議》第2條第2項，兩岸有關方面於1994年11月決定擴大寄送公證書副本的範圍，並經兩會確認後生效。從模式上而言，對《兩岸公證書查證協議》的此次變更，是依據上述第一種模式的變更。[23]在變更程序上，此次變更經歷了兩個階段。第一階段為商談階段，1994年11月21日至28日，兩會副祕書長孫亞夫和許惠佑在南京進行預備性磋商，就包括「擴大寄送公證書副本種類」在內的議題進行商談，初步達成「擴大寄送稅務、病歷及專業證明等四項公證書副本」的共識。[24]第二階段為確認階段，兩會副會長、祕書長級官員在負責人會談上正式達成「關於增加寄送公證書副本種類」的共識後，兩會透過換文的形式分別予以確認，「關於增加寄送公證書副本種類」自1995年2月1日正式生效。第二次對兩會協議的變更，是2009年對《海峽兩岸空運協議》的補充。根據《海峽兩岸空運協議》第1條、第3條和第4條，海協會和海基會於2009年4月27日簽訂《海峽兩岸空運補充協議》，將《海峽兩岸空運補充協議》中的「常態化包機」改為「空中定期航班」，從而實現了兩岸航空運輸業務正常化。從模式上而言，對《海峽兩岸空運協議》的此次變更屬於第一種模式。[25]在變更程序上，此次變更基本上依循指定新協議的程序，主要經歷了兩個階段：第一階段是協商階段，2009年4月18日，兩會有關負責人在臺北進行預備性磋商，就兩岸空中直航定期航班議題的主要內容及協議文本進行了工作性商談，並達成原則共識；[26]第二個階段為簽訂階段，2009年4月27日，海協會領導人陳雲林和海基會領導人江丙坤在南京進行了第三次會談，簽署了《海峽兩岸空運補充協議》，從而完成了對《海峽兩岸空

運協議》的變更。

至於兩會協議變更的另兩種方式，雖未在實踐中出現，但對變更程序亦有著概括性規定：第二種表述明確規定透過「雙方協商同意」的形式變更，第三種則規定「雙方得以適當方式另行商定」。對於後者，雖未明確規定「適當方式」為何，但由「商定」二字可見，其方式仍是「雙方協商」，只不過在具體方式上可以更加靈活，如可以透過換文、函告、口頭表述、默許等。

二、兩會協議在克服兩岸關係和平發展框架法律障礙方面的作用

作為當前兩岸之間開展交往的主要規範淵源，兩會協議在克服兩岸關係和平發展框架法律障礙方面起著重要的作用。

第一，為兩岸法律障礙解決提供了一個交流平臺。兩會協議實施機制的建立和完善，打破了原先由個案觸發兩岸法律交流的怪圈，為兩岸法律交流的系統化、常態化搭建了一個平臺。在此平臺基礎上，兩岸可以透過兩會協議的方式，掃除不斷變化的兩岸關係中出現的法律障礙。以兩岸共同打擊犯罪為例，為應對不法分子或犯罪嫌疑人利用兩岸司法機關沒有建立正式合作機制而潛逃並藏匿對岸，導致大量極端惡劣的犯罪行為被縱容，從而嚴重危害海峽兩岸同胞權益，破壞兩岸社會和諧，1990年9月，兩岸分別授權雙方紅十字組織於金門簽署關於遣返私渡者和刑事犯罪嫌疑人的《金門協議》。但《金門協議》僅涉及遣返問題，且實施主體是兩岸民間組織，兩岸的司法部門沒有直接建立聯繫。儘管過去兩岸已經在共同打擊犯罪方面積累了一定經驗，但往往採取「特事特辦」的個案解決模式，限制了雙方共同打擊犯罪的力度和辦案效率。[27]《海峽兩岸共同打擊犯罪及司法互助協議》的簽訂使兩岸司法界建立了直接、全面、深度的合作關係，

為兩岸民事、刑事領域展開互助搭建了平臺，為兩岸法律障礙的解決掃除了障礙。

第二，有的兩會協議本身就是以解決法律障礙為內容。《兩岸公證書使用查證協議》和《海峽兩岸共同打擊犯罪及司法互助協議》，均是為解決兩岸司法交流中出現的障礙而專門簽訂的協議。為順利實施兩會協議，大陸方面以先行制定、直接適用、納入或併入的方式，制定了一系列規範性文件，如《海峽兩岸公證書使用查證協議實施辦法》、《司法部關於增加寄送公證書副本種類事宜的通知》、《最高人民法院關於人民法院認可臺灣有關法院民事判決的規定》、《最高人民法院關於人民法院認可臺灣有關法院民事判決的補充規定》、《最高人民法院關於涉臺民事訴訟文書送達的若干規定》和《最高人民法院關於審理涉臺民商事案件法律適用的規定》來剷除兩岸法律障礙。相信在未來，透過兩會協議共同制定法律規則，將呈現常態化的趨勢。

第三，推動兩岸法學學術界的討論，為兩岸法律障礙的解決提供理論支撐。兩岸之間簽訂兩會協議以及實施兩會協議，在解決實際交流問題的同時，也觸動了兩岸之間的法律問題。這些引發了兩岸學術界對兩會協議的接受機制、聯繫主體、解釋機制、變更機制等一系列問題的討論。兩岸學者努力為解決兩岸之間的法律障礙尋找理論支撐，如對「條約」問題的討論中，將「釋字第329號解釋」作為臺灣有關兩會協議接受的根本法源，在法律層面解決了兩會協議是否是「條約」的問題。兩岸法學學術界對兩岸法律障礙問題關注和研究的深入，將為兩岸法律障礙的解決提供強大的理論支撐。

三、兩會協議體系的構建

目前，兩會協議在數量上已經有了較多累積，但體系化的程度並不高。而體系化的兩會協議，對於提高兩岸關係和平發展的法治化程度，進而推動兩岸關係

和平發展框架的構建,有著重要的意義。

兩會協議是指兩岸透過兩會機制所制定的協議,其名稱可以是協議、紀要、安排等。依據功能原則,兩會協議以事務性協議為主,但亦包括透過兩岸政治性協商機制所簽訂的政治性協議。對於兩會協議及其所形成的體系,有下列問題值得研究。

(一)兩會協議體系的主要構成

兩會協議的制定依據是和平協議,而兩會協議根據其內容和產生機制的不同,又可以分為事務性協議和政治性協議。前者是由兩岸事務性協商機制產生,其規定的內容主要是兩岸事務性事項,兩岸事務性協議構成兩岸協議的主幹;後者是由兩岸政治性協商機制產生,兩岸間政治性事務形成的共識。事務性協議和政治性協議共同構成兩會協議體系。

1.兩會協議體系化的實證分析

雖然兩會協議並未形成體系,但是兩會協議仍有著體系化的實踐。1993年4月,當時海協會和海基會負責人汪道涵和辜振甫達成《辜汪會談共同協議》。根據該協議的定性,兩會此次會談是「民間性、經濟性、事務性與功能性之會談」。[28]這一定性不僅僅是迴避政治議題的需要,而且是兩岸試圖對兩會協議進行體系化的嘗試。根據協議的有關內容,兩會擬在1993年度內,就多項功能性議題達成協議,而進入《辜汪會談共同協議》的功能性議題包括「違反有關規定進入對方地區人員之遣返及相關問題」、「有關共同打擊海上走私、搶劫等犯罪活動問題」、「協商兩岸海上漁事糾紛之處理」、「兩岸智慧財產權(知識產權)保護」、「兩岸司法機關之相互協助(兩岸有關法院之間的聯繫與協助)」等。

解讀《辜汪會談共同協議》開列當年擬討論議題的做法,一方面固然是將這些議題確定下來,作為當年兩會協商的重點內容;另一方面也可以解讀成兩會意圖將《辜汪會談共同協議》作為兩岸事務性協議的一份「總綱領」,並透過該「總綱領」安排後一階段兩會談判的議題,進而按照該安排分別透過談判制定兩會協議。由此,《辜汪會談共同協議》雖然在規範意義上並不是這些按照其安排

制定的兩會協議的依據，但在政治意義上構成了這些兩會協議的來源。圍繞《辜汪會談共同協議》，兩會協議進行了初步地體系化嘗試。可惜的是，由於種種原因，《辜汪會談共同協議》所列的議題都沒有形成協議，以《辜汪會談共同協議》為核心的兩會協議體系並未形成。[29]

　　1993年4月簽訂的《兩會聯繫與會談制度協議》，以及1994年依據其制定的《兩會商定會務人員入出境往來便利辦法》，形成了一個小的兩會協議體系。依據《兩會聯繫與會談制度協議》第5條之規定，兩會同意就兩會會談、事務協商、專業小組工作、緊急聯繫等事由，相互給予經商定之兩會會務人員適當之入出境往來與查驗通關等便利。但《兩會聯繫與會談制度協議》第5條，並未規定哪些人員係屬「經商定之兩會會務人員」，亦未對「適當之入出境往來與查驗通關等便利」的具體含義作出說明，而是規定「具體辦法另行商定」，亦即由兩會另外協商制定實施辦法。1994年1月，兩會副會長、祕書長級負責人焦仁和和唐樹備為落實《兩會聯繫與會談制度協議》第5條之規定，在北京進行商談，確定《兩會商定會務人員入出境往來便利辦法》。[30]在該辦法中，《兩會聯繫與會談制度協議》第5條中的商定會務人員範圍、具體便利等內容，都被加以詳細而具體的規定。[31]而且《兩會商定會務人員入出境往來便利辦法》在第1條還明確表示，「本辦法依《兩會聯繫與會談制度協議》第五條訂定」。由此可見，在《兩會聯繫與會談制度協議》和《兩會商定會務人員入出境往來便利辦法》之間，前者是後者制定的依據，兩者共同構成了一個小的兩會協議體系。這個小的兩會協議體系雖小，但卻是兩岸唯一一個規範意義上的兩會協議體系。

　　2008年11月，海協會和海基會負責人陳雲林和江丙坤在臺北簽訂《海峽兩岸空運協議》、《海峽兩岸海運協議》和《海峽兩岸郵政協議》，形成了一個兩岸「三通」協議體系。當然，兩岸「三通」協議體系並不是規範意義上的，而主要是根據其目的和內容進行的總結。因此，兩岸「三通」協議並不能被稱之為嚴格意義上的兩會協議體系。

　　2008年6月簽訂的《海峽兩岸包機會談紀要》、2008年11月簽訂的《海峽兩岸空運協議》和2009年4月簽訂的《海峽兩岸空運補充協議》，構成了兩岸空運

協議體系。2008年6月,海協會和海基會就兩岸常態化包機簽訂《海峽兩岸包機會談紀要》,建立了制度化的兩岸包機直航。2008年11月,海協會和海基會又簽訂《海峽兩岸空運協議》,該協議基本上是參照包機直航制定的。但其中第4條規定,兩岸「應就定期客貨運航班作出安排」,而第8條又規定「客貨運包機等相關事宜,準用《海峽兩岸包機會談紀要》的規定」。根據《海峽兩岸空運協議》第4條和第8條,《海峽兩岸空運補充協議》和《海峽兩岸包機會談紀要》同《海峽兩岸空運協議》一起,構成了兩岸空運協議體系。在這個協議體系中,《海峽兩岸空運協議》藉助第4條規定的「具體的狹義變更」和第8條「準用條款」,居於基礎性地位,而其他兩個協議在協議體系中都以《海峽兩岸空運協議》為中心。

以上四次兩岸在兩會協議體系化的嘗試,除了《兩會聯繫與會談制度協議》和《兩會商定會務人員入出境往來便利辦法》所構成的小兩會協議體系外,都不能説是嚴格意義上的兩會協議體系,但卻可以為研究兩岸協議體系的構成提供參考。

2.兩會協議體系的基礎:和平協議

和平協議是制定兩會協議的依據,也是兩會協議的效力來源。和平協議對兩會協議具有優先性,所有兩會協議都不得與和平協議——尤其是和平協議所確認的優先性內容相牴觸。[32]類比以憲法為基礎的內國法律體系,和平協議相當於兩會協議體系中的「憲法」。和平協議及依據其所產生的兩會協議,構成了兩岸間的法規範階層。[33]那麼,這是否意味著也應和內國法律制度上的立法監督制度或違憲審查制度一樣,建立起類似於對兩會協議的審查機制呢?[34]我們認為,兩岸間建立兩會協議的審查機制既無必要,也不可能。如前文所述,兩會協議在制定程序上,與中國立法程序完全不同。兩會協議的制定,取決於兩岸間的高度共識,而不是依靠類似於普通內國立法機關的「多數決」。在大陸和臺灣沒有就重大問題達成新共識之前,和平協議是兩岸能形成協議的最大共識,違反和平協議的一方,將受到其域內和域外兩方面的政治壓力。因此,大陸和臺灣在進行協商時,基於自身利益的考量,都不得不選擇和平協議作為制定兩會協議的依

據。而且，內國法律制度上的立法監督制度或違憲審查制度，以權威和強制力為後盾。和平協議所形成的新結構是兩岸間的，大陸和臺灣之上沒有「超兩岸」的權威，因此，即便是建立了對兩會協議的審查制度，也是沒有意義的。但是，這並不意味著和平協議除了透過政治力的作用，使兩會協議對其產生「路徑依賴」外，無法在規範意義上對兩會協議產生效力。對於兩會協議而言，和平協議的優先性也體現為「緩和的效力」，兩岸必須按照和平協議制定、修改和解釋兩會協議。

3.兩會協議體系的主幹：事務性協議

事務性協議是兩會協議體系的主幹，也是兩岸關係和平發展框架法律機制的重要組成部分。根據兩岸事務性協議的性質，兩岸事務性協議包括三類：

第一，兩岸事務的實體性協議。兩岸事務的實體性協議，是指直接調整兩岸間經濟、社會和文化等事務的協議。兩岸事務的實體性協議，將兩岸間經常發生、雙方域內法律規定基本相同、兩岸能就此達成一致的事項，以實體法的形式規定下來，使兩岸在這些領域的交往中，能直接依據該實體法。兩岸事務的實體性協議規定的一般是兩岸在經濟、文化和社會交往中最為重要的事務，主要包括航運、郵政、經貿合作、旅遊觀光、智慧產權（知識產權）保護、跨海峽婚姻、贍養、收養、繼承、勞務交流等。當然，這裡所謂兩岸事務的實體性協議，並不是代替兩岸域內的實體法，而僅僅在上述事務跨海峽發生時發生效力。

第二，兩岸事務的程序性協議。兩岸事務的程序性協議，是指規定兩岸間合作、聯繫和共同處理某項事務程序的協議。兩岸事務的程序性協議主要適用於在兩岸間雖有開展某項事務的必要，但由於兩岸相關制度區別較大或難以達成共識，只能透過兩岸相互合作、聯繫，或共同處理的事務。由於兩岸域內法律制度大部分區別較大，另外，基於和平協議的兩岸原則和功能原則，大陸和臺灣無必要一一達成共識，因此，兩岸事務的程序性協議將構成兩岸事務性協議的主要部分。一般而言，兩岸事務的程序性協議包括兩岸金融、投資、經濟事務的跨海峽監管、打擊跨海峽刑事犯罪、司法協作、相關文書認證等。

第三，兩岸區際法律適用協議。兩岸區際法律適用協議，是指解決兩岸民商

事法律適用問題的協議。兩岸民商事法律衝突的問題由來已久,雖然有學者不斷主張建立所謂區際衝突規範或兩岸適用國際私法來解決民商事法律衝突,[35]但由於種種原因未能成行,其中之一便是臺灣法律的地位問題。由於臺灣法律的地位長期受到質疑,在實踐中,大陸方面的法官和當事人往往對其採取刻意迴避的態度。[36]但是,大陸方面自1987年後,從未明確規定不準適用臺灣法律。以廣東省高級人民法院印發的《關於涉外商事審判若干問題的指導意見》為例,該意見第41條規定:當事人如果選擇適用臺灣法律的,在屬於臺灣民商事法律、不違反一個中國原則、不違反中國大陸社會公共利益條件下可以適用,但必須稱為「臺灣某某法」。[37]福建省、江蘇省等涉臺案件較多的省份亦有類似規定。另外,大陸《民法通則》也未禁止對臺灣法律的適用。和平協議簽訂後,基於兩岸原則和功能原則,對於當事人選擇或衝突規範指引的臺灣法律,應予以適用,以解決兩岸民商事法律衝突問題。這裡的衝突規範既包括兩岸域內法中的衝突規範,也應包括兩岸區際法律適用協議。對於前者,大陸學者曾指出,臺灣用於解決兩岸民商事法律適用問題的《臺灣與大陸地區人民關係條例》「開放沒到位、限制不放鬆、缺乏前瞻性」。[38]因此,根據具體情況,將具有跨海峽性但又不適於統一實體性協議或程序性協議調整的事務,透過兩岸區際法律適用協議予以調整,應是兩岸在和平協議框架下的最佳選項。具體包括民事主體的行為能力法、侵權行為法、物權法、合約法、公司法以及部分商事法律等。

(二)兩會協議的制定問題

制定兩會協議,是兩岸達成共識的主要方式。在程序上,兩會協議的制定,應由大陸和臺灣透過和平協議所規定的兩岸協商機制完成。兩會協議的制定主體仍應以海協會和海基會為主,但在需要時,兩會可以透過複委託機制,委託其他組織透過協商制定協議。在透過方式上,兩會協議不同於內國立法中的「多數決」,也不同於歐盟部長理事會的複合決策方式(包括簡單多數決、全體一致決和加權多數決),[39]而只能透過兩岸「高度共識決」的形式透過。「高度共識決」建立在兩岸協商過程中權利義務平等的基礎上。由於海協會和海基會在談判中不具有超出對方的優位地位,所以,兩會協議只能在兩岸高度共識的基礎上形

成,而不可能有「多數決」或其他形式的透過方式。

　　對於兩會協議制定程序的具體制度設計,可以參考歐盟晚近流行之治理模式。[40]臺灣學者蘇宏達認為,「歐洲治理」的提出,特別強調「Eu/EC已經具備傳統國家角色中的某些功能,尤其是規範功能」的假定,所以堅持從制定規範的過程來觀察歐洲整合。為此,蘇宏達認為,治理機制被進一步發展為「多層級治理機制論」(multi-level governance),認為歐洲整合就是同時在多層次上互動並產生規範。[41]大陸學者吳志成認為,歐洲治理可被看成是歐洲聯盟成員國之間,尤其是大國間協議、談判與慣例的產物,它包括多個層次機構或政府的法律規章制度,也涵蓋非政府性機制。後者謀求以它們自己的手段實現其願望和目標。從一定意義上說,歐洲治理既是各個成員國參加國際談判協調的產物,也是個人、壓力集團、政府間組織和非政府間組織形成的混雜聯合的結果。[42]德國學者貝婭特‧科勒—科赫在一篇文章中也提出,由於人們普遍認為歐盟的治理不能由歐盟的機構獨自擔當,而應該包括廣泛的社會行為體的參與,歐盟的治理應建立在協商而非談判以及決策基礎之上。據此,貝婭特‧科勒—科赫對「歐洲治理」進行了更為明確的定位。她認為,在絕大多數情況下,歐盟內部的決策仍然具有以條約為基礎的「共同體方法」的烙印,而治理則更多的是一種補充,尤其新的治理模式,已經擴展到那些「所有成員國不願意讓渡權力,但又希望加強協調的政策領域」。[43]由此可見,「歐洲治理」其實是一種倡導廣泛參與的政治模式,以彌補「共同體方式」在歐洲決策上的能力欠缺和正當性不足,提高政策的可接受性。

　　臺灣學者張亞中也曾經認為「兩岸治理」應成為兩岸關係發展的新模式。[44]張亞中認為,「歐洲治理」或者是「全球治理」都傳達了一個重要的理念,即歐洲或全球事務的治理,不能期待著先擁有類似傳統國家的中央政府,也不可以完全寄望於民族國家。[45]據此,張亞中希望藉由「兩岸治理」的提出,使大陸和臺灣在不需要統一或是「獨立」的條件下,「雙方面的政府就可以開始共同地合作,經由共同的治理,為兩岸人民創造最大的福祉」,「兩岸的人民即可經由共同參與治理,而建構彼此的共同認同」。[46]張亞中認為,「兩岸治

理」的基礎在於大陸和臺灣對「整個中國」（the Whole China）的認同，並以國際社會實現「兩岸三席」、「一中兩國」為目的。張亞中認為其所提出的「兩岸治理」既是以「歐洲治理」為思考的藍圖，又是他長久主張「兩岸統合」的另一種實踐。[47]但若考查張亞中的「兩岸治理」理論，可以發現，張亞中的「兩岸治理」只不過是借用了「歐洲治理」中的「治理」一詞，在實質上則是與「歐洲治理」大相逕庭。「歐洲治理」的理論預設是歐盟已經朝向一個超國家機構發展，[48]而張亞中之「兩岸治理」則認為「兩岸尚未解決『統治』爭議」，而必須長期停留在兩岸間階段。[49]而且張亞中的「兩岸治理」意在倡導兩岸超越統「獨」和「統治權」爭議，在「整個中國」的定位下，開展包括國際層面在內的各個層面的合作，最後透過新功能主義主張的「外溢」，促進兩岸「認同」的建立，進而形成「兩岸共同體」，使兩岸公共政策不因「統治」問題的懸而未決而無法相互接軌，亦可為未來的「統治」創造良好的基礎。[50]因此，在我們看來，張亞中的「兩岸治理」和「歐洲治理」還有著相當的差距，甚至在理論預設上正好相反。

由於大陸透過兩岸協商機制以「高度共識決」的形式達成兩會協議，所以兩會協議不僅體現了大陸和臺灣各自的利益，也在一定程度上體現了大陸和臺灣共同的利益。可以說，雖然兩岸協商機制不具有超兩岸的性質，但其具備同時為兩岸創製規範的功能，為提高兩會協議在兩岸域內的可接受性，亦應在制定兩會協議的過程中，對「歐洲治理」中有益做法加以借鑑。具體而言，主要包括兩項制度的引入。

第一，借鑑「歐洲治理」中的公民參與制度，在兩會協議制定的過程中，建立兩岸民眾參與機制。目前，兩岸透過海協會和海基會的框架進行商談，具有比較濃厚的祕密政治特徵。除了公開簽訂協議的領導人會談以及最後公布的協議文本，普通民眾根本無從知曉兩會協議商談的過程，更無從參與協議的制定過程並表達意願。雖然兩會協議在當前的條件下，符合兩岸民眾的共同利益。但是，這種「符合」只是一種淺層次的「符合」。因為在當前的兩岸關係下，只要兩岸能恢復交流、降低敵意，就能為大多數兩岸民眾所接受。這也就可以解釋為何目前的兩會協議，即便是在沒有公眾參與的情況下，也能獲得兩岸民眾的認同和支

持。但是,隨著兩岸事務的增多和相關協議的細化、深化,兩岸民眾對兩會協議的利益期望也逐漸提高。在此前提下,繼續以「祕密政治」的思維制定兩會協議,將有可能降低兩會協議的可接受性。基於此認識,有必要吸取「歐洲治理」中廣泛參與的特徵,建立兩岸民眾參與機制,使兩岸各利益團體和一般民眾得以透過對兩會協議制定過程的參與,表達各自的利益訴求,從而使兩會協議更能體現兩岸各方面的利益。在具體制度上,可以建立包括定期公布協議立項規劃、公開辯論、協議制定聽證、徵求兩岸民眾意見等。

第二,借鑑「歐洲治理」中的開放式協調法(OMC),實現兩岸間的有效決策和結果趨同。[51]OMC是歐洲治理中的一個新工具,其理念是將所有相關的國家行為體和非國家行為體都納入協調過程,達成共識並相互監督。[52]OMC與傳統治理模式的主要區別是OMC是並不試圖產生具有約束力的法規來實現治理,因此,OMC又有著「軟法」(soft law)治理的特徵。[53]軟法雖然不具有拘束力,但根據歐盟的實踐,可以用作解釋歐盟或成員國透過的其他措施具有說服力的指南,甚至可以對歐盟機構和成員國的形成產生影響。而且當某一個一體化領域處於歐共體權能的邊緣時,軟法可以提供歐盟法從形成到演進的一種過渡形式。[54]OMC及其產生的軟法,有助於實現歐盟的有效決策和結果趨同。OMC工具在實施中的特徵是在不同決策層次上,由公共和私人行為體進行協商,但有效的政策選擇,則由歐盟成員國自行決定,所有相關行為體都參與政策目標和政策工具的確定過程,而沒有指導主體和指導客體之分。[55]立基於對OMC工具特點的認識,OMC工具亦可適用於兩會協議的制定中:其一,兩會協議並不必然體現為具體的規範,也可以是兩岸政策的指導性原則,這些指導原則可以不透過兩會協議作具體規定,而由兩岸分別在統一的政策框架下予以分別落實;其二,將一部分兩岸暫時無法取得全面共識的內容,以軟法的形式提出,供兩岸先行實踐,然後在實踐基礎上進行進一步談判,可以使兩會協議更加具有適應性和針對性。借鑑歐盟有關OMC工具的規定,兩岸間實踐OMC方式的具體步驟為:其一,確定實現政策目標的指導性原則;其二,確定最佳的實踐標準和相應的衡量指標;其三,透過確定具體目標,將共同的指導性原則轉化為兩岸的域內政策;其四,定期的評價和專家評閱。[56]OMC工具的使用,不僅能提高兩會協議的靈活性,而

145

且還能促進兩岸在一些重大政策和制度上的趨同,有助於兩岸共同政策的形成,從而為大陸和臺灣沿著兩岸關係和平發展框架繼續深化共識積累條件。

註釋

[1].條約,若無特別聲明,均指廣義上的條約,即「一個或更多國家和一個或更多國際組織間或國際組織相互間以書面締結並受國際法支配的國際協議,不論其載於一項單獨的文書或兩項或更多有關文件內,也不論其特定的名稱為何」。參見《維也納條約法公約》(1986年)第2條。

[2].參見余敏友,陳衛東:《歐共體圍繞 WTO協議直接效力問題的爭論及其對大陸的啟示(一)》,《法學評論》,2001年第3期。

[3].黃異:《國際法在國內法領域內的效力》,元照出版公司,2006年版,第37頁。

[4].李浩培:《條約法概論》,法律出版社,2003年版,第314頁。

[5].參見梁西主編:《國際法》,武漢大學出版社,2003年版,第16頁。

[6].《江陳會四協議「立院」付委審查》http://www.takungpao.com.hk/news/08/11/21/chenyunlin01-993630.htm,最後訪問日期:2011年4月10日。

[7].參見《國臺辦新聞發布會實錄》,2008年11月6日,資料來源:http://www.gwyb.gov.cn/xwfbh/xwfbho.asp?xwfbh_m_id=103,最後訪問日期:2009年5月8日。

[8].參見《江陳會/四項協議 王金平:行政部門應思考如何處理爭議》,資料來源:http://www.nownews.com/2008/11/17/11490-2366588.htm,最後訪問日期:2011年4月10日。

[9].《海峽兩岸公證書使用查證協議實施辦法》(1993年)第1條。

[10].《大陸居民赴臺灣旅遊管理辦法》(2006年)。

[11].《國務院臺辦公安部海關總署關於印發〈兩會商定會務人員出入境往來

便利辦法〉的通知》（1995年）。

[12].範性文件名稱發文單位、時間落實兩會協議的名稱、時間適用方式《海峽兩岸公證書使用查證協議實施辦法》司法部、1993年《兩岸公證書使用查證協議》直接適用《司法部關於增加寄送公證書副本種類事宜的通知》司法部、1994年《海協關於增加寄送公證書副本種類事函》、1994年納入或併入《兩會商定會務人員出入境往來便利辦法》國臺辦、公安部、海關總署、1995年《兩會商定會務人員出入境往來便利辦法》、1995年納入或併入《大陸居民赴臺灣旅遊管理辦法》國家旅遊局、公安部、國臺辦、2007年《海峽兩岸關於大陸居民赴臺灣旅遊協議》先行制定《關於臺灣海峽兩岸間海上直航實施事項的公告》交通運輸部、2008年《海峽兩岸海運協議》、2008年直接適用《臺灣海峽兩岸直航船舶監督管理暫行辦法》交通運輸部、2008年《海峽兩岸海運協議》、2008年直接適用《關於促進兩岸海上直航政策措施的公告》交通運輸部、2009年《海峽兩岸海運協議》、2008年直接適用《關於公布進一步促進海峽兩岸直航政策措施的公告》交通運輸部、2009年《海峽兩岸海運協議》、2008年直接適用《最高人民法院關於人民法院認可臺灣有關法院民事判決的規定》最高人民法院、1998年《海峽兩岸共同打擊犯罪及司法互助協議》、2009年先行制定《最高人民法院關於人民法院認可臺灣有關法院民事判決的補充規定》最高人民法院、2009年《海峽兩岸共同打擊犯罪及司法互助協議》、2009年先行制定《最高人民法院關於涉臺民事訴訟文書送達的若干規定》最高人民法院、2008年《海峽兩岸共同打擊犯罪及司法互助協議》、2009年先行制定

[13].參見陳建平等84人的「釋憲聲請書」。

[14].臺灣「司法院大法官釋字328號解釋」解釋理由書。

[15].參見《警惕民進黨將兩岸協議扭曲為「兩國條約」》，資料來源：http://news.qq.com/a/20081116/001190.htm，最後訪問日期：2011年4月10日。

[16].臺灣「法務部」：「『海峽兩岸共同打擊犯罪及司法互助協議』不涉及制定及修正法律」，2009年5月5日新聞稿。

[17].周葉中、祝捷：《兩岸治理：一個形成中的結構》，《法學評論》，

2010年第6期,第14頁。

[18].見臺灣《經濟日報》2009年11月17日刊出的社論:《MOU讓兩岸經貿開大門走大路》,資料來源:http://money.eastmoney.com/news/798,2009111818533891.html,最後訪問日期:2011年4月10日。

[19].王堯、吳亞明、杜榕、楠椏:《大幕初起好戲在後》,《人民日報》,2009年11月27日,第16版。

[20].見臺灣《經濟日報》2009年11月17日刊出的社論:《MOU讓兩岸經貿開大門走大路》,資料來源:http://money.eastmoney.com/news/798,2009111818533891.html,最後訪問日期:2011年4月10日。

[21].需要說明的是,《海峽兩岸空運補充協議》中有「聯繫機制」一條,但該條所規定的「聯繫機制」,實際上並非是協議的聯繫機制,而是就兩岸航空運輸的相關事宜進行溝通並交換意見的聯繫機制,因而並非是我們在此所言的聯繫機制。

[22].關於「前理解」對法解釋的影響,參見祝捷:《透過釋憲的權力控制——一種詮釋學的詮釋》,載肖金明主編:《人權保障與權力制約》,山東大學出版社,2007年版。

[23].《關於增加寄送公證書副本種類》中明確說明,對公證書副本種類的增加,是依據《兩岸公證書查證協議》第2條。

[24].參見張惠玲:《歐盟「共同外交暨安全政策」之整合談判過程與臺灣兩岸協商經驗之比較》,臺灣中山大學大陸研究所,2002年博士論文,第149頁。

[25].《海峽兩岸空運補充協議》的前言中明確說明,將常態化包機改為空中定期航班的依據中,包括《海峽兩岸空運協議》第4條。

[26].參見《海協會與海基會商定兩會領導人第三次會談4月26日在南京舉行》,2009年4月18日,http://www.chinanews.com/tw/kong/news/2009/04-18/1652630.shtml,最後訪問日期:2011年4月11日。

[27].《兩岸簽署共同打擊犯罪協議 兩岸法學專家法律專家解讀》，資料來源：http://www.legalinfo.gov.cn/index/content/2009-04/27/content_1083008.htm，最後訪問日期2011年4月11日。

[28].《辜汪共同會談協議》（1993年）第1條。

[29].參見張惠玲：《歐盟「共同外交暨安全政策」之整合談判過程與臺海兩岸協商經驗之比較》，臺灣中山大學大陸研究所，2002年博士論文，第141頁。

[30].參見張惠玲：《歐盟「共同外交暨安全政策」之整合談判過程與臺海兩岸協商經驗之比較》，臺灣中山大學大陸研究所，2002年博士論文，第148頁。

[31].參見《兩會商定會務人員入出境往來便利辦法》（1994年）第2條、第3條。

[32].注意，此處的「牴觸」不同於普通是法律體系中的「牴觸」，後文將詳細說明。

[33].「法規範階層」一詞，來源於凱爾森的「規範等級體系」。參見〔奧〕漢斯·凱爾森著，沈宗靈譯：《法與國家的一般理論》，中國大百科全書出版社，1996年版，第141頁以下。

[34].根據凱爾森的觀點，「法規範階層」的建立，必然導致透過某種審查機制來保證該「法規範階層」。參見〔奧〕漢斯·凱爾森著，沈宗靈譯：《法與國家的一般理論》，中國大百科全書出版社，1996年版，第175頁以下；黃舒芃：《多元民主中的自由保障——Hans Kelsen的多元主義民主觀暨其對議會與憲法法院的證立》，《政大法學評論》，2007年第96期。

[35].參見韓德培主編：《國際私法問題專論》，武漢大學出版社，2004年版，第147頁。

[36].參見王建源：《涉臺民商事案件法律適用的現狀與展望》，《臺灣研究集刊》，2007年第4期。

[37].《廣東省高級人民法院關於印發〈關於涉外商事審判若干問題的指導意

見〉的通知》（2004年）第41條。

[38].裴普：《一國兩制架構下海峽兩岸區際私法構想——兼評臺灣「兩岸人民關係條例」》，《重慶大學學報》（社會科學版），2004年第2期。

[39].參見〔德〕馬迪亞斯·赫蒂根著，張恩民譯：《歐洲法》，法律出版社，2003年版，第96頁以下。

[40].參見〔德〕貝婭特·科勒—科赫、貝特霍爾德·里騰伯格著，陳新譯，金玲校：《歐盟研究中的「治理轉向」》，《歐洲研究》，2007年第5期。

[41].參見蘇宏達：《以「憲政主權建造」概念解釋歐洲統合之發展》，《歐美研究》，2001年第31卷第4期。

[42].參見吳志成：《治理創新——歐洲治理的歷史、理論與實踐》，天津人民出版社，2003年版，第40頁。

[43].〔德〕貝婭特·科勒—科赫著，金玲譯：《對歐盟治理的批判性評價》，《歐洲研究》，2008年第2期。

[44].張亞中：《全球化與兩岸統合》，聯經出版事業股份有限公司，2003年版，第233頁。

[45].張亞中：《全球化與兩岸統合》，聯經出版事業股份有限公司，2003年版，第233頁。

[46].參見張亞中：《全球化與兩岸統合》，聯經出版事業股份有限公司，2003年版，第233頁。

[47].張亞中：《全球化與兩岸統合》，聯經出版事業股份有限公司，2003年版，第234頁。

[48].31卷第4期。參見蘇宏達：《以「憲政主權建造」概念解釋歐洲統合之發展》，《歐美研究》，2001年第

[49].參見張亞中：《全球化與兩岸統合》，聯經出版事業股份有限公司，2003年版，第232頁。

[50].參見張亞中：《全球化與兩岸統合》，聯經出版事業股份有限公司，2003年版，第251頁以下。

[51].參見〔德〕貝婭特·科勒—科赫著，金玲譯：《對歐盟治理的批判性評價》，《歐洲研究》2008年第2期。

[52].參見〔德〕貝婭特·科勒—科赫著，金玲譯：《對歐盟治理的批判性評價》，《歐洲研究》，2008年第2期。

[53].參見〔德〕貝婭特·科勒—科赫著，金玲譯：《對歐盟治理的批判性評價》，《歐洲研究》，2008年第2期；關於歐盟的「軟法」治理，參見曾令良：《歐洲聯盟法總論———以〈歐洲憲法條約〉為新視角》，武漢大學出版社，2007年版，第153頁以下；關於「軟法」的形成及其概念，參見翟小波：《「軟法」及其概念之證成———以公共治理為背景》，《法律科學》，2007年第2期。

[54].參見曾令良：《歐洲聯盟法總論———以〈歐洲憲法條約〉為新視角》，武漢大學出版社，2007年版，第155頁至第156頁。

[55].參見〔德〕貝婭特·科勒—科赫、貝特霍爾德·里騰伯格著，陳新譯，金玲校：《歐盟研究中的「治理轉向」》，《歐洲研究》，2007年第5期。

[56].參見〔德〕貝婭特·科勒—科赫著，金玲譯：《對歐盟治理的批判性評價》，《歐洲研究》，2008年第2期。

第六章 構建兩岸關係和平發展框架的行政機關合作機制

2010年《海峽兩岸經濟合作框架協議》的簽署，標誌著兩岸經貿合作法治化取得階段性成果，同時也完善和充實了兩岸關係和平發展框架體系的建立。在海峽兩岸經貿合作日益頻繁並逐步推進法制化、規範化、程序化的同時，兩岸還在文化、教育、宗教、體育、社會治理、司法合作等領域展開進一步的交流和合作，並在這些領域取得了一定的階段性成果，簽訂了一些合作協議和框架協議。然而，與活絡的經貿交往及其他社會交往相比，兩岸之間的公權力機關幾乎沒有直接的接觸，甚至在某種程度上處於敵對狀態。這種現象的形式根源是臺灣公權力機關的地位問題，實質根源是臺灣政治地位和憲法事實的確認問題。而爭論的關鍵在於，是否承認「一個中國」的憲法及政治原則問題。行政是政治的延伸，從這個意義上，建立兩岸關係和平發展行政機關合作機制，既是對「法理臺獨」行徑的打擊，對一個中國原則的確認，也充實和完善了兩岸關係和平發展框架部門法體系的建立，推動了兩岸關係的良性交往和有效溝通，因而是事關兩岸人民福祉和切身利益的重大問題。因此，以行政機關為核心的公權力機關合作機制的建立，不僅有著現實的利益刺激，也發揮著政治導向和法治建構作用，是目前我們急需關注和亟待解決的重要問題。本章將在指明兩岸行政機關合作機制建立的重要意義基礎上，分析兩岸行政機關合作機制建立的困境，並提出解決問題的對策建議。

一、構建兩岸行政機關合作機制之重要意義

兩岸行政機關合作機制，是指大陸和臺灣在公權力行政方面開展的包括主體、內容、模式以及方式等的相互交流、彼此合作的活動的總稱。行政機關是兩岸公權力機關的重要組成部分，行政機關的性質體現了兩岸公權力的內在政治屬性，公權力的實施反映了兩岸行政管理水平和公共服務能力。兩岸行政機關合作機制的建立，就是要尋求在堅持「一個國家」的憲法和政治原則下，透過功能分配、治理轉型和模式構建，達成在存在政治爭議的現實情況下，充分發揮兩岸行政機關在社會管理和服務方面的功能，為兩岸經貿往來、社會交流提供行政法規範和行政法律保障；同時，圍繞兩岸人民的切身利益，漸進有序地建構行政合作的主體關係、實施內容和發展途徑，最終形成可供理論研討和具體實踐的兩岸關係和平發展框架的行政機關合作機制。從這個角度出發，建立兩岸關係和平發展框架的行政機關合作機制的重要意義主要有以下幾方面：

首先，這是維護和促進兩岸人民利益福祉的客觀要求。兩岸人民利益福祉的核心是統一與和平，主要內容包括政治、經濟、文化、教育等在內的全方位的利益和權利。它們的實現既需要兩岸在遵循堅持原則、圍繞核心、分層建構的同時，國家公權力機關的有效介入和依法執行。因此，「一個國家」是兩岸經濟、政治、文化和社會往來的基本原則，而辜汪會談建立的海協會、海基會對話溝通機制則是目前兩岸交往合作的主要平臺。隨著國民黨政權在臺灣的執政，兩岸在經濟、文化、社會等領域簽訂了一系列的合作框架和經濟協議。兩岸人員往來日益頻繁、經貿聯繫日益活絡、文化教育日益豐富等階段性成果的取得，使兩岸之間的利益聯繫更加緊密，兩岸和平發展惠及的領域和民眾日益擴大。為了保障這些利益的實現，要求兩岸行政機關社會管理職能和公共服務職能的充分發揮就顯得更為突出。由於當前兩岸行政機關在法系、基本法治理念、法制體系、法律實施和執行等方面存在較大差異，必然會給兩岸進一步加強各項交往合作、保障人民利益帶來制度性阻礙。在這樣的情況下，兩岸之間加強公權力機關，尤其是行政機關的交流和合作，建立兩岸和平發展框架的行政機關合作機制就更為迫切。

其次，這是促進兩岸法治交流協作、逐步建構兩岸和平發展框架法律機制的必然選擇。當前，兩岸民間學術團體、教育機構、非政府組織等之間進行的交流活動，在一定程度上促進了兩岸行政公權力之間的瞭解，但隨著兩岸經濟、社

會、文化等各領域合作的深化,這種民間的非政府形式的交流,顯然已經不能有效保障各項利益的落實,因而需要建構包括行政機關合作機制在內的兩岸和平發展框架部門法機制。其必然性有三個方面:1.從政治層面看,兩岸之間的公權力機關並無任何直接接觸,甚至在某種程度上處於敵對狀態,[1]這無疑不利於兩岸和平發展的推進,也不利於兩岸和平發展法律機制的建立。2.從憲政理念和實踐看,當前兩岸爭議的關鍵是「一中」問題,即是否承認對「一個中國」的憲法確認。由於在某種意義上,行政法就是運行中的憲法,憲政建構是包括行政法治建設和實施在內的整體建構,因此,兩岸建立行政機關的直接交流和合作機制,有助於瓦解臺灣「法理臺獨」和政治分裂的陰謀,促進兩岸憲政層面法治溝通平臺的完善。3.兩岸行政機關合作機制是兩岸關係和平發展部門法機制的重要組成部分。該機制是將原則性的一個中國原則轉化為具體化的一個中國原則,建立以《反分裂國家法》為核心、兩岸關係和平發展的部門法機制的必然要求。

最後,這是兩岸行政機關合作的現實需要。其原因主要有三:1.兩岸行政機關的社會管理性質決定了行政機關對社會進行管理、提供社會公共服務是其最基本的行政職能。行政職能的實施狀態和服務能力,不僅事關兩岸地方治理的政治統治利益,更事關兩岸地方人民的切身經濟和社會利益。目前臺灣投資者在大陸的經貿、學術、教育、文化等協商合作十分頻繁,這就客觀要求兩岸行政機關在行政法規範和行政法律實施保障方面,進行更深入的溝通和協調,以降低區域制度差異帶來的成本費用,保障平等的投資權益,優化投資貿易的環境。同時,陸資入臺順應了臺灣經貿發展的現實需要,但陸資也需要臺灣的行政機關提供相應的行政法律和制度保障,以創造平等優良的投資環境,保障陸資的切身利益。2.目前兩岸政經交往主要是透過海協會、海基會這兩個機構聯繫,除一些經貿事項可以事先規劃安排外,很多非經濟性事務不能做到事前警示、事中保障、事後監督,從而造成權益交流的溝通不暢,權利保障的不足,這必然會最終影響兩岸的其他各項合作。總之,兩岸公權力機關合作機制的缺乏,極其不利於構建規範、全面、及時深入的制度化溝通渠道。3.從系統和整體發展的角度看,經貿往來、社會協作、司法合作等領域的深入發展和制度建構,也需要加強包括行政機關在內的公權力機關的合作,從而建立系統、整體、協調的部門法實施機制。可以

說，兩岸的社會治理和經貿發展，只有發揮公權力機構對公共行政和政策法律的支持，才能更好地為經貿交往和社會交流等提供高質量的公共服務和制度保障。

二、構建兩岸行政機關合作機制之困境

兩岸關係和平發展已經、正在、即將遭遇諸多法律障礙，而「臺獨」分子的分裂活動是導致這些法律障礙的總根源。[2]在兩岸活絡的經貿、文化、社會交往的同時，構建兩岸行政機關合作機制的任務更加艱巨、意義更為突出。兩岸和平發展問題事關中華民族統一的核心利益，牽扯多方主體，涉及內外因素，基於歷史和現實的考量，建立兩岸行政機關合作機制的主要困境有以下幾方面：

從政治實踐層面看，「臺獨」分子始終是兩岸和平統一最大的阻礙因素。1990年代初以來，臺灣結束「兩蔣」統治後逐步開始民主化進程。以民進黨為主的「臺獨」分子利用臺灣的本土化和政治民主化，在輿論宣傳、政治實踐和法治構建中，不斷拋出「臺獨」言論，在臺灣的憲政實踐中，不斷製造分裂的狀況。從行政機關的運作看，由於臺灣領導人和省市行政機構負責人實行直接選舉制度，使某些「臺獨」分子透過輿論的蠱惑，操控而執掌臺灣的公權力機構，尤其是行政機構。為了能呼應相關選民的利益訴求，這些「臺獨」分子在掌握行政機關後，既不願意主動與大陸的相關行政機關進行溝通和交流，也不願承擔因為公權力涉入而帶來的政治風險。在臺灣經濟發展較好的時期，這種交流的慾望便沒有內在的利益驅動力和外在的社會壓力。即使在臺灣對大陸經貿依賴日益嚴重的當前，基於島內政治生態和政黨鬥爭的需要，臺灣的某些縣市行政負責人也不願和大陸進行直接交流，更談不上有效的行政溝通與協作。比如2011年高雄市長陳菊拒絕會見攜經貿團體來臺訪問的陳雲林，等等。而國民黨陣營方面，由於行政機關公權力的政治屬性和潛在的政治風險，也不願意過早或主動涉及如此敏感和複雜的政治問題。總之，當前臺灣島內的政治現實和政黨鬥爭，尚未能有力地促進兩岸行政機關之間的交往合作。

從國際政治關係層面看，美日利用臺灣問題牽制中國，維護並擴大本國在亞太地區和全球的戰略利益，是阻礙兩岸包括行政機關交流等合作機制建立的國際因素。行政合作的背後是政治地位和憲法認同的問題。擱置兩岸行政機關交流合作，有助於美日對臺灣的控制以及透過打臺灣牌對大陸進行牽制。美日對臺的關係和態度是隨著國際政治和利益格局的變化而變化的，其大致經歷了三個階段，而貫穿其中的是美日等國的國家利益擴張和全球戰略布局。第一階段是新中國成立到1969年，美日等國不承認大陸在國際法上作為獨立主權國家的地位，在國際層面扶植蔣介石臺灣政權，強化大陸臺灣之間的對立關係；第二階段是1969年至1979年，是中美關係逐步解凍和實現關係正常化的階段。美國承認臺灣是中國的一部分，中華人民共和國是唯一的合法政府。在大陸和臺灣兩岸關係上，秉持「臺灣不獨、大陸不武」的外交方針；第三階段是1979年至今，這個時期美國以本國利益為對臺關係的核心。隨著中美兩國經貿往來和相互依存度的加深，主張「制臺、阻臺」、「促談不促統」的方針，即只談事務性議題不談政治性議題，既反對臺灣單方面「獨立」，又申言樂見兩岸加強各個層面的溝通合作，但不主動促進兩岸統一進程。實際上，美日等國為了保持在臺灣和遠東地區的利益與均勢，一直在不斷呼應臺灣島內的「獨立」訴求。1996年美日簽署《美日安保共同宣言》，並於1997年修改《美日防衛合作指針》，就暗含將兩岸關係問題國際化的政治陰謀。在這樣的地區和國際背景下，兩岸關係和平統一的變數增多，兩岸公權力機關之間的交往合作壓力增大。

從憲政實施層面看，作為「兩個事實上的政治實體」，兩岸在法治的基本理念、法律體系和憲政實踐方面存在諸多差異，它們是兩岸行政機關合作機制建立的制度性阻礙因素。這主要體現在如下幾方面：其一，作為公權力機關的行政機關在行政立法、行政法制度，行政實施和憲政監督方面存在的抽象和具體的制度性差異，不利於兩岸行政機關部門法合作機制的建構。以兩岸海域行政執法言，臺灣採取集中執法體制，大陸採取分散執法體制。由於大陸和臺灣實行完全不同的海域執法體制，缺乏對口海域執法部門，因而成為阻礙構建兩岸海域執法合作模式的困境之一。[3]其二，兩岸目前對政治問題的處理方式是政治問題「議題化」的「階段性」解決方式，這是一種漸進性的制度變遷方式。所謂議題的「去

政治化」策略,即刻意迴避政治實體、政府、國家等政治概念,而選擇大陸和臺灣都能接受的較為中性的概念,使雙方尤其是臺灣方面,能在沒有過多政治壓力的前提下,與大陸加強溝通、交流和協商。在這一思路的導引下,兩岸在經濟、文化等領域簽訂一批合作協議和合作框架,並逐步向制度化方向邁進。從新制度主義的角度看,這是需求誘致性和漸進性的制度創新方式,既考慮到兩岸歷史和現狀的客觀現實,又能在保持兩岸和平穩定的基礎上促進兩岸合作的制度內生。然而,這種方式的缺點是制度創新的時間成本很高、制度變遷強度不夠,成本隨著時間的推進而提高。此外,這種剝離政治意識的議題化方式,未必能培育兩岸人民的政治和民族認同,從而造成只談利益不講主義的問題。因此,兩岸關係「不統不獨」成為一種折中的實用主義做法。在這個意義上,兩岸公權力機關合作機制的建立十分有價值和意義,但又並非特別迫切。其三,由於兩岸行政機關之間沒有直接的溝通和協作,因而在憲政實踐中不能累積經驗和互信,使兩岸行政機關合作機制的建構缺乏經驗基礎。而現實經驗的缺乏無疑會給理論的探討和實踐的建構帶來實證研究的不足,從而不利於兩岸行政機關合作機制的建構。

綜上可見,兩岸行政機關合作機制的建構存在諸多不利因素。然而,兩岸求真務實、循序漸進的合作方式是目前兩岸和平發展,維持並擴大兩岸人民福祉的合適選擇,而作為公權力機關的行政機關,建構和完善兩岸和平發展框架的部門法合作機制,並使其制度化、規範化,不僅有現實的經濟和社會利益,更有深層的政治意義。因此,如何在保持兩岸和平發展的基礎上,促進和加強兩岸行政機關之間的直接接觸和聯繫,建立兩岸行政機關的合作機制具有突出的現實意義。

三、兩岸行政機關合作機制的理論基礎

如前所述,阻礙兩岸行政機關合作機制建立的形式根源是臺灣公權力機關的地位問題,實質根源是臺灣政治地位和憲法事實的確認問題。其爭論的關鍵在於,是否承認一個中國原則的問題。兩岸行政機關合作機制不僅關涉兩岸關係和

平發展框架部門法機制的建立完善,也事關兩岸和平統一以及兩岸人民的切實利益。本節主要透過探討行政公共性下政治與行政的有限分離,剝離出行政公共性的重要屬性,從而為政治與行政的功能區分提供基礎理論支撐;同時基於新區域主義的治理視角,為兩岸行政機關採取行政協議的方式促進合作,提供新的理論和制度途徑。

行政機關是行使公權力的主要機關,作為公權力意志表達的行政,必然隱含著深刻的政治因素。故而,構建兩岸行政機關合作機制的突破點,就是理清政治和行政的關係,探討揭示行政的公共屬性。為此,本節主要包括三個維度,即行政與政治的相對分離,公共行政的治理解讀,以及區域主義治理的建構模式。三個維度堅持從基礎理論、治理轉型到制度構建,遵循從抽象到具體,宏觀、中觀到微觀,理論到實際的分析範式。

(一)行政與政治的相對分離——基於行政公共性的理論初探

行政的公共性是行政最重要的本質屬性,公共性不僅是行政區別於其他行政的主要特徵,也揭示了行政的內在本質和關鍵核心。行政的公共性隨著社會治理的思維模式、行政法學和公共行政的發展而呈現不同的表現形態。公共行政性的發展是形式上的公共性與實質上的公共性,公共領域合理性和社會管理合法性的統一。因此,行政的公共性使行政成為有別於政治的一種執行、管理和回應社會需求的綜合價值體系及職能方式。正是由於行政公共性的內在價值和規範維度,使行政與政治的內在張力和對立有了融合的可能和必要,成為融合政治行政的價值理性和工具理性的重要連接點,並促成了構建兩岸行政合作機制的行政協議成為可能的突破口。其體現主要有如下幾方面:

從行政公共性的發展看,行政公共性是一個歷史發展的範疇,它強調在歷史發展的特定時期,行政工具理性和價值理性、形式效率與實質公平相統一,這使行政與政治的分離成為可能和必然。在任何社會形態中,從階級分析的角度看,都存在兩種基本的行政屬性,即行政的階級屬性和社會屬性,用馬克思的話就是,政府主要有兩類職能:政治統治職能和社會管理職能。其關係是「政治統治到處都是以執行某種社會職能為基礎,而且政治統治只有在它執行了它的這種社

會職能時才能持續下去。」[4]因此,政治統治職能是政府職能的核心,政府的社會管理職能是政府存在的基礎和前提。但是,隨著法治國的建立和發展,尤其是近現代行政國的完善,在公共領域,行政作為一種組織管理活動,即「行政是國家的組織活動」[5]的社會屬性和公共性更加突出。雖然行政的公共性並不否認行政的階級性,但它更加強調形式上的公共行政與實質上的公共行政,行政的工具理性和價值理性的統一,這是順應時代發展的一種新的社會治理思維的產物。從行政公共性發展史考查,公共行政最早由美國學者威爾遜提出,即「政治與行政的二元化」,後又由古德諾等完善發展。「政治與行政的二分」存在於美國特殊的政治實踐中,是在美國政府的「政黨分肥」和官僚機構行政效率低下的情況下提出的,它要求行政的「價值中立」和工具性。而隨著20世紀中後期,社會管理形態和經濟發展模式的轉變,公共行政逐漸向「公共」的價值本位轉移。它要求在提高行政管理效率等工具性價值的基礎上,行政要回應社會的民主要求,促進社會公平公正等價值的實現,行政本身不再是階級統治和暴力壓迫的工具,而應該在法治國背景下,更好地實現社會治理和行政服務職能。這樣,行政不再以服務階級統治和黨派政治為宗旨,而應該首先積極考慮「政府能夠適當的和成功地進行什麼工作,其次,政府怎樣才能以儘可能高的效率和儘可能低的成本完成這些適當的工作。」[6]從歷史和邏輯相統一的角度看,最終形成了「政治與行政一體化—政治與行政分離—政治與行政合一—政治與行政分立—政治與行政融合」的發展路徑,使得行政的公共性體現了「行政公共性迷失—行政公共性獲得—行政公共性衰降—行政公共性張揚」的變遷軌跡。[7]因此,行政公共性成為法治國和社會文明發展的重要部分,彰顯了「以人為本」和維護人的尊嚴,促進了社會公平正義的核心價值。

從行政的內涵看,行政公共性是行政本質的重要屬性。公共性使公行政與其他行政相區別,是公共服務倫理價值的重要體現。對行政公共性的研究首先體現在行政概念的內外維度上。透過對行政概念的揭示,可以深化對行政公共性的理解。「行政」一詞,英文為administration,源自拉丁文administratre,通常被譯為管理、經營、支配、(法律的)實施、施行等意義。[8]德文中的「行政」為Verwaltung,就其字面而言,皆有經營、管理及執行的意思。馬克思認為,「行

政是國家的組織活動」[9]，它揭示了行政的一個重要特徵，即行政是一種組織管理活動。而作為公權力行使的主體，國家行政機關行政的基本特徵在於執行和管理。[10]從性質上言，兩岸行政機關合作機制建構的行政屬於公行政，即體現公權力行使的行政，它不同於私行政。在公行政領域，「行政」一詞既系專指國家或政府之行為，則對「行政」意義之界定必須置於憲法架構之下。[11]此外，行政法學界還有「國家意志執行說」、「除外說」、「國家事務管理說」等從行政的目的、法律關係、運行形態等多方面多角度揭示行政的本質。上述各說，或者側重行政與其他國家權力的區別、或者強調行政的管理職能、或者突出行政在憲政體制中的地位，但無論如何，林林總總的上述觀點，都在指明行政的管理職能的同時，涉及行政的公共屬性，即行政並不是為了純粹私人的利益。因此有學者也認為，行政的本質特徵之一就是追求公共利益的國家作用，並且行政的運作應注重配合及溝通。[12]因此，行政是一種對公共利益的集合、維護分配的活動。[13]它體現並突出了行政的核心，即公共服務的目的，即行政本身既應該體現管理或治理社會的工具理性，同時也應該包含公正公平等倫理價值理性。在法治國，行政的判斷除了參考行政的形式標準外，還要以行政的實質標準為依據，即某項活動是否體現公共性，是否具有行政權的執行和管理性質。它為行政與政治的統合及相對分離，建立兩岸行政機關合作機制提供了新的理論區分和探討視角。

從行政職能的功能看，行政公共性要求行政區別於政治，實現國家和社會的公共服務職能。根據政治參與的程度和行政管理事務的特質，可以把行政事務分為三類，即純粹技術性的行政管理事務、參與政治決策的公共服務事務，以及由政治決斷的行政統治事務。這三類行政事務客觀上要求實行不同的行政職能。這是行政公共性的現實需要和必然要求。具體而言，主要有兩個方面：一方面，在法治國家中，依法行政要滿足不同階層和利益群體對公共服務的需要，行政公共性要求實現整體、和諧、包容的社會管理秩序，行政事務的管理中既要保證行政效率，更要突出行政的民主公平，促進社會和諧發展的內在價值實現。因此，社會實踐中基於行政事務的不同屬性，要求除法定或政治性行政事務外，需要在中低度政治涉入的行政管理領域，體現行政的社會管理和公共服務屬性。正如有學

者言，行政中很大一部分是與政治無聯繫的，所以，即使不能全部，也應該在很大程度上把它從政治團體的控制下解放出來。[14]這樣，實踐中突出行政的社會屬性、提高行政的公共服務能力將成為可能。理論上，基於行政與政治的分合發展，行政公共性的本質屬性就更為明確，也促進了當今新公共管理學、新公共服務學等理論的發展。另一方面，行政職能的行使，使行政的社會服務功能得以「外溢」，最終促成行政功能向政治統一的轉移，實現行政公共性的工具理性和價值理性的有機統一。「外溢」是新功能主義的核心概念，主要是對功能主義中情感和忠誠的「擴展性」轉移的發展，新功能主義將外溢同機構的發展及權力的擴展性聯繫在一起。根據新功能主義外溢的理論，外溢包括功能性外溢、技術性外溢和政治性外溢。[15]功能性外溢，是指與某個特定目標相聯繫的行為會造成一種形勢，只有在相近的政策領域採取進一步行動，才能實現最初的目標。技術性外溢，是指各種標準的不同，將引導不同國家上升或下降到具有最嚴格或最鬆弛規則的國家層次上；而政治性外溢，則指一旦不同的功能部門實現一體化，這些新形成的利益集團將會促進政治在區域層面而非國家層面上進行。[16]就行政功能的外溢而言，就是基於行政公共性的本質屬性，在不同地域不同權力部門，基於各自社會管理和公共服務的決策需要和技術標準實施；在功能整合的過程中，依據合作事務的內在性質，逐步從純粹技術性的行政管理事務向參與政治決策的公共服務事務，直至最終擴展到由政治決斷的行政統治事務，實現從行政部門的社會管理職能向政治統治職能，行政管理部門向政治決斷部門的外溢轉化。這個外溢將行政職能的功能行使，置於能動的反應地位。它不僅能根據實際發展的需要，聚合各方利益，進行功能調整，也能不失時機地促成功能的部分或全部的外溢和轉換，使從行政到政治成為可能。因此，行政功能的外溢，建立在行政政治分離的基礎上，但透過外溢轉換又促成行政政治的融合，最終達成政治外溢。就這個意義而言，行政政治的分離是促成行政功能外溢的前提，而政治外溢則是行政政治達成的結果。

（二）行政與政治的相對分離——基於公共行政的治理解讀

從兩岸治理的角度看，行政與政治的相對分離不僅是實現行政公共性的客觀要求，也是兩岸治理轉型的時代需求。兩岸治理作為一個形成中的概念，對兩岸

和平發展及其合作框架的建立具有思維轉向、價值導向和規範建構的作用。兩岸行政機關合作機制的建構，關鍵和突破口就是兩岸治理思維和治理模式的轉型。即兩岸行政機關合作機制需要建立在兩岸合作治理的基礎上，發揮治理的理論洞穿力和現實建構力，不斷調整、回應和規制兩岸行政機關合作發展中的複雜性、動態性和多樣性問題。行政公共性是公共行政和治理轉型的重要結合點，治理轉型在實現社會不可治理的同時，必須體現、完善及發展行政的公共性，從而實現兩者的有效融合。

治理是公私機構管理其共同事務諸多方式的總和。它是使相互衝突的或不同的利益得以調和並且採取聯合行動的持續過程。它既包括迫使人們服從的正式制度和規則，也包括人們和機構同意的或以為符合其利益的各種非正式的制度安排。[17]因而，從行政公共性的角度理解，治理理論有三個基本特點：其一是治理概念和模式的包容性，包括治理主體的多中心化，治理工具的多樣化。它要求治理主體包括但不限於國家和社會的正式制度，治理過程中打破市民社會、市場經濟和政治國家的意識區分，從更廣泛的層面，採取更靈活多樣的手段，完成社會公共性的建構。其二是治理過程更多地強調社會目標的共同完成，減少政治意識形態和傳統社會管理的層級控制。為此，行政機關在執行國家政策、提供社會公共產品和公共服務的時候，在不否認行政的階級屬性和政治影響的基礎上，更要關注效率和公平的實現，從而促成最大限度的公共社會福利的實現。最後，治理主體中的公權力行使需要兼顧行政工具理性和價值理性的統一，治理思維的轉型和新治理模式的構建，以實現治理的目標。總之，對於兩岸行政機關的合作，治理理論意味著地方政府含義的一種變化，意味著統治的一個新過程，意味著既定規則一種變化了的情形，或者是意味著管理社會的一種新方法。[18]

治理理論對行政公共性的主要貢獻是突破了傳統政治行政二分的爭議，促進了治理模式下兩者的有效融合，以及公共行政的治理轉型。這種轉變，體現了行政政治相對分離的幾個方面：首先，政治與行政的分離是相對的，不是絕對的。實際政治的需要，使政治功能與行政功能分離的想法不可能實現。[19]可以說，行政政治之間是分離不是脫離，並不存在脫離政治的行政，也不存在沒有行政的政治。這種相互獨立又統一的關係，是公共行政治理轉型的首要理論基點。它保

障了行政與政治各自的價值構造和制度設計,是兩岸行政機關合作的一個治理原點。其次,治理思維要求突出公共行政的包容性、動態性和多樣性,促進行政功能的治理思維轉型和制度成長。傳統功能主義對行政功能的建構,更強調有效服務的傳統價值。而為了實現這種價值,功能主義對政治和行政做了初步的理論劃分,即需要在政治和公共行政部門之間有一個明確的區分。[20]而治理理論下的行政合作則認為,不要過於強調行政政治的對立,相反,基於社會治理的需要,更需要突出行政政治的統一性,藉助多層次多形式的行政功能,實現行政效率與價值的統一,最終促成社會不可治理性的解決。再次,治理議題或問題的複雜性、多樣性和動態性,要求治理能夠很好地促進傳統社會管控與治理新思維模式之間的銜接,創造性地解決議題不可治理性的問題。就兩岸行政機關合作機制的建構而言,其主要障礙在於如何對待臺灣的「憲法」法律和政治地位,即如何解決行政的政治性成為兩岸行政機關治理合作的關鍵,而治理理論不論是實體突破式的建構,還是變「主體」為「結構」的形成式治理,[21]都要求解決兩岸行政機關合作的政治敏感性和多種複雜變量的消極影響,探討化解目前兩岸政治性議題不可治理性的問題。即行政機關治理合作可以規避兩岸之間的政治分歧,擱置暫時的主權爭議,從實體構建上發展新的治理模式,在程序上也能透過兩岸商談的模式「階段化」、「議題化」地實現兩岸行政合作的動態平衡。最後,從公共行政治理的範式看,兩岸治理下的行政合作本身就是一種治理合作的創新,在動態的互動中,實現了行政工具價值與理性價值的統一。自從美國學者威爾遜、古德諾等人提出「行政政治二分」的公共行政範式後,圍繞行政工具理性和價值理性的爭議就未曾停止,而在近現代民主國家出現大量複雜、多樣的不可治理性問題後,新的公共行政範式力圖挖掘治理理論的解釋力,促成行政工具理性與價值理性的調和與統一。基於公共行政治理範式下的新公共行政學,提出行政實踐活動都包含著「決策制定過程」和「決策執行過程」,兩者同時滲透並貫穿於整個組織管理活動之中。所以,行政不是消極、技術性的被動執行,而是包括積極的、政治性的主動決策方面的內容,[22]為此,在行政政治相對分離基礎上實現了動態的協調和統一。行政合作的過程本身,就是透過公共行政中各項政策和措施的達成,階段性地促成政治合作的目的,這兩者都統一在兩岸行政合作的過程

中。

　　從公共行政的治理角度看，兩岸治理理論為兩岸行政機關的合作提供了如下論點：第一，理清了行政與政治的關係問題。即行政與政治並不是完全對立、非此即彼不能統一的關係。相反，行政與政治是相對分離、有限獨立及動態統一的。對於法治社會的公共行政而言，只強調行政的政治屬性，而否認行政合作的可能性和必要性，在理論和實踐上都是不可取的。第二，巧妙地避免了兩岸行政機關直接進行政治接觸的敏感性，化解了兩岸，尤其是臺灣方面對行政合作的「合法性」憂慮。當前兩岸「事務性議題」「階段化」的方式，畢竟存在相當模糊的地方，對「政治性議題」的迴避或沉默本身就是一種態度。相反，從治理的角度，在兩岸治理創新的視角下探討行政機關的合作，就可能獲得臺灣的更多認同和支持，從而為兩岸行政機關合作機制的建立創造可能的空間。第三，治理理論為兩岸行政機關合作提供了更多的解決思路。比如，為避免事務性議題與政治性議題的對立，緩解事務性議題對政治問題權力屬性的分散，在保持對事務性議題容納的基礎上，促成事務性議題向政治性議題的轉化。[23]對此，可利用新區域主義的治理理論，透過兩岸行政協議的方式，實現兩岸行政機關合作機制的建立。新區域主義治理是治理轉型的一個重要發展。它強調不同區域間，主要是包括行政機關在內的政策相關方，透過建立一種穩定的網絡關係，實現策略性的合作機制，實現不同區域在不同層次和水平上的網絡分工協作，實現治理中公共利益最大化和公共服務最優化的目標。兩岸行政協議的內在特點和實施方式，能最大限度地釋放新區域主義治理的理論指導力和實踐建設力。

　　（三）新區域主義治理的建構——從微觀制度層面剖析行政協議的理論基礎

　　從行政公共性的角度可見，行政與政治存在相對分離，而治理範式下的公共行政，又給行政與政治分離提供了較好的理論切割與制度區分。基於行政與政治相對分離的辯證統一關係，從微觀的制度層面構建新區域主義治理下的行政協議制度，可能是目前兩岸行政機關合作機制建立的制度突破口。

　　新區域主義治理的基本觀點是在行政區域地方主體，主要是行政機關之間，建立一種跨區域治理的策略性合作夥伴關係。這種關係建立的目的，是實現不同

區域內外不同層次和不同水平的網絡格局下的分工協作，實現公共利益的最大和公共產品與服務的最優。其基本特點是：第一，治理主體的平等性。即區域間治理主體，尤其是主導的行政機關之間的合作是平等的。這種平等關係建立在夥伴合作與協商機制之下，任何一方主體都沒有直接命令和指揮對方的權力，任何一方的得利也必須建立在正和博奕的基礎上。第二，交往過程的協商性與談判的妥協性。對於新區域之間的跨域合作必須透過民主協商的方式，漸進地推進，透過雙方的共識重疊，實現內外壓力下的共同整合，從而推動整個交往過程的前行。第三，治理內容的豐富性。在參與主體多元，利益表達多樣的前提下，新區域治理的內容十分豐富，涵蓋政治、經濟、教育、文化、環境等社會政治生活和經濟運行的主要部分，涉及民主、人權、法治、市場、人文、價值、信仰等多領域的公共事務。最後，治理形式的多樣性。新區域治理為了實現差異區域間的良性治理，促成最優公共利益達成和公共服務供應，需要在不同層次和不同水平上採取靈活多樣的治理手段。就行政機關之間的行政協議而言，在行政主體合作的科層等級、合作項目的具體實施、事務的監督執行等方面，都不要求嚴格依照對應對等的方式，只需要在協議事務的總體方向和整體運行中保持有效的訊息交換、能動的反應協作、完整的功能整合，採取制度內與制度外、強制與自願、命令與契約等多種方式，共同促成任務的完成。這樣，行政主體是主導的作用，但絕不是唯一，在一些情況下，更談不上是必要和重要的。這種權力的上下流動和網絡化多點互動的形式，使區域治理更為有效、包容，更具擴展性。

目前，從法律的角度看，兩岸和平發展框架行政機關合作機制建立的首要阻礙因素是行政的政治屬性，即行政的政治性。對於臺灣的行政機關而言，行政合作就意味著在某種程度上對大陸公權力的認可，更為緊要的是，行政合作本身凸顯了臺灣公權力對自身「憲法」功能和政治地位認識不清、解釋不足的尷尬地位，從而進一步影響臺灣的政治版圖和「憲政」法律秩序。實踐中，「臺獨」勢力也試圖從行政的政治屬性中，尋求「法理臺獨」和政治分裂的制度支持。此外，兩岸之間的合作主要是透過「議題化」的方式「階段性」地解決，存在事務合作中對政治的刻意模糊和迴避，顯然也不利於兩岸行政機關合作機制的建立。所以，兩岸行政機關合作機制的建立，必須在理論上適度切割行政與政治的關

係,在實踐中能動回應政治的內在需求,實現行政政治功能上的靈活轉化和整合。因此,建立兩岸行政機關合作機制的關鍵,就是要在宏觀上緩解政治與行政的內在張力,中觀上轉變社會治理思維,微觀上務實地透過平等協商的制度渠道,促進兩岸行政機關之間的合作,透過不斷的實驗、反饋、調整、整合促成有效治理機制的形成。基於這種認識,我們認為,兩岸行政機關合作,可以透過建立行政協議的方式,建立制度化、規範化、長效化的合作平臺。

四、兩岸行政機關合作機制的建構:基於行政協議的角度

基於兩岸行政機關合作機制建構的基礎理論和實踐經驗,行政協議是加強兩岸行政機關交流合作,促進兩岸行政事務處理,化解行政性糾紛的重要手段。從行政法學的角度看,行政協議是指以行政機關為主體的公權力機關,基於一定的法律和現實基礎,在平等互利相互協商的前提下,透過協議的方式,將雙方之間的行政管理事務及其權利規範化、制度化,實現行政事務和行政權力的有效運行和監督保障。

(一)兩岸行政協議的內涵及特點

兩岸行政協議主要是指兩岸作為公權力機關的政府等,為了實現行政管理和社會治理的公共職能,透過簽訂協議的方式,在平等尊重協商一致的前提下,將行政管理和治理事務制度化、規範化,從而促進兩岸行政機關溝通協作機制的建立,實現行政事務和行政權力的有效運行和監督保障。兩岸行政協議最突出的特點有二:

其一,兩岸行政協議的簽訂主體地位平等,適用「協商─遵守」的權利模式。協議主體地位平等是兩岸行政機關合作的前提,即任何一方不得享有超越或多於對方的權利,不得享有對行政協議的優先權。其表現是,在性質上,兩岸行

政機關都是公權力行使的機關,兩者合作的主要目的也是為更好地為兩岸經濟、文化、教育等領域提供有效專業的公共服務,以保障投資人和公民的合法權益,實現有效的行政管理和社會治理功能。從法律地位看,兩岸行政機關都享有有關規定的各項權利,在有關規定的範圍內,都享有對相關事務進行處理的權利,因此,長效動態的行政協議機制在法律上地位是平等的。同時,兩岸行政機關地位平等要求在行政協議的制定、達成、實施和保障等全過程中,適用「協商—遵守」的權利模式。即行政機關在協議訂立的過程中,協議各方機關需要在堅持原則和靈活性的基礎上,不斷溝通,平等協商,適時調整政策和規範,一旦協議簽訂,都要本著「承諾必定履行」的基本法治理念,全面善意積極地履行協議合作的內容。

其二,兩岸行政協議是原則性與靈活性、有限封閉和動態開放相結合的機制。堅持原則性是指,兩岸行政協議的基本原則、主要內容、實施保障等必須建立在「九二共識」的基礎上,任何違背基本原則的協議都是無效的。靈活性指行政協議在簽署前的磋商、實質商談、協議履行及其救濟保障的階段中,都可以透過協商溝通,採取靈活多變的手段,達成行政協議最終確定的任務。其範圍包括訂約方的選定、協議的內容、實施的方式和救濟途徑等。有限封閉和動態開放主要針對協議的內容而言,有限封閉是指兩岸行政機關協議主要涉及兩岸行政管理事務和社會治理的動態化制度化合作,排除純粹的政治事項。動態開放是指兩岸行政協議的協定內容在動態協商中達成平衡,具有包容性。既包括權利的授予和事務的分配,也包含大量經濟、文化、教育等行政管理活動。有限封閉避免過多的政治滲入,保障兩岸行政協議的執行和實施。動態開放擴充兩岸行政協議的內容,有助於促進兩岸行政協議的完善和發展。

(二)兩岸行政協議的基本模式

兩岸行政協議的基本模式是構建兩岸行政機關合作機制的實踐方式,涉及兩岸行政機關合作的法律地位、合作方式、基本原則、主要內容等幾方面。透過協議的方式將兩岸行政合作制度化、規範化、長效化,將為兩岸行政機關合作機制提供交流平臺和制度保障,從而逐步促成兩岸關係和平發展框架下行政機關合作

機制的建立。

1.兩岸行政協議建構的基本思路

鑒於當前兩岸行政機關沒有直接溝通和交流,而臺灣島內複雜的政治生態環境,以及國外不利因素干擾等情況,我們認為,兩岸行政協議建構的主要思路是:「一個原則、兩個核心、三層建構」。

「一個原則」就是「九二共識」是兩岸行政協議的基本原則,行政協議的訂立、內容、實施等都不得違反基本原則。在堅持「九二共識」基本原則的基礎上,可以採取靈活多樣的措施,保障基本原則的落實,促成兩岸行政協議的實現。「兩個核心」是指行政管理和法治建構的雙核心。行政管理作為兩岸行政協議的核心之一,存在理論和現實的支持。從理論上看,行政與政治的有限分離以及區域治理範式的轉型,為中立性、技術性和規範性的行政提供了可能,從而減少並緩和了行政政治性對行政合作機制的消極作用。但行政功能的溢出效應,以及行政協議的開放性特徵,會促成將來行政向政治的外溢,助益兩岸公權力機關事實的認同。從現實狀況看,兩岸行政協議下主體平等、遵從「協商一遵守」的基本模式,透過有限封閉動態開放的回應性機制,將逐步實現兩岸行政管理和社會治理的任務。法治建構的核心,主要是指行政法治的建構,包括兩岸行政立法、行政法治理念、行政法規範、行政法原則、行政法實施及保障等涉及行政法體系的多方面內容。其中兩岸有關機關應該充分認識和重視兩岸包括行政法治在內的理論建構和制度銜接,關注兩岸行政法治發展的歷史和現實特點,為兩岸和平協議等合作機制提供實在的制度支持和規範保障。「三層建構」,指行政協議需要從基礎理論、行政協議執行機制、行政協議監督保障機制三個方面分層建構。兩岸行政協議基礎理論主要涉及行政協議的性質、功能、權力運行等方面的內容,解決行政協議在法律中的地位、作用和形式問題,為兩岸行政協議的發展提供理論上的支撐;行政協議執行機制,主要涉及行政協議的訂立主體、訂立方式、合作方式、協議形式等內容,解決行政協議具體形成及運行問題;行政協議監督保障機制,涉及行政協議的監督形式、保障方式、實體法和程序法的銜接等問題,解決行政協議的完全履行問題。

可以說,「一個原則、兩個核心、三層建構」的主體思路,充分照顧到了目前兩岸的政治和社會現實,將能有效發揮行政協議的功能和作用,從而有助於兩岸行政機關合作機制的深入建構,推進兩岸關係和平發展法律框架的完善。

2.兩岸行政協議的基本原則

兩岸行政協議的基本原則主要有平等原則、協商原則、合作原則和法治原則。平等原則是指兩岸行政機關在雙方協議關係中的法律地位是平等的,權利義務是對等的。兩岸行政協議是行政機關在其職權範圍內就共同管理事務達成的共識性法律文件。他們之間既不存在上下級權力隸屬關係,也不存在命令執行的權力要求,而是雙方平等的法律關係。雙方互擔全面善意履行的義務。協商原則是指兩岸行政協議是基於兩岸行政機關對公共管理事務協商一致而達成的。即在協議的訂立磋商、履行實施和保障監督的全過程中,透過協商妥協達成共識,成為兩岸行政協議制度化、常態化、規範化的溝通形態。合作原則建立在行政協議的基本功能和價值實現基礎上,即兩岸行政機關存在合作的現實可能性和必要性,為此就必須以最大的善意和誠意,排除兩岸行政機關合作的各種障礙,促成行政機關合作的實現。法治原則貫穿行政協議的始終。它內在地要求行政機關能夠依循法治關於依法行政的各種要求,重視實體法建構和程序法銜接,做到依法辦事、公平公正,以最終保障行政協議的達成。

3.兩岸行政協議的主要內容

兩岸行政協議的條款內容。借鑑有關國家和地區行政協議的做法,兩岸行政協議的主要內容包括以下幾方面。首先,兩岸行政協議締結的主體。締結主體原則上要求地位對等、權利平等,但基於兩岸行政機關在憲制下的不同地位和作用,可以採取不同主體變通協商的方式作為例外。如正式或非正式的首長聯席會議,或代表磋商會議等,以完成協議的溝通和協商。其次,在協議締結程序上,主要分為非正式磋商、正式談判,草擬協議和透過協議四個階段。非正式磋商階段,可以透過派出談判小組,成立專門機構,或其他訊息媒介進行協議前商談。正式談判階段,可透過兩岸行政機關各種正式或非正式的形式達成談判。草擬協議階段,採用雙方共同草擬,一方草擬另一方核準等方法。透過階段,可採用有

權機關批准、備案或簽署生效的混合形式。最後，在協議條款內容上，主要包括規定基本原則、協議目的、締結方的權利和義務、協議履行的方式和期限、協議的生效和效力，以及協議的監督和實施條款。[24]根據目前兩岸行政機關和政法現狀，我們認為，協議締結主體本著協商自願的原則，應當以行政機關地位對等磋商為原則，但不排除不對等條件下行政機關之間行政協議的訂立。至於採取何種締結模式，談判方式和生效規定，都可以靈活處理，透過正式和非正式等多種渠道達成行政協議的主體內容一致即可。

兩岸行政協議的履行。行政協議的履行是行政協議的重要部分，是行政協議其他制度的中心，直接關涉行政協議目標和價值的達成。目前關於行政協議履行的模式主要有三種：有關機構履行、自動履行和非自動履行。有關機構履行主要是透過行政首長聯席會議或者其他正式或非正式機構，專門負責履行行政協議。自動履行，主要是指行政協議由各自區域內的行政機關根據其法律和政策自動履行。非自動履行，主要是締約方行政機關將行政協議轉化或併入區域現有法制系統內，透過修改行政法規範或直接適用的方法，落實行政協議。[25]其中，有關機構履行執行效率高，但對於不同法系和政治背景的區域間行政合作，尋求法律依據的政治壓力較大。自動履行，由於基於締約雙方的協商共識，更能發揮兩岸行政機關的積極性和主動性。非自動履行，透過轉化或併入的方式，能較好地減少和迴避兩岸行政機關管轄內法律和制度的內在衝突。結合兩岸行政協議的特點和功能，我們認為應該採用自動履行為主、非自動履行為輔的混合履行模式。這種模式迴避了設立共同履行機構政治上的障礙，同時由於協議本身的協商共識性，兩岸締約方行政機關本著「承諾必定遵守」和全面善意履行契約的精神，可以在各自轄區內更好地運用正式或非正式制度完成協議的任務。

兩岸行政協議的糾紛解決。目前，行政協議糾紛的解決模式有：責任條款模式、行政解決模式、司法機關解決模式和仲裁解決模式。責任條款是兩岸行政協議的主要條款之一，雙方在協議締結簽訂的過程中，需要將違約方的權利、責任和救濟明確。行政解決模式，由於兩岸行政機關沒有共同的上級機關，也沒有共同的行政訴訟法等制度，不適合於兩岸行政協議的履行和保障。司法機關解決模式，特點是透過獨立中立的司法機關，將行政糾紛引入司法程序。雙方可以根據

行政協議的具體內容和糾紛問題，協定選擇適用的實體法和程序法。仲裁解決模式，可以一裁終局、程序靈活、選用雙方都認可的專家和仲裁機構，能較好地緩和行政糾紛的衝突。[26]我們認為，糾紛解決機制應採取以責任條款為基礎，司法解決和仲裁解決為基本途徑的糾紛解決模式。這種模式需要事前在行政協議中以責任條款的方式，將糾紛產生後的救濟途徑予以規定，涉及責任主體、性質和途徑等內容。同時在協議履行中，或透過司法途徑或透過仲裁途徑解決矛盾，以促使行政協議內容的實現和目標的達成。

總之，兩岸行政協議本身是一個發展中的概念，在基礎理論、實施機制、保障模式等方面，都有很多需要進一步探討的方面。

五、兩岸開展行政性合作的具體領域

2008年以來，透過海峽兩岸關係協會與財團法人海峽交流基金會之間達成兩會協議的方式，兩岸間在旅遊、海運、質檢、空運、郵政、金融、漁船船員勞務、知識產權、醫藥衛生、核電安全等領域開始了行政性合作，逐步形成了具有兩岸特色的行政性合作模式。

（一）兩岸旅遊領域行政性合作機制

為增進海峽兩岸人民交往，促進海峽兩岸之間的旅遊交流，海峽兩岸關係協會與財團法人海峽交流基金會，就大陸居民赴臺灣旅遊等有關兩岸旅遊事宜，經平等協商，於2008年6月13日達成《海峽兩岸關於大陸居民赴臺灣旅遊協議》和《海峽兩岸包機會談紀要》。這是在1993年「辜汪會談」簽署四項協議後兩會簽署的首批協議，是「辜汪會談」後兩岸協商談判取得的重要成果。

《海峽兩岸包機會談紀要》內容涉及承運人、搭載對象、飛行航路、通關便利、保稅措施、互設機構、輔助安排、申請程序、準用事項、貨運事宜、定期航班以及聯繫機制等方面。

根據紀要，雙方同意：凡持有效旅行證件往返兩岸的旅客均可搭乘客運包機；盡快協商開通兩岸直達航路和建立雙方空管方面的直接交接程序，在直達航路開通前，包機航路得暫時繞經香港飛行（航）情報區；包機承運人得在對方航點設立辦事機構，臺灣方面同意大陸承運人於六個月內設立辦事機構；在週末客運包機實施後三個月內就兩岸貨運包機進行協商，並盡速達成共識付諸實施；盡快就開通兩岸定期直達航班進行協商。

根據紀要附件，兩岸週末包機時段為每週五至下週一計四個全天。大陸方面同意先行開放北京、上海（浦東）、廣州、廈門、南京五個航點，並陸續開放成都、重慶、杭州、大連、桂林、深圳，以及其他有市場需求的航點；臺灣方面同意開放桃園、高雄小港、臺中清泉崗、臺北松山、澎湖馬公、花蓮、金門、臺東等八個航點。雙方同意在週末包機初期階段，每週各飛18個往返班次，共36個往返班次。根據市場需求等因素適時增加班次。

《海峽兩岸關於大陸居民赴臺灣旅遊協議》內容涉及聯繫主體、旅遊安排、誠信旅遊、權益保障、組團社與接待社、申辦程序、逾期停留、互設機構等方面。

根據協議，雙方同意赴臺旅遊以組團方式實施，採取團進團出形式，團體活動，整團往返；雙方應共同監督旅行社誠信經營、誠信服務，禁止「零負團費」等經營行為，倡導品質旅遊，共同加強對旅遊者的宣導；雙方同意各自建立應急協調處理機制，相互配合，化解風險，及時妥善處理旅遊糾紛、緊急事故及突發事件等事宜，並履行告知義務；雙方同意就旅遊者逾期停留問題建立工作機制，及時通報訊息，經核實身分後，視不同情況協助旅遊者返回；雙方同意互設旅遊辦事機構，負責處理旅遊相關事宜，為旅遊者提供快捷、便利、有效的服務。

根據協議附件，接待一方旅遊配額以平均每天3000人次為限。組團一方視市場需求安排。第二年雙方可視情協商作出調整。旅遊團每團人數限十人以上，40人以下，自入境次日起在臺停留期間不超過十天。

在大陸居民以「團進團出」形式赴臺旅遊的兩年時間裡，大陸遊客在遊覽臺灣美景的同時，也不斷呼籲開放大陸居民赴臺個人遊，以滿足深度游的願望。

2011年6月28日,大陸居民赴臺灣個人旅遊正式啟動,首批290名遊客飛赴臺灣,開啟了兩岸民眾交流的新階段,大陸居民的寶島之旅變得更加隨性、深入,遊客規模持續增長。

三年來,大陸居民赴臺旅遊的人數從2008年的6萬人,迅速攀升至2009年的60萬人、2010年的124萬人。國家旅遊局局長邵琪偉2011年12月28日說,2008年7月啟動了大陸居民赴臺旅遊業務,截至2011年11月,大陸居民赴臺團隊旅遊人數達到300萬人次。

來自國臺辦的數據表明,2011年,臺灣居民來大陸526萬人次,同比增長2.38%,大陸居民赴臺184萬人次,同比增長11.02%。大陸居民赴臺旅遊125.1萬人次,其中團隊遊客122.3萬人次,赴臺個人遊2.8萬人次。大陸持續成為臺灣旅遊業第一大客源地。據臺方測算,截至2011年3月,大陸居民赴臺旅遊已給臺灣創造32.47億美元收益。

赴臺遊擴大了兩岸人民的交往、交流,加深了兩岸同胞的感情,同時對促進臺灣經濟發展也造成了積極作用,受到了兩岸同胞的熱烈歡迎。

(二)兩岸海運領域行政性合作機制

為實現海峽兩岸海上客貨直接運輸,促進經貿交流,便利人民往來,海峽兩岸關係協會與財團法人海峽交流基金會就兩岸海運直航事宜,經平等協商,於2008年11月4日達成《海峽兩岸海運協議》。

根據《海峽兩岸海運協議》,雙方同意兩岸資本並在兩岸登記的船舶,經許可得從事兩岸間客貨直接運輸。依市場需求等因素,相互開放主要對外開放港口。在兩岸貨物、旅客通關入境等口岸管理方面提供便利。雙方航運公司可在對方設立辦事機構及營業性機構,開展相關業務。

協議中約定,雙方按照平等參與、有序競爭原則,根據市場需求,合理安排運力。在稅收方面,雙方同意對航運公司參與兩岸船舶運輸在對方取得的運輸收入,相互免徵營業稅及所得稅。在海難救助方面,雙方建立搜救聯繫合作機制,共同保障海上航行和人身、財產、環境安全。發生海難事故,雙方應及時通報,

並按照就近、就便原則及時實施救助。同時，在船舶通信導航、證照查驗、船舶檢驗、船員服務、航海保障、汙染防治及海事糾紛調處等方面，依航運慣例、有關規範處理，並加強合作。兩岸共開放港口74個。其中，臺灣開放北、中、南部的11個港口，大陸開放48個海港和15個河港。雙方還將視情增加開放港口。

在直通前，兩岸海上的間接通航成本高、效率低，以目前繞航計算，一個集裝箱要比直航多花17美元，1噸散雜貨多花1美元，1噸油品化工多花8美金。按照兩岸年貿易額1000億美元，年運輸量7000萬噸計算，兩岸實現海上全面直航以後，每年可以減少運輸時間11萬個小時，降低運輸費用1億多美元。兩岸業者可以由此提高國際競爭力，攜手共創雙贏。兩岸直航受惠的不僅僅是海運業者，更可為兩岸帶來更為廣闊的發展空間和更大的商機，為兩岸經貿關係發展注入新的活力。在兩岸共同應對全球金融危機的今天，兩岸攜手比以往任何時候都顯得更為重要，更為迫切。

早在1979年，大陸人大常委會即提出了兩岸通航通郵的議題。截至2001年，雖然兩岸交流取得了較大進步，但是兩岸海運仍然限於「試點直航」、「大陸、香港與臺灣」和「三通」三種模式。以最早的「試點直航」為例，船舶只能裝運大陸外貿出口經高雄中轉的集裝箱貨物，或其他國家經高雄中轉大陸的集裝箱貨物，而不能裝運兩岸貿易貨物，貨物在臺灣也不能入境，遠遠無法滿足兩岸經濟貿易往來的巨大需求。《海峽兩岸海運協議》的簽署使得兩岸全面、雙向、直接的海上直航將真正得到實現，30年以來的困境迎刃而解。

海峽兩岸正式直航之後，兩岸航運企業的運輸效率將大幅上升，隨之而來的是企業物流成本的下降和貨運需求的提升，對於航運生產經營來說意義深遠。

首先，降低行業成本。兩岸海運直航後，臺灣和大陸之間的貨物運輸無需經第三方中轉，減少了燃油和時間消耗，可直接降低運輸成本。此外，根據《海峽兩岸海運協議》的規定，兩岸管理機構將相互取消雙方船舶在對方的營業稅和所得稅，進一步減輕航企的成本負擔。

其次，擴大貨源。兩岸海上直航將從三方面為大陸和臺灣的航運企業擴大貨源：1.海上直航將大大節省兩岸之間物資交流的時間和成本，從而引發兩岸之間

海運需求上升。2.兩岸直航之後,懸掛五星紅旗的船隻可參與兩岸運輸,大大提高了航運企業經營攬貨的能力。3.對臺灣航運業來說,大陸是不可失去的市場,若兩岸海運能夠直航,航企營運規模將會擴大,據點將以倍數增長。

第三,有利於兩岸港口之間優勢互補。目前臺灣海峽地區港口發展水平較高,而福建的港區建設水平相對較低,但潛力很大。兩岸海運直航的實現,使得兩岸港區可以透過優勢互補,分工協作,互相配合,對港口建設和營運進行統一規劃,共同建設航運港口體系,將最大限度地實現兩岸港口資源的開發利用。

第四,有利於拓展港口貨源,強化港口地位。兩岸實現海運直航,運輸成本降低,在大陸從事生產經營活動的臺灣企業成本也隨之下降,在兩岸經貿往來顯著加強的同時,更打破了以往港口貨源受限制的瓶頸,將為港口開拓新的貨源,擴大港口貨量規模,強化港口的中轉和樞紐地位。

但是,我們也應該看到,在世界金融危機和經濟減速的大背景下,港口增長態勢放緩,雖然兩岸海運直航將對貨量產生一定的刺激作用,但是利好作用仍然有限,不宜過度炒作。我們期待更加廣泛、深入、細緻的兩岸海運合作。

(三)兩岸質檢領域行政性合作機制

質檢領域是投資貿易環境的重要組成部分,為增進海峽兩岸食品安全溝通與互信,保障兩岸人民安全與健康,海峽兩岸關係協會與財團法人海峽交流基金會就兩岸食品安全事宜,於2008年11月4日簽署了《海峽兩岸食品安全協議》。該協議標誌著海峽兩岸在維護消費者權益、維護兩岸貿易健康發展問題上進一步達成重要共識。此後,兩岸間簽署了《海峽兩岸農產品檢疫檢驗合作協議》、《海峽兩岸標準計量檢驗認證合作協議》,進一步減少兩岸技術性貿易壁壘,促進兩岸貿易投資便利化,提高兩岸產業合作層次和水平,強化兩岸產業在國際上的競爭力,維護消費者生命財產安全。透過協議的簽署,一個具有兩岸特色的質檢領域的行政性合作機制和合作模式得以建立。

根據協議,雙方同意相互通報涉及兩岸貿易的食品安全訊息,並就涉及影響兩岸民眾健康的重大食品安全訊息及突發事件,進行即時溝通,提供完整訊息。該協議的最大亮點和核心內容是海峽兩岸建立了重大食品安全事件協處機制,具

體措施包括：1.緊急磋商、交換相關訊息（訊息）；2.暫停生產、輸出相關產品；3.即時下架、召回相關產品；4.提供實地瞭解便利；5.核實發布訊息（訊息），並相互通報；6.提供事件原因分析及改善計劃；7.督促責任人妥善處理糾紛，並就確保受害人權益給予積極協助；8.雙方即時相互通報有關責任查處情況。此外，雙方還建立了兩岸業務主管部門專家定期會商及互訪制度，就雙方食品安全制度規範、檢驗技術及監管措施進行業務交流及訊息（訊息）交換。

食品安全關乎人民的生存健康和社會的穩定與發展，海峽兩岸在此方面都有專門法律對其進行防範杜絕、規制管理。臺灣「食品衛生管理法」主要在於規制食品業。該法主要從行政管理方面對食品業的製造、加工、調配、包裝、運送、貯存、販賣的管理與規制，以及對食品添加物的作業場所、設施及品保制度的標準和安全管理的規制，強調的是食品業的各項標準與制度必須符合臺灣主管部門的規定。與臺灣「食品衛生管理法」相比，《中華人民共和國食品安全法》除了在食品界定的範圍、質檢標準、社會參與管理程度存在差異性外，還突出了政府多個部門的聯防管理機制和食品安全的風險監測與評估機制。海峽兩岸關於食品安全立法內容上的差異性和立法規制側重點的不同，給兩岸食品安全協議的執行帶來了一定的問題。其主要表現有以下幾方面：

第一，範圍問題的協調。兩岸關於食品安全法調整的對象不同，會給協處機制的運行帶來一定的問題。例如，臺灣「食品衛生管理法」第37條規定：本法關於食品器具、食品容器之規定，於兒童直接接觸入口之玩具準用之。這一條就大大擴大了食品所指的範圍，所以在調整對象中出現了差異性，這就會給雙邊執行協議帶來困擾。同時，《中華人民共和國食品安全法》第99條規定：食品，指各種供人食用或者飲用的成品和原料以及按照傳統既是食品又是藥品的物品，但是不包括以治療為目的的物品。此條涵蓋了一定範圍內的藥用食品，其不僅在範圍上與臺灣的不同，而且其檢測標準的適用肯定也有所不同。對於這些問題，兩岸要根據兩岸歷史文化、經濟發展的不同給予彼此尊重，秉著互助共榮、攜手共進的合作宗旨逐步接納和融通。

第二，標準問題的協調。臺灣食品安全管理標準由行政衛生署制定。大陸地

區的標準則具有多樣性。《中華人民共和國食品安全法》第24條規定：沒有食品安大陸家標準的，可以制定食品安全地方標準。第25條規定：企業生產的食品沒有食品安大陸家標準或者地方標準的，應當制定企業標準，作為組織生產的依據。大陸地區幅員遼闊，地區發展存在很大的差異，很多食品業具有地方性，國家沒有制定統一的標準。這種靈活的階段性政策給兩岸的協處機制帶來質檢標準認定上的困難。要從根本上解決這個問題，還有待於透過推進城市化進程，實施集中統一的食品生產、存儲、運輸、銷售等過程的管理。在現階段，為儘可能避免雙邊協處糾紛，最好是在地方設置出口監管辦事點，加強雙邊對於特殊食品的認識和理解。

第三，海峽兩岸關於食品安全風險監測和評估重視程度不同帶來的協調問題。大陸地區人口眾多，人口密度大，對食品監管稍有不慎就可能帶來大規模的食品安全集體事件，對社會的安全與穩定帶來很大威脅。所以《中華人民共和國食品安全法》第11條規定：國家建立食品安全風險監測制度，對食源性疾病、食品汙染以及食品中的有害因素進行監測。國務院衛生行政部門會同國務院有關部門制定、實施國家食品安全風險監測計劃。省、自治區、直轄市人民政府衛生行政部門根據國家食品安全風險監測計劃，結合本行政區域的具體情況，組織制定、實施本行政區域的食品安全風險監測方案，並且該法還對食品安全事件制定了應急機制和追責機制。而臺灣立法則缺少食品安全風險監測和評估以及政府部門的聯防、追責機制。這可能直接導致《海峽兩岸食品安全協議》中協處機制第1條「緊急磋商、交換相關訊息（訊息）」難以發揮其應有作用，不能對食品安全事件防微杜漸，提早預防。對於這個問題，可以透過《海峽兩岸食品安全協議》中協處機制的業務交流條款，即「雙方同意建立兩岸業務主管部門專家定期會商及互訪制度，就雙方食品安全制度規範、檢驗技術及監管措施進行業務交流及訊息（訊息）交換」的切實履行來彌補。

（四）兩岸空運領域行政性合作機制

為促進海峽兩岸經貿關係發展，便利兩岸人民往來，海峽兩岸關係協會與財團法人海峽交流基金會就兩岸空運直航事宜，經平等協商，於2008年11月4日達

成《海峽兩岸空運協議》。後又根據《海峽兩岸空運協議》第1條、第3條、第4條的規定，就開通兩岸定期客貨運航班等事宜，於2009年4月26日達成《海峽兩岸空運補充協議》。

兩岸空中雙向直達航路的開通，是在春節包機、節日包機、週末包機後，兩岸民航交流與合作中最具突破意義的進展之一。根據《海峽兩岸空運協議》及其附件，雙方同意開通臺灣海峽北線空中雙向直達航路，並建立兩岸空（航）管部門的直接交接程序，同意繼續磋商開通臺灣海峽南線空中直達航路及其他更便捷的航路。兩岸資本在兩岸登記註冊的航空公司，經許可後將可從事兩岸間航空客貨運輸業務。

在客運包機方面，兩岸將在原有週末包機的基礎上，增加包機航點、班次，調整為客運包機常態化安排。大陸方面同意將在現有北京、上海（浦東）、廣州、廈門、南京五個週末包機航點的基礎上，開放成都、重慶、杭州、大連、桂林、深圳、武漢、福州、青島、長沙、海口、昆明、西安、瀋陽、天津、鄭州等16個航點作為客運包機航點。臺灣方面同意將已開放的桃園、高雄小港、臺中清泉崗、臺北松山、澎湖馬公、花蓮、金門、臺東等八個航點作為客運包機航點。雙方每週七天共飛不超過108個往返班次，每方各飛不超過54個往返班次。今後將視市場需求適時增減班次。客運包機常態化安排實現後，此前的節日包機不再執行。春節期間可視情適量增加臨時包機。雙方還同意利用客運包機運送雙方郵件。在貨運包機方面，雙方同意開通兩岸貨運直航包機，運載兩岸貨物。大陸方面同意開放上海（浦東）、廣州，臺灣方面同意開放桃園、高雄小港作為貨運包機航點。雙方每月共飛60個往返班次，每方30個往返班次。

《海峽兩岸空運補充協議》共14條、一個附件。根據協議，雙方同意在臺灣海峽北線航路的基礎上開通南線和第二條北線雙向直達航路，並繼續磋商開通其他更便捷的新航路。雙方同意兩岸航空公司可在對方區域通航地點設立代表機構，並自行或指定經批准的代理人銷售航空運輸憑證、從事廣告促銷及運行保障（運務）等與兩岸航空運輸有關的業務。上述代表機構的工作人員應遵守所在地規定。

根據其附件，大陸方面同意在現有北京、上海（浦東）、廣州、廈門、南京、成都、重慶、杭州、大連、桂林、深圳、武漢、福州、青島、長沙、海口、昆明、西安、瀋陽、天津、鄭州等21個客運航點基礎上，新增合肥、哈爾濱、南昌、貴陽、寧波、濟南等六個客運航點。上述27個航點可經營客運定期航班。臺灣方面同意桃園與高雄航點可經營客運定期航班，其餘包括臺北松山、臺中、澎湖（馬公）、花蓮、金門、臺東等六個航點為客運包機航點。大陸方面同意上海（浦東）、廣州航點可經營貨運定期航班，臺灣方面同意桃園、高雄航點可經營貨運定期航班。

過去的兩岸週末包機，飛機必須飛經香港飛航情報區，航路繞了一個大圈。以北京飛臺北來說，每日包機將從浙江東山向東偏南飛276公里，到臺北北部，再折向南直飛臺北。這條北線與週末包機相比，少飛1100公里。經這條航線，上海飛臺北可少飛1000公里。而在運行規模上，以往的兩岸週末包機大陸只有五個城市有通航點，每週一邊只有18個航班。如今，大陸將有21個城市開通每日包機，每週航班則增加到54個，通航點增加到原來的四倍多，航班增加到原來的三倍。

不過，目前大陸21個通航城市中，只有12個城市能夠走截彎取直的北線。廈門等九個位於華南地區的城市，仍將循原週末包機經香港飛航區的航線。由於地理位置的關係，這些城市飛北線並不能縮短航程。針對這個問題，兩岸飛航管理有關方面一致同意，將繼續就南線航線進行磋商，讓大陸南部城市也能享受到直航帶來的好處。

眾所周知，空運直航是「三通」的重要標誌和主要內容之一。在目前全球經濟環境不容樂觀的背景下，「三通」大大增強了島內企業的投資信心與對臺灣經濟發展前景的信心。從短期看，「三通」會直接帶動島內公共基礎設施建設。臺灣不少機場與港口等公共基礎設施相對老化，不能適應兩岸直航的需要。臺灣方面已陸續啟動改建計劃，未來還將繼續擴大公共基礎設施的建設，有利於擴大內需，促進經濟增長。從長期看，「三通」有利於臺灣區域經濟發展定位與目標的實現。將有助於避免臺灣經濟邊緣化，讓臺灣分享大陸經濟發展的紅利與區域經

濟發展的好處。

兩岸直接「三通」的基本實現，以及未來的進一步發展，將使兩岸民眾的往來交流更加密切，兩岸同胞的感情更加融洽，而這勢必將有力地促進兩岸關係的大發展。因此，兩岸應繼續推動「三通」進程，使其不斷朝著全面、雙向、更加便捷暢通的方向發展，不斷為同胞謀福祉，為兩岸創雙贏。

（五）兩岸郵政領域行政性合作機制

2008年11月4日，海峽兩岸關係協會會長陳雲林與財團法人海峽交流基金會董事長江丙坤在臺北簽署了《海峽兩岸郵政協議》（以下簡稱《協議》）。雙方同意開辦兩岸直接平常和掛號函件（包括信函、明信片、郵筒、印刷品、新聞紙、雜誌、盲人文件）、小包、包裹、特快專遞（快捷郵件）、郵政匯兌等業務，並加強其他郵政業務合作。雙方同意透過空運或海運直航方式將郵件總包運送至對方郵件處理中心，並同意建立郵政業務帳務處理直接結算關係。大陸方面郵件封發局為北京、上海、廣州、福州、廈門、西安、南京、成都；臺灣方面郵件封發局為臺北、高雄、基隆、金門、馬祖。雙方可根據實際需要，增加或調整郵件封發局。

推動兩岸直接通郵，不僅是兩岸郵政部門的迫切要求，也是兩岸民眾的共同願望。多年來，兩岸通郵經歷了不同尋常的發展階段：自1979年1月大陸郵電部門響應大陸人大常委會關於《告臺灣同胞書》的號召，提出為兩岸民眾訊息與實物交流提供一切便利的主張，相繼制定了一系列有關兩岸通郵的措施以來，先後經歷了從單向通郵到雙向非正式通郵，再到間接通郵，歷經近30年的努力，終於實現了此次的全面直接通郵。

隨著兩岸特別是大陸經濟社會的快速發展和進步，兩岸經濟往來和人員交流更加頻繁，資金流、物流、訊息流的傳遞更加迫切。而在通郵協議簽署之前，由於兩岸之間沒有直航，郵件需經香港或澳門轉運，郵政運輸成本增加，郵件傳輸速度慢。同時，郵政小包、包裹、郵政速遞業務和郵政匯兌等業務不能辦理，無法滿足兩岸民眾對這些服務的要求。海峽兩岸實現全面、直接、雙向通郵，將擴大兩岸郵政的業務範圍，大大提高兩岸郵件的傳遞時限，為兩岸民眾互通訊息、

溝通聯繫、促進經濟文化交流合作提供更多便利。

《協議》的簽署，使長期以來兩岸間的部分間接通郵變為全面直接通郵。協議的簽訂是擴大兩岸郵政合作的基礎。為全面落實《協議》，兩岸郵政部門積極就協議的議定事項進行技術和業務磋商並達成共識，在此基礎上，加緊籌備全面直接通郵的各項工作。兩岸全面直接通郵，擴大了業務合作範圍，提高了郵件傳遞速度，方便了兩岸民眾用郵，對促進兩岸經貿交流，增進兩岸同胞福祉，推進兩岸和平發展意義重大。

《協議》規定了業務範圍、規格限定、文件格式、郵件查詢和補償責任等事項，但總體來說比較簡略，且當需要變更或出現爭議時，《協議》只簡單規定了「應盡速協商解決」。這為《中華人民共和國郵政法》和臺灣「郵政法」提供了一定的協調機制，更有其他許多不同之處尚需調處機制的調整。

《中華人民共和國郵政法》於1986年12月由第六屆大陸人民代表大會常務委員會第十八次會議透過，2009年4月第十一屆大陸人民代表大會常務委員會第八次會議修訂透過。臺灣「郵政法」於2002年7月修訂透過。總的來説，《中華人民共和國郵政法》比臺灣「郵政法」規定得更詳實，更富有可操作性。兩部法律對於郵政規定的主要不同點如下。

第一，業務範圍。《中華人民共和國郵政法》規定郵政企業經營下列業務：郵件寄遞；郵政匯兌、郵政儲蓄；郵票發行以及集郵票品製作、銷售；中國國內報刊、圖書等出版物發行；國家規定的其他業務。臺灣「郵政法」規定的業務範圍是：遞送郵件；儲金；匯兌；簡易人壽保險；集郵及其相關商品；郵政資產之營運；經交通部核定，得接受委託辦理其他業務及投資或經營第一款至第六款相關業務。由此可見，業務範圍的差異在於臺灣郵政企業可以經營簡易人壽保險，而中國郵政企業則無此經營權。但鑒於《協議》已具體列出協作的業務範圍，所以在這一點上已不存在問題。

第二，通信自由和通信祕密。《中華人民共和國郵政法》第3條明確規定：公民的通信自由和通信祕密受法律保護。除因國家安全或者追查刑事犯罪的需要，由公安機關、國家安全機關或者檢察機關依照法律規定的程序對通信進行檢

查外,任何組織或者個人不得以任何理由侵犯公民的通信自由和通信祕密。除法律另有規定外,任何組織或者個人不得檢查、扣留郵件、匯款。同時,第71條規定:冒領、私自開拆、隱匿、毀棄或者非法檢查他人郵件、快件,尚不構成犯罪的,依法給予治安管理處罰。這些規定為有效維護公民的通信自由和通信祕密提供了強有力的法律保證。而臺灣「郵政法」則未對此作出規定。對此,我們認為海協會和海基會應當進行磋商,明確臺灣方面對通信自由和通信祕密的規定,以期更好地保護兩岸人民的利益。

第三,查詢期限。按《協議》規定,掛號函件、包裹之查詢,應自原寄件人交寄之次日起六個月內提出;特快專遞(快捷郵件)自交寄之次日起三個月內提出。《中華人民共和國郵政法》第49條則規定:用戶交寄給據郵件後,對國內郵件可以自交寄之日起一年內持收據向郵政企業查詢,對國際郵件可以自交寄之日起180日內持收據向郵政企業查詢。第2款同時還規定:查詢國際郵件或者查詢國務院郵政管理部門規定的邊遠地區的郵件的,郵政企業應當自用戶查詢之日起60日內將查詢結果告知用戶;查詢其他郵件的,郵政企業應當自用戶查詢之日起30日內將查詢結果告知用戶。臺灣「郵政法」則未對查詢期限作出規定。對此,不僅臺灣方面應作出相應規定,同時也應協調大陸法律與《協議》規定的不同。我們認為,《中華人民共和國郵政法》作為上位法理應在大陸範圍內適用,但也存在例外。比如《協議》作為特殊的「法」,就應適用於兩岸的郵政交往,解決特殊問題。

第四,損失賠償。《中華人民共和國郵政法》第47條非常詳細地規定了損失賠償的比例和額度:1.保價的給據郵件丟失或者全部損毀的,按照保價額賠償;部分損毀或者內件短少的,按照保價額與郵件全部價值的比例對郵件的實際損失予以賠償。2.未保價的給據郵件丟失、損毀或者內件短少的,按照實際損失賠償,但最高賠償額不超過所收取資費的三倍;掛號信件丟失、損毀的,按照所收取資費的三倍予以賠償。而臺灣「郵政法」只規定了寄件人可以要求賠償的情形,未對具體賠償標準做出規定。對此,我們認為,兩岸的主管部門應本著落實《協議》、為兩岸人民創造福祉和便利的精神,盡快進行磋商,根據兩岸居民收入和生活水平,制定出切實可行的賠償標準。

（六）兩岸金融領域行政性合作機制

為促進海峽兩岸金融交流與合作，推動兩岸金融市場穩定發展，便利兩岸經貿往來，海峽兩岸關係協會與財團法人海峽交流基金會就兩岸金融監督管理與貨幣管理合作事宜，經平等協商，於2009年4月26日達成《海峽兩岸金融合作協議》。

相對於30年來兩岸貿易與臺商對大陸投資的發展，兩岸金融合作嚴重滯後，遠不能適應兩岸經貿關係發展的需要。尤其是，國際金融危機爆發，對兩岸經濟及經貿往來產生重大衝擊，更嚴重影響臺資企業在大陸的投資經營活動，因此兩岸金融合作顯得更為迫切與需要。在這種形勢下，兩岸開始加快金融領域的合作步伐。《海峽兩岸金融合作協議》，揭開了兩岸金融制度化合作的序幕，為兩岸經濟合作注入了新的內容，有助於改變目前海峽兩岸經貿合作過程中「金融領域滯後」與「大經貿小金融」的格局。

《海峽兩岸金融合作協議》共包括金融合作、交換資訊、保密義務、互設機構、檢查方式、業務交流、文書格式、聯繫主體、協議履行及變更、爭議解決、未盡事宜、簽署生效等12大項內容。雙方同意相互協助履行金融監督管理與貨幣管理職責，加強金融領域廣泛合作，共同維護金融穩定。由兩岸金融監督管理機構就兩岸銀行業、證券及期貨業、保險業分別建立監督管理合作機制，確保對互設機構實施有效監管。先由商業銀行等適當機構，透過適當方式辦理現鈔兌換、供應及回流業務，並在現鈔防偽技術等方面開展合作，逐步建立兩岸貨幣清算機制。就兩岸金融機構準入及開展業務等事宜進行磋商。鼓勵兩岸金融機構增進合作，創造條件，共同加強對雙方企業金融的服務。在協議生效後，由兩岸金融監督管理機構考量互惠原則、市場特性及競爭秩序，盡快推動雙方商業性金融機構互設機構。有關金融機構赴對方設立機構或參股的資格條件以及在對方經營業務的範圍，由雙方監督管理機構另行商定。

盡快實現金融機構互設。目前兩岸金融領域特別是金融機構的設立仍呈現單向格局，即臺灣金融機構已進入大陸，臺灣銀行、保險公司、證券公司等金融機構先後在大陸設立了30多家辦事處，並參股合作成立了多家保險公司與財務公

司等。儘管大陸金融機構早已提出在臺設立辦事處的申請，但臺灣方面一直未給予批准，使大陸金融機構至今還無法入島，更無法在島內從事相關業務活動，從而嚴重制約了兩岸金融合作與兩岸經貿關係的發展。《海峽兩岸金融合作協議》將「互設機制」作為重要內容之一，提出「由兩岸金融監督管理機制考量互惠原則、市場特性及競爭秩序，盡快推動雙方商業性金融機構互設機構」，為兩岸金融機構的相互設立、合作、發展創造了共識與條件。

兩岸金融合作業務有望迅速擴大。「共同加強對雙方企業金融服務」成為兩岸金融合作協議的主要共識與努力方向，預示著兩岸金融業務往來將會迅速擴大。事實上，海峽兩岸金融交流與合作已有初步發展。除了臺灣銀行、保險公司、證券公司在大陸設立了許多辦事處及成立多家合資保險公司與財務公司外，兩岸銀行之間已有密切往來與合作，建立了密切的代理行關係，進行直接通匯，開展廣泛的國際聯貸業務等。目前兩岸金融機構已逐步展開戰略性合作與具體的金融業務合作，其中最重要的是將相互參股，或合資成立新的金融機構，加強業務合作，共創雙贏。

建立兩岸貨幣清算機制頗為迫切。建立貨幣清算機制，不只是兩岸金融合作的重要內容，更是兩岸經貿關係發展與旅遊商務往來發展的迫切需要。《海峽兩岸金融合作協議》將貨幣管理作為兩岸金融合作的三大重點之一（金融監管、貨幣管理與互設機構），明確提出，「透過適當方式辦理現鈔兌換、供應及回流業務，逐步建立兩岸貨幣清算機制，加強兩岸貨幣管理合作」。目前，人民幣已在島內旅遊景點與機場等地試點兌換，但由於缺乏兩岸直接合作，沒有建立貨幣清算機制，仍需第三地及外資銀行調寸頭與結算，使得建立兩岸貨幣清算機制頗為迫切。

兩岸金融合作障礙仍存。一方面，兩岸金融合作像諸多兩岸合作議題一樣，同樣受到島內政治因素的干擾。國民黨當局有關兩岸金融合作政策措施，受到民進黨的牽制與制約，不敢大膽開放，只能採取較為保守的開放策略。另一方面，臺灣金融界在希望大陸金融機構進入島內進行戰略合作的同時，又擔心大陸金融機構規模與實力太大，影響島內金融機構的利益，因此主張採取限制性開放，不

能實現「利益對等」的開放。

因此,儘管兩岸金融制度化合作邁出了重要一步,但兩岸金融領域合作還處在初期階段,存在層次不高、範圍不寬、深度不夠的問題。海峽兩岸還尚未簽署金融監管合作備忘錄,臺灣方面對兩岸金融往來與合作仍有許多政策限制,制約著兩岸金融領域合作的廣泛發展。要實現互利雙贏與建立穩定長效的金融合作機制,深化兩岸金融合作仍然任重道遠。

(七)兩岸漁船船員勞務領域行政性合作機制

為維護海峽兩岸漁船船員、漁船船主正當權益,促進兩岸漁船船員勞務合作,海峽兩岸關係協會與財團法人海峽交流基金會就兩岸漁船船員勞務合作事宜,於2009年12月22日簽署了《海峽兩岸漁船船員勞務合作協議》。該協議標誌著海峽兩岸同意進行近海、遠洋漁船船員勞務合作,並對近海與遠洋勞務合作分別採取不同的管理方式。

《海峽兩岸漁船船員勞務合作協議》的簽署,將兩岸漁船船員勞務合作納入到兩岸主管部門的統一監管,對業務的規範發展,保護漁船船員和船主的權益,深化兩岸漁船船員勞務合作和人員交流,具有重要意義。《海峽兩岸漁船船員勞務合作協議》由正文和附件兩部分組成。正文部分明確了兩岸漁船船員勞務合作基本原則,附件《海峽兩岸漁船船員勞務合作具體安排》進一步闡述了有關原則。在合作範圍方面,《海峽兩岸漁船船員勞務合作協議》適用於近海和遠洋漁船船員勞務合作。兩岸漁船船員勞務合作應透過雙方各自確定的經營主體辦理,雙方將各自建立風險保證制度來約束其經營主體。在規範經營的同時,《海峽兩岸漁船船員勞務合作協議》明確了漁船船員和船主的基本權益。《海峽兩岸漁船船員勞務合作協議》規定,雙方將建立協處機制和工作會晤機制。此外,《協議》還就漁船船員勞務合作合約、船員證件、接駁船安全標準以及船員安置等事宜進行了明確。

漁船船員勞務合作關乎兩岸漁船業的發展和漁船船主、船員的權益,海峽兩岸在此方面都有專門法律對其進行管理。然而,由於漁船船員勞務合作問題的跨界性,海峽兩岸關於漁船船員勞務合作管理立法內容上的差異性和立法規制側重

點的不同,給兩岸漁船船員的勞務合作帶來了一定問題。《海峽兩岸漁船船員勞務合作協議》主要側重解決以下幾方面問題:

第一,規範兩岸漁船船員勞務合作的內容。《海峽兩岸漁船船員勞務合作協議》第2條明確規定,雙方業務主管部門各自確定經營主體,開展兩岸漁船船員勞務合作,並建立風險保證制度規範經營主體。雙方將交換並公布經營主體名單。《海峽兩岸漁船船員勞務合作協議》要求兩岸間建立船員、船主申訴制度和兩岸船員勞務合作突發事件處理機制。根據《海峽兩岸漁船船員勞務合作協議》,兩岸漁船船員勞務合作需簽訂四份合約,即勞務合作合約、勞務合約、外派勞務合約和委託勞務合約,其中勞務合作合約和勞務合約的要件明確規定。對於此前臺灣方面只認大陸船員的身分證,因此私渡現象屢禁不止,也由此導致一系列諸如船員資質不足、勞雇雙方摩擦糾紛不斷等問題,《海峽兩岸漁船船員勞務合作協議》確認了近海船員須持登輪作業證、遠洋船員須持海員證。同時,兩岸應制定轉船程序,嚴格界定船員合理轉船和違規轉船事項。

第二,船員與船主的權益保障。《海峽兩岸漁船船員勞務合作協議》明確了船員享有的基本權益,主要包括:1.船員受簽訂合約(契約)議定的工資保護;2.同船同職務船員在船上享有相同福利及勞動保護;3.在指定場所休息、整補或回港避險;4.人身意外及醫療保險;5.往返交通費;6.船主應履行合約(契約)的義務。此外,《協議》還對漁船船員人身意外及醫療保險、接駁船安全標準、船員在暫置場所休息的權利等事宜進行明確。對於漁船船主的合法權益,《海峽兩岸漁船船員勞務合作協議》也進行了明確,包括:1.船員體檢及技能培訓應符合規定;2.船員應遵守相關管理規定;3.船員應接受船主、船長合理的指揮監督;4.船員應履行合約(契約)的義務。

(八)兩岸知識產權保護領域行政性合作機制

海峽兩岸關係協會會長陳雲林與海峽交流基金會董事長江丙坤於2010年6月29日下午在重慶簽署了《海峽兩岸知識產權保護合作協議》。

此協議包括17條內容、約1500多字。作為ECFA框架下的一項單行協議,《海峽兩岸知識產權保護合作協議》可以說是海峽兩岸業界都有著長久期待的一

份收穫。對於切實維護兩岸同胞知識產權權益，促進兩岸知識產權保護領域的交流與合作，乃至豐富和推動兩岸經濟文化交流，有著積極的保障作用。

海峽兩岸自1980年代末期開始有專利申請和商標註冊業務，多年來其業務量每年在7000件至10000件之間，兩岸每年版權貿易在1000種左右。其實早在1993年，在新加坡舉行的第一次「辜汪會談」，就已將「兩岸知識產權保護」列為「共同協議」，作為當年應進行事務性協商的議題之一。但期間幾經周折，直到兩岸經貿發展密切的2010年，知識產權保護才再度走上第五次「江陳會」的談判桌。

《海峽知識產權保護合作協議》明確規定海峽兩岸雙方本著平等互惠原則，加強專利、商標、著作權及植物新品種權（植物品種權）等兩岸知識產權（智慧財產權）保護方面的交流與合作，協商解決相關問題，提升兩岸知識產權（智慧財產權）的創新、應用、管理及保護。雙方同意在各自公告的植物品種保護名錄（植物種類）範圍內受理對方品種權的申請，並就擴大植物品種保護名錄（可申請品種權之植物種類）進行協商。《知識產權保護協議》涉及17項內容，包括合作目標、優先權利、保護品種、審查合作、業界合作、認證服務、協處機制、業務交流、工作規劃、保密義務、限制用途、文書格式、聯繫主體、協議履行與變更、爭議解決等內容，涉及知識產權保護的各個領域。

在《海峽兩岸知識產權保護合作協議》中，最受矚目的是兩岸相互承認「優先權」。日後只要在臺灣註冊完成的專利、商標，雖然尚未在大陸註冊，但可在大陸取得一年或六個月「優先權」保障，也就意味著大陸將承認該項專利技術已經取得，期間不能核準其他相同或類似內涵的專利申請案。由於臺灣產業的技術研發密集度高，電子業等高科技產品的生命週期短，未來兩岸互相承認「優先權」之後，將避免專利或者商標在申請空窗期時遭人惡意搶注或侵權，對臺灣優勢產業的發展非常重要。有了兩岸間互相承認的「優先權」，大陸的產品未來在臺灣，當然也會得到相對應的知識產權保護。

同時，版權認證機制也將助推兩岸版權貿易活動。協議確認，兩岸將建立著作權（即版權）認證合作機制。這一機制讓兩岸文創業的發展與合作會更加順

暢、便捷。《中華人民共和國專利法》、《中華人民共和國商標法》和《中華人民共和國著作權法》是大陸知識產權法律體系的三大組成部分。其中，1991年6月1日施行的《著作權法》分別於2001年和2010年兩次修訂，著作權人享有權利多達17項，相關著作權保護制度取得了長足進步。但盜版、仿冒、山寨作品仍然猖獗，版權糾紛仍日漸增加。《知產協議》第6條的認證服務內容，也正是為促進兩岸著作權（即版權）貿易，建立的著作權（即版權）認證合作機制。即一方音像（影音）製品於他方出版時，得由一方指定之相關協會或團體辦理著作權認證，並就建立圖書、軟體（電腦程式）等其他作品、製品認證制度交換意見。此次版權認證機制的建立，對於保障權利人實施權利，提高權利人版權運作熱情，促進兩岸版權貿易活動的順暢開展，都有著積極作用。

另外，《海峽兩岸知識產權保護合作協議》簽署後，兩岸將建四個官方對接平臺，分別處理專利權、商標權、著作權和品種權等問題。前三個領域分別由臺灣「經濟部智慧財產局」的專利組、商標組和著作權組，對接大陸的知識產權局、工商總局商標局以及新聞出版總署。比較新鮮的「品種權」部分，則由臺灣「農委會」對接大陸的農業部和國家林業局。

儘管從整體上看，兩會協議已考慮得相當週全，但要真正保護好兩岸知識產權，這些仍然不夠。《海峽兩岸知識產權保護合作協議》只是建立框架和解決問題的開始，未來還需針對諸多實際問題展開務實討論和解決。儘管兩岸建立了多個官方對口平臺，但知識產權屬於私權，企業要保護自身權益，仍要積極申請專利或商標，也要更加主動地查緝仿冒、盜版並主張權利，不能全部由政府代辦。與此同時，兩岸應讓專利、商標審查人員定期互訪及交流，建立兩岸相關行政部門聯繫機制，還要建立兩岸專利快速審查機制及專家證人或鑒定人資料互相提供機制。

綜上，雖然兩岸知識產權的保護與合作中的諸多具體問題還有待透過實際操作來解決。但正如海協會常務副會長鄭立中所指出的，《兩岸知識產權保護合作協議》對於更好地維護兩岸同胞知識產權權益，更好地維護和激發兩岸同胞的創造力創新力，更好地推動兩岸經濟文化交流，將發揮不可替代的積極作用。

（九）兩岸醫藥衛生領域行政性合作機制

本著維護人的健康價值，保障海峽兩岸人民健康權益，促進兩岸醫藥衛生合作與發展，海峽兩岸關係協會與財團法人海峽交流基金會就兩岸醫藥衛生合作事宜，經平等協商，於2010年12月21日達成《海峽兩岸醫藥衛生合作協議》。

這是兩會恢複制度性協商以來簽署的第15項協議。根據此次簽署的合作協議，兩岸同意建立傳染病疫情訊息通報機制，加強檢疫防疫措施和對重大傳染病疫情的處置；同意加強兩岸醫藥品安全管理及研發合作，建立重大醫藥品安全事件協處機制；同意加強兩岸中醫藥研究與交流，促進中醫藥發展，採取措施保障中藥材品質安全；同意加強兩岸重大意外事件所致傷病者的緊急救治合作。

《海峽兩岸醫藥衛生合作協議》的簽署，將進一步深化兩岸醫藥衛生合作，推動兩岸關係和平發展。同時，為兩岸醫藥衛生界搭建起更廣闊的交流合作平臺，為保障兩岸人民的健康做出實質性的推進工作。島內輿論也對此協議的簽署十分關注。臺灣《經濟日報》不僅指出這是兩會簽署14項協議以來協議條文數量最多、涵蓋領域範圍豐富廣泛的一項協議，還特別強調它「具體可行」。臺灣領導人馬英九也表示，這項協議可以做好中藥材安全管制，這是兩岸簽署它的重要理由，就是保障大家的安全。

兩岸醫藥衛生領域的交流已有20多年的歷史。隨著兩岸關係的發展，交流的規模和層次逐漸提升，形式也從一般性參訪逐步向合作轉化。特別是2008年以來，兩岸透過民間組織、醫療學術團體、個人及半官方途徑，相互參訪、共同舉辦學術會議，交流領域涉及基礎醫學、臨床醫學、中醫藥、衛生事業管理及醫藥科技發展訊息等諸多方面。在傳染病預防控制方面，兩岸進行了密切合作。「非典」之後，在臺灣、大陸及港澳多次召開「華人健康平臺會」和「海峽兩岸傳染病研討會」，每年均圍繞當年流行的傳染病進行研討和交流。從2005年11月建立傳染病訊息溝通機制至今，中國疾病預防控制中心與臺灣疾病管制局雙向溝通傳染病訊息更累計達百次。

近年來兩岸人員往來不斷增加，也增加了傳染病跨越兩岸擴散的風險。兩岸衛生行政管理部門均認為有必要在重大傳染病疫情訊息通報和應急協調處置方面

加強合作。隨著兩岸經濟關係的日益密切，醫藥品和中藥材的貿易也在不斷持續增加，保障品質安全是兩岸的共識。兩岸均認為該協議有利於鞏固和深化已有的合作基礎，進一步保障兩岸人民的健康安全。協議簽署後，兩岸重大傳染病和緊急醫療救治通報及應急處置制度化、規範化，將為保障兩岸民眾健康福祉發揮更為積極的作用。在醫藥品和中藥材安全管理領域，雙方規範了合作的範圍和目標，明確了監管機構及企業責任，並就醫藥品和中藥材重大安全事件建立協處機制；臨床試驗及醫藥研發將以減少重複試驗為目標，優先以試點及專案的方式推動，此舉將整合兩岸醫療資源，減少浪費，為推動兩岸醫藥產業發展發揮積極作用。

《海峽兩岸醫藥衛生合作協議》的最大亮點在於，兩岸促進中醫藥的研究與交流、採取措施保障中藥材的品質安全。目前，中國國內中藥產業將迎來極大挑戰。首先，作為進口中藥材的主要地區，香港《中醫藥條例》已經生效，《條例》規定未獲註冊的中成藥將禁止在港售賣，違禁者或負刑事責任。其次，歐盟頒布的《傳統植物藥註冊程序指令》將在2012年3月31日到期。該《指令》規定，在歐盟市場銷售的所有植物藥必須註冊，得到上市許可後才能繼續銷售。目前，中國沒有任何一家中藥品種能在歐盟註冊成功，只能以食品、保健品、植物藥原料或農副土特產品的形式流通。這也意味著，在2012年4月1日過渡期到期後，中藥將全部退出歐盟市場。

另一方面，作為另一個中藥進口大國——日本，其政府行政刷新會議的預算甄別工作組計劃，將漢方藥排除於公共醫療保險的適用對象之外，這也意味著自1976年以來一直作為醫保藥品的日式中藥在日本可能成為自費藥。中藥在歐盟、日本、中國香港受到重挫，使得中國中藥產業迎來一場生死攸關的危機。

中投顧問發布的《2010—2015年中國醫藥（600056）行業投資分析及前景預測報告》指出，兩岸有相同的文化和歷史淵源，本次《海峽兩岸醫藥衛生合作協議》的正式簽訂將有助於中藥提高質量，雙方的合作也有助於宣傳和推廣中藥材，在世界範圍內為中藥樹立一個積極健康的形象，臺灣的先進技術加上內地的中藥資源將有助於中藥產業健康發展。

總之,《海峽兩岸醫藥衛生合作協議》的簽署,標誌著兩會協商向社會、文化領域拓展,是兩岸根據經濟合作框架協議要求進一步深化經濟合作的體現。這些成果豐富了兩會協商的內涵,為兩岸關係和平發展注入了新的內容。

(十)兩岸核電安全領域行政性合作機制

「安全第一」是核電應用普遍遵守的基本原則,因為核電攸關人的健康、安全、財產及環境。為保障兩岸人民福祉,提升兩岸核電運轉安全,加強核電安全資訊透明化,促進兩岸核電安全資訊及經驗交流,海峽兩岸關係協會與財團法人海峽交流基金會就兩岸核電安全合作事宜,經平等協商,於2011年10月20日簽署了《海峽兩岸核電安全合作協議》。

早在1980年代,兩岸專業機構就開始了核能技術方面的交流。從1990年代中期至今,臺灣核能科技協進會先後與中國核學會、中國核能行業協會進行了兩岸學術交流和研討,並陸續開展了很多促進兩岸核能產業發展的實質性合作。福島核事故後,兩岸也透過多種方式開展核電安全方面的交流與溝通。目前大陸在東南沿海的廣東、浙江及江蘇共有14臺在運核電機組,與臺灣隔海相望的福建省現有寧德、福清兩個核電項目正在建設中。臺灣現有三個核電廠,分布北部和南部,共六臺在運機組,其中四臺沸水堆,兩臺壓水堆。另外,臺灣還有一個在建的龍門核電廠。

然而,業內專家表示,從協議的內容來看,《海峽兩岸核電安全合作協議》中包括的核電安全訊息交流、事故通報機制,以及訊息公開透明主要側重於核安全訊息及經驗方面的交流溝通,並沒有涉及核電產業、核技術以及核廢料等其他問題,因此不算是在民用核能方面深層次的合作協議。目前,大陸有關部門正在編制《核安全規劃》和《核電安全規劃》,在運在建核電站的安全大檢查總報告也正在編制中。據有關專家表示,整個行業對中國核電的發展抱有信心,只等國家政策進一步明朗,在和平利用核能、提供清潔能源,造福社會的大背景下,兩岸在核電領域不斷深入合作,對兩岸經濟社會發展將發揮重要作用。

兩岸投保協議是《海峽兩岸經濟合作框架協議》後續商談的重要內容,對促進兩岸經貿關係制度化發展具有重要意義。雙方同意依據框架協議相關規定盡快

完成協商，以保護兩岸投資者權益、促進相互投資、創造公平的投資環境、增進兩岸經濟繁榮。雙方同意，協議內容應參考一般投保協議的基本框架、考慮兩岸特殊性、回應雙方投資者關切，並強化協議的可操作性。文本內容包括定義、適用範圍和例外、投資待遇、透明度、逐步減少投資限制、投資便利化、徵收、損失補償、代位、轉移、拒絕授予利益、爭端解決、聯繫機制等重要議題。

一是協議將妥善定義投資及投資者，明確協議的適用範圍。二是協議中投資待遇的規定兼顧投資及投資者待遇，將對投資者人身自由和安全保護做出適當安排，並依據框架協議的規定，就逐步減少雙方相互投資的限制、提高投資相關規定的透明度、促進投資便利化等進行規範。三是雙方同意徵收（包括間接徵收）應符合公共利益等基本原則，並按公平市場價值予以補償；損失補償、代位、轉移及拒絕授予利益等條文，則參考通行慣例妥善處理。四是雙方已就爭端解決的機制架構進行充分溝通，並將就協議雙方的爭端解決、投資者與投資所在地一方的爭端解決、雙方投資者商事合約爭議解決進行深入討論，以期達成能有效解決相關爭端的機制安排。五是雙方將建立聯繫平臺及相關協處機制，以有效執行協議，強化對雙方投資者的相關服務。

六、兩岸執法合作模式的構建：以兩岸海域執法合作模式為例

兩岸海域執法合作模式，系大陸和臺灣開展海域執法合作的主體、機制以及方式的總稱。對模式的選擇和確定，是兩岸海域執法合作的制度前提。自1990年後，兩岸海域執法部門並非沒有合作之經驗，但該經驗離形成制度尚存在一定距離。目前，加強兩岸海域執法合作、建立兩岸海域執法合作機制，已經成為兩岸學界共識，其意義亦為兩岸各界所公知。2008年3月後，臺灣局勢發生了有利於兩岸關係和平發展的變化，尤其是《海峽兩岸海運協議》簽訂後，兩岸海域執法合作的空間更為廣闊，而兩岸民眾共同「保釣」、東海油氣田事件、南海爭

端,乃至索馬里護航等事件,更是要求兩岸盡速研擬建立執法合作機制之具體方案。

(一)構建兩岸海域執法合作模式之困境

雖然兩岸在海域執法合作方面有著廣闊的前景,但就實際情況而言,兩岸在這個合作方面的成果相當有限,甚至至今仍未形成兩岸海域執法合作模式。究其原因,兩岸並非無意建立成形的兩岸海域執法合作模式,而在於構建這種模式,將遭遇諸多困境。

1.政治困境:「一中爭議」及其衍生的「承認爭議」

胡錦濤同志將兩岸關係的實質準確地定位為「政治對立」,[27]而該「政治對立」在形式上體現為對「一個中國」的爭議。臺灣學者張亞中也認為,「國家」和「主權」是兩岸關係中的「結」[28],由於大陸和臺灣在「國家」、「主權」等問題上的政治爭議,直接導致了兩岸構建海域執法合作模式的政治困境。

「一中爭議」在兩岸執法合作中,首先體現為對「領海」的理解。國際海洋法通說認為,領海在一國主權所及的範圍內,主權性是領海有別於其他海域的首要特徵。大陸和臺灣的有關法律均對上述觀點持肯定態度:中國大陸制定的《領海及毗連區法》第1條規定,領海系中華人民共和國主權範圍,而第5條也規定「中華人民共和國對領海的主權及於領海上空、領海的海床及底土」;臺灣當局制定的「領海及連接區法」第2條亦規定,「中華民國主權及於領海、領海之上空、海床及其底土」。領海的主權性是一國海域執法部門進行海域執法的基礎。可以説,沒有領海的主權性,一國海域執法部門就沒有了進行海域執法的依據。按照一個中國原則,臺灣作為中國的一部分,並不具有「主權」。依此可以得出如下推論:臺灣當局的海域執法部門並不具有海域執法權。但若按此推論,否定臺灣當局海域執法部門的海域執法權,顯然與兩岸關係的現狀相違背。因此,如何認識「領海」在兩岸間的含義,如何看待臺灣當局海域執法部門實際上擁有的海域執法權,成為構建兩岸海域執法合作模式的一大困境。

「一中爭議」所造成的困境並不止於抽象的「主權」爭論。由於「一中爭

議」，大陸和臺灣在是否承認對方根本法以及依據該根本法所建立的公權力機關上亦存在爭議，即所謂的「承認爭議」。由於「承認爭議」，大陸對臺灣的「憲法」以及依據該「憲法」建立的公權力機關，采一概不承認的態度，臺灣當局雖已不再否認中華人民共和國的存在，但仍禁止公權力機關以「公」名義與大陸的公權力機關進行直接接觸。由於「承認爭議」的存在，兩岸時常出現緊張和對立。「承認爭議」反映到海域執法上，體現為應以何部門作為兩岸海域執法合作的主體，參與兩岸海域執法合作的部門應以何名義與對方進行合作，在海域執法合作中，兩岸應如何看待對方執法部門的地位以及是否可以適用對方法律等。

在「一中爭議」及其衍生的「承認爭議」作用下，兩岸海域執法合作這一純係事務性合作的議題，附著上極為濃厚的政治意味。任何有關兩岸海域執法合作的議題，都因此受到政治因素不必要的干擾，構建兩岸海域執法合作模式，甚至要為此承擔一定的政治風險。

2.法制困境：兩岸海域法制之衝突

由於兩岸在海域執法的法制建設上，完全依循著各自的建設道路，而並無任何溝通，因此，兩岸海域法制雖均以有關國際法條約為基礎，但也並非是完全相同，仍存在諸多衝突之處，這些衝突造成了構建兩岸海域執法合作模式在法制上的困境。

當然，並非所有的兩岸海域法制衝突都對構建兩岸海域執法合作模式產生消極影響。比如在執法程序和執法標準等具體問題上，雖然兩岸海域法制有所不同，但這一衝突可以透過法律適用規則予以消除。因此，雖然兩岸海域法制在具體問題上的衝突，可能會暫時影響兩岸海域的執法合作，但一俟兩岸海域執法部門在法律適用規則上達成共識，這一影響是完全可以消除的。真正造成兩岸海域執法合作困境的，是兩岸海域法制在確定各自實際管轄海域（包括大陸規定的領海、毗連區、專屬經濟區等以及臺灣規定的「領海」、「連接區」、「專屬經濟海域」等）上的衝突。

根據中國大陸的《領海及毗連區法》，中國領海包括領接「中華人民共和國大陸及其沿海島嶼、臺灣及其包括釣魚島在內的附屬各島、澎湖列島、東沙群

195

島、西沙群島、中沙群島、南沙群島以及其他一切屬於中華人民共和國的島嶼」的一帶海域。據上述羅列，領接由臺灣當局實際控制的臺灣及其釣魚島在內的附屬各島、澎湖列島及其他島嶼的海域，都屬於中華人民共和國的領海。與此相應，臺灣「領海及連接區法」並未一一羅列領海範圍，而是籠統地規定「由行政院訂定，並得分批公告之」。在實踐中，臺灣當局「行政院」並未對大陸部分的「領海」範圍進行確定，而是以臺灣島為中心，確定臺灣當局實際控制範圍內的「領海」。然而，臺灣當局截至目前所公告的「領海基線」並不包括金門、馬祖、東引、烏坵等外島地區，因此，從法理上而言，臺灣當局即便是依據其自身所頒布的規範性文件，亦不具有對上述範圍內海域的管轄權，而該海域在大陸方面的領海基線內，大陸對其擁有法律管轄權。但這一法理上的推論並不符合現實，亦即臺灣當局雖在法理上無上述範圍內海域的管轄權，但卻在實質上具有管轄權。[29]由於金馬海域系兩岸海域執法合作最有可能發生的海域，因此，若不解決大陸之法律管轄權和臺灣之實質管轄權的爭議，必將給兩岸海域執法合作產生消極影響。

在重疊海域中劃定「領海」範圍的規定上，大陸和臺灣亦存在衝突，造成確定兩岸在海域執法管轄權分配上的困難，並因此曾導致不必要的爭議。據臺灣當局制定的「領海及連接區法」第6條規定，「領海之基線與相鄰或相向國家間之領海重疊時，以等距中線為其分界線」，但中國大陸的《領海及毗連區法》並無相同規定。雖然大陸和臺灣並非「兩國關係」，但臺灣當局在劃其「領海」基線時，在澎湖與大陸間仍以海域之中線為準，由此造成兩岸在海域執法管轄權分配上的困難。

3.體制困境：對口海域執法部門之欠缺

大陸和臺灣實行完全不同的海域執法體制，尤其是在執法部門上差異頗大，缺乏對口海域執法部門成為阻礙構建兩岸海域執法合作模式的困境之一。海域執法涉及諸多部門，計有漁業、海事、船政、環保、海關、邊防、國土等，因此，世界各國對海域執法體制亦有不同規定，大體上可以分為集中執法體制和分散執法體制。集中執法體制是指由一個統一的海域執法部門集中進行海域執法，其他

部門不能進行海域執法；分散執法體制是指海域執法由多個部門依其專業性質分別承擔。

目前，大陸採分散執法體制，而臺灣則採集中執法體制。大陸方面，由於採取分散執法體制，因而沒有一支海域綜合執法力量，也沒有一個涉海部門能單獨有效地實施海洋立法的綜合管控。依照法律和行政法規，大陸具有海域執法權的部門主要有：國家海洋局（中國海監）、國家海事局（中國海巡）、隸屬農業部的漁政漁港監督管理局（中國漁政）、隸屬公安部的公安邊防海警（中國海警）以及隸屬於海關總署的走私犯罪偵查局（中國海關）。上述各執法部門在各自專業領域內，依照法律和行政法規進行海域執法。除此以外，海軍、國土、環保、文物、旅遊等部門亦有一定的海域執法權。[30]在上述海域執法部門之上，並無一個具有綜合職能的海域執法部門。臺灣2000年2月將原分散於「行政院」各部會的海域執法職能合併，成立「海岸巡防署」（「海巡署」），專責臺灣的海洋事務，為臺灣唯一具有海域執法權的部門。[31]

由於兩岸海域執法體制的迥異，使大陸和臺灣在海域執法上缺乏相應的對口部門。這一困境可以體現為兩種情形：第一，臺灣「海巡署」因在大陸無相同負責海域執法職能的部門，而無法與大陸建立有關兩岸海域執法合作的模式。實踐證明，這一困境僅僅是理論上的。因為大陸方面雖無一個統一的海域執法部門，但在具體海洋事務上仍有對應的海域執法部門，「海巡署」可以按專業與對應的海域執法部門建立聯繫。第二，臺灣「海巡署」雖與一個大陸海域執法部門建立聯繫，但由於大陸采分散執法體制，該聯繫並不當然向其他海域執法部門擴展。如2003年後，「海巡署」與大陸邊防武警單位建立聯繫機制，但該聯繫機制並不向其他部門擴展，而僅限於邊防領域。第二種情形是大陸和臺灣構建兩岸海域執法合作模式選擇中主要的體制困境。

上述三個困境從宏觀的政治，到中觀的法制，再到微觀的體制，依次給兩岸海域執法合作的模式選擇造成巨大困境。但上述困境所造成的只是制度化的模式構建，並未阻遏兩岸海域執法部門在具體事件中的合作。正是這些合作，為兩岸海域執法部門找尋擺脫困境之道提供了實踐基礎。

(二)兩岸海域執法合作模式的要素

兩岸海域執法部門在實踐中的合作,是構建兩岸海域執法合作模式的實踐基礎。本節將透過幾個案例,分別從積極和消極兩個方面,分析兩岸海域執法合作模式的要素。

1.要素之積極分析:「財富1號」事件與「閩蒲漁1089號」事件

從積極方面分析兩岸海域執法合作模式的要素,目的是確定哪些要素構成兩岸海域執法合作模式。

(1)「財富1號」事件

2001年5月16日,杭州海關所轄「海關819」緝私艇在浙閩交界海域執行任務時瞭解到,臺灣高雄港油輪「財富1號」於當日凌晨至午間,先後向多艘大陸福建籍漁船加駁走私柴油,並邊駁邊向澎佳嶼海域行使。「819」緝私艇即緊追跟蹤,於11時50分至12時30分左右將「財富1號」查獲,同時查獲兩艘大陸漁船。「819」緝私艇進行了現場問訊,並登船檢查,基本認定該三艘船涉嫌走私柴油,決定帶回溫州作進一步調查。下午15時05分,臺灣當局「行政院海岸巡邏總局」兩艘艦艇先後靠上被大陸查獲的臺輪「財富1號」,在簡單地與「819」緝私艇人員進行對話和瞭解情況後,便提出由其將臺輪帶回臺灣處理的要求。在近5個小時的交涉後,經雙方協商,「819」艇艇長和臺「海岸巡防總局」官員簽訂備忘錄,決定「財富1號」交由臺灣方面帶離,大陸方面的兩艘漁船由「819」艇押解返航。[32]

「財富1號」事件是近年來兩岸處置突發事件的經典案件。本案之所以得以完滿解決,系依賴於兩岸執法人員(當然,也包括執法人員背後的決策者)保持高度克制,並在沒有相應協議或其他規範性文件的拘束下,能形成「平等談判、製作筆錄、相互交付、各自帶回」的合作形式。

(2)「閩蒲漁1089號」事件

2004年9月13日,福建「閩蒲漁1089號」在福建省漳浦地區洋山島海域違法炸魚,並在9月17日為福建公安警艇告示停船受檢,但該漁船並未停船受檢,在

距離金門約20海里處海域遭到大陸公安艇警告射擊,於駛抵東澳島(臺灣當局實際控制)外海約2000米時因儲油槽被擊中,致使漁船起火燃燒,造成兩名船員落海失蹤,兩名船員受傷。「海巡署」在獲知「閩蒲漁1089號」違法炸魚的事實後,基於兩岸共同打擊犯罪的立場,透過於2003年與大陸邊防武警單位建立的聯繫機制,與大陸有關單位取得聯繫後,於11月16日在金門將上述四名船員向大陸方面交接,在兩岸人員代表見證下,交接手續順利完成。

「閩蒲漁1089號」事件因有「武力使用」的部分,本可能觸動臺灣方面的緊張神經,甚至有可能導致兩岸關係出現不必要的動搖和惡化,但該案仍得以有效解決,並未對兩岸關係造成消極影響,其原因固然在於兩岸共同打擊海上犯罪的立場,但更加關鍵的因素是大陸邊防武警單位和臺灣「海巡署」之間建立的聯繫機制。透過該聯繫機制,大陸和臺灣有關單位可以就本案有效地進行訊息通報和協商,並共同形成解決方案。

2.要素之消極分析:「勝大和號」事件與「臺電」核廢料事件

從消極方面分析兩岸海域執法合作的要素,目的是釐清導致兩岸海域執法合作至今仍有不暢的原因。

(1)「勝大和號」事件

2007年7月28日,臺灣「勝大和號」等六艘漁船在澎湖花嶼西方約47海里海域遭大陸三艘漁政船扣押。臺灣當局「海巡署」派出海防艇在花嶼海域發現上述大陸漁政船和「勝大和號」等漁船。後經無線電聯絡,大陸方面告知臺灣方面「勝大和號」等漁船系因進入大陸公告之休漁海域進行捕撈活動而遭扣押。大陸方面要求臺灣巡防艇駛離,並繼續向大陸方向行駛。由於兩岸漁政部門並無直接聯繫管道,只能透過其他相關管道發生聯繫。大陸漁政船最終同意將「勝大和號」等漁船及其船員放回。2007年7月28日,海基會專門就此事致函海協會,希望能共同維護雙方海上和諧氣氛,防止此類事件再次發生,對兩岸關係造成不利影響。「勝大和號」事件是1999年中國大陸實行南海區伏季休漁制度後,臺灣漁船遭大陸漁政船扣押的典型案例。

「勝大和號」事件引起臺灣當局強烈動作,並導致海基會專門就此事致函海

協會的後果,其主要原因有二:第一,兩岸在執法海域的界定上存在爭議,海基會在給海協會專函中專門提及「嚴格約制其所屬船舶」一句,實已表明雙方在執法海域界定上的爭議,亦即大陸和臺灣在大陸漁政船是否可以「越線」執法,仍存在不同認知。第二,兩岸漁政部門並無直接聯繫管道,臺灣「海巡署」不能直接與大陸漁政部門進行現場溝通,而只能轉由透過海基會、「陸委會」和「農委會」等相關機構與大陸進行溝通,按前文有關體制困境的分析,當屬「對口海域執法部門之缺乏」的第二種情形。

(2)「臺電」核廢料事件

臺灣負責島內核能開發的「臺電」公司在大陸展開核廢料處置場徵選工作,島內以尚處於軍管的無人離島呼聲最高。據稱,「臺電」選取的場址主要有彭佳嶼、澎湖望安、金門大小烏坵和小蘭嶼,如果最終決定將場址定於大小烏坵,則核廢料的航行運輸路線可能須進出大陸公布的領海海域。[33]據《中華人民共和國領海及毗連區法》第8條,載運核物質的船舶透過中華人民共和國領海時必須持有有關證書,並採取特別預防措施,而臺灣「領海及領接區法」第9條亦有相似規定,如何處理可能發生之核物質進出大陸公布的領海海域和臺灣當局公布的「領海」海域的事件,是一項棘手的難題。

本案雖然尚未發生,但核物質進出大陸公布的領海海域一事,仍是「臺電」選址時考量的因素之一。本案的重點仍在於兩岸在執法海域界定上的爭議,同時伴隨大陸方面是否承認臺灣當局公布的「領海」,甚至包括如何理解「領海」一詞含義等高度政治爭議。

3.要素之選擇

上述案例雖係個案,但都具有典型特徵,從中可以概括出兩岸海域執法合作模式的要素。根據上述分析,我們發現,從積極方面而言,最終獲得妥善解決的案例都有著以下幾點關鍵要素:第一,雙方在保持克制基礎上的充分合作,以及由此形成的合作形式;第二,雙方在重大問題上的一致立場;第三,雙方建立的有效聯繫機制。與此相比,從消極方面而言,導致兩岸海域執法合作不暢的案件則大多肇因於以下幾個方面:第一,兩岸在執法海域上存在爭議;第二,兩岸在

一些政治問題上存在重大爭議；第三，兩岸有關部門沒有建立相應的聯繫機制。從根本上而言，克服消極方面對兩岸海域執法合作造成的影響具有根本性，其原因是只有在克服消極方面的不利影響後，才有可能在無消極因素干預下，充分挖掘兩岸共同認可的積極因素，以期促進兩岸海域執法合作的發展。

在上述從案例總結的積極方面若干因素和消極方面若干因素中，有些因素已經超越兩岸海域執法合作的論域，如兩岸在「領海」含義上的理解等，已經屬於與「國家」、「主權」問題有涉的高度政治性爭議，遠非兩岸海域執法合作所能涵蓋。況且，在討論兩岸海域執法合作時，本身已經包含有只關注事務性合作，不受限於政治性爭議的意味。因此，對於「領海」等與政治爭議有涉的問題，在討論兩岸海域執法合作時，毋寧是一個需要考慮的背景，而非構成模式的要素。據此，我們認為，構成兩岸海域執法合作模式的要素主要有執法海域、聯繫主體和合作形式三者。

第一，執法海域。執法海域是兩岸海域執法合作模式的地域要素。它在兩岸海域執法合作模式中有著兩重含義。首先，執法海域是區分大陸和臺灣由誰主導執法的重要標誌。由於大陸和臺灣事實上由兩岸海域執法部門單獨執法，而且在兩岸微妙的政治平衡下，任何一方都應儘量避免在對方實際控制區域執法。因此，對執法海域的界定，就成為區分由誰主導執法的重要標誌。若在大陸一方的實際控制海域，即為大陸方面的執法海域，由大陸海域執法部門主導執法；若在臺灣一方的實際控制海域，即為臺灣方面的執法海域，由臺灣海域執法部門主導執法。其次，執法海域中的「海域」歸根到底是一個地理概念，僅具指涉地理區域的含義。運用作為地理概念的「海域」代替具有主權性的「領海」，有助於緩和兩岸間的高度政治爭議，從而為兩岸在海域執法合作中形成一套可資利用的話語體系奠定基礎。

第二，聯繫主體。聯繫主體是兩岸海域執法合作模式的主體要素。聯繫主體制度是兩岸在事務性商談中建立的主體制度。由於兩岸間存在「一中爭議」及其衍生的「承認爭議」，因而雖然民間層次的接觸已經基本放開，但在公權力層次仍處於隔離狀態。然而，大量兩岸事務若無公權力機關，則根本無從實現。因

此，大陸和臺灣經由海協會和海基會的事務性協議，創設了聯繫主體制度。考查兩會事務性協議中的聯繫主體制度可知，被規定在協議中的聯繫主體，往往並不是真正實施協議的主體（真正實施協議的主體，往往是兩岸的公權力機關），而只是負責與對方相當主體進行聯繫的主體。透過聯繫主體進行聯繫後，兩岸再分別由各自公權力主體落實。兩岸海域執法合作的模式選址亦可借鑑聯繫主體制度，透過建立聯繫主體制度，迴避兩岸實際負有海域執法權的公權力機關是否直接接觸的敏感問題。

第三，合作形式。合作形式包括兩岸海域執法合作的形式以及由該形式所決定的程序，是兩岸海域執法合作模式的形式要素。兩岸海域執法合作的精髓在於「合作」，強調大陸和臺灣在海域執法問題上的「共識」，而非任何一方的「獨白」。[34]如何使兩岸海域執法部門在執法合作中獲得「共識」，是合作形式解決的關鍵問題。合作形式看上去是一個形式和程序的問題，但也受到兩岸間政治爭議的干擾。如兩岸海域執法部門在合作中的關係、兩岸海域執法部門如何適用法律，以及對執法相對人應由誰管轄等問題，本質上都是大陸和臺灣政治關係定位在兩岸海域執法合作中的反映。因此，對於兩岸海域執法合作的合作形式，必須以十分謹慎的態度進行設計，而且該合作形式本身亦應是兩岸共識的產物。

（三）構建兩岸海域執法合作模式之途徑

經由前兩部分的討論，我們已經基本建立起兩岸海域執法合作模式的輪廓，亦即在明確界分執法海域的前提下，透過統一的聯繫主體，透過一定的合作形式達成海域執法的共識。當然，這一輪廓過於粗糙，仍需作更進一步的精細設計。正如兩岸關係和平發展必須採取漸進方式穩步推進一樣，兩岸海域執法合作模式之構建亦需透過兩岸海域執法部門通力合作，逐步實現。立足於此認識，從一開始就設計一個完美的兩岸海域執法合作模式既不可能，也無必要，兩岸海域執法合作模式應是在實踐中逐漸發展起來的。但這並不意味著兩岸海域執法合作模式之構建排除人的主觀意願，完全自發形成，兩岸海域執法合作模式的構建是一個自覺的過程，它不僅需要實踐中的穩步推進，也需要在理論上進行必要的準備。在此我們從思路和具體模式兩個方面，對構建兩岸海域執法合作模式之途徑進行

討論。

1.思路

構建兩岸海域執法合作模式的途徑有縱的和橫的兩條思路。所謂縱的思路，是指以海域執法合作為總體背景，不分具體的專業領域，按照合作的程度作整體推進。所謂橫的思路，是指以海域執法的專業事項為依據，按各專業事項合作執法的必要性和難易，分別推進。如臺灣學者姜皇池以兩岸在南海的聯合執法為背景，提出首先將海難救助方面的合作予以制度化，並以救難事務為基礎性合作試驗，再逐步擴及其他合作事項，以求得兩岸南海執法合作之最大利益。[35]縱的思路和橫的思路實際上都是「先易後難」的思路。就縱的思路而言，初步的、表面的合作模式，顯然比深入的、實質性的合作模式更加容易建立；就橫的思路而言，某些海域執法領域因其性質，更加容易獲得兩岸的共同認同，甚至已經成為兩岸在海域執法上的共同立場。如上述「閩蒲漁1089號」事件中，兩岸在共同打擊海上犯罪的立場相同，使兩岸在海域執法合作上得以克服阻力，甚至迴避「使用武力」部分。姜皇池提出以海難救助為突破口，也是基於兩岸共同秉持的人道主義立場。[36]

需要說明的是，「先易後難」只是一條明線。隱藏在「先易後難」背後的是一條「先事務後政治」的暗線。這條暗線決定著兩岸海域執法合作模式構建的發展方向和進程。兩岸在長期交往中，為滿足開展事務性合作的需要，形成了迴避政治爭議、專注事務商談的基本思路。尤其是「九二共識」的達成，不僅為兩岸事務性商談奠定了足以依靠的政治基礎，也為兩岸在事務性商談中迴避政治議題提供了依據。目前，除「九二共識」外，兩岸尚未達成新的政治性共識，但卻在兩岸「三通」、食品安全、旅遊、掛號信函、公證文書等事務性領域形成多項協議，使兩岸事務性合作不斷取得新進展。按照新功能主義的見解，隨著兩岸事務性合作的深入發展，在兩岸政治力量的導引下，兩岸必將在政治上取得突破。[37]同樣，兩岸海域執法合作雖在總體方面屬事務性合作，但在某些方面或者某些情況下，仍與政治有所關聯。如在南海事件上，大陸方面提出的「主權屬我、擱置爭議、共同開發」的總方針，而臺灣方面亦有「主權在我、擱置爭議、

和平互惠、共同開發」的類似方針。但是，兩岸在「主權屬我」或「主權在我」上所主張的「主權」是否是一個「主權」，值得提出疑問。而且在南海事件中，兩岸要共同面對實際控制南沙群島的外國勢力，兩岸究竟以何名義共同對外，如何與外國勢力交涉等問題，已經關係到大陸和臺灣的政治關係定位等具高度政治敏感性的議題。相反，如海難救助、環境保護等純屬事務性事項的合作，則要容易和方便得多。由此，可以借鑑兩岸事務性商談所積累的經驗，先在事務性領域開展兩岸海域執法合作，然後將該執法合作向政治性領域擴展。總結明線和暗線，兩岸海域執法合作的思路應當是「從容易的事務性領域向困難的政治性領域」，按此思路，所謂縱的思路和橫的思路應予合併，亦即打破單向度、直線式的模式建構途徑，形成複合式、多元化的模式建構途徑。

2.具體模式

在具體模式上，按照合作程度的深淺，可以分為分別執法模式、協商執法模式和合作執法模式。需要說明的是，三種具體模式雖有深淺之分，但並非具有時間先後順序。因為構建兩岸海域執法合作模式的過程並非是單向度、直線式的，而是呈現複合式、多元化的樣態。有的海域執法領域的最終樣態可能就是分別執法，而依其性質不可能向協商執法、合作執法兩模式發展，如一些涉及政治性議題的執法事項。有的海域執法領域可能發展至協商執法為止，而不再向合作執法方向發展，如涉及公權力行使和司法管轄權的打擊海上犯罪、查私緝私等。有的海域執法領域則可能經由分別執法、再到協商執法，最終發展為合作執法，如基於人道主義立場的海難救助、基於環保立場的海上重大環境事件處置等。這些專業的海域執法領域依其性質，形成一個錯落有致、而又體系分明的整體。以下，以執法海域、聯繫主體和合作形式三項要素為序，對分別執法模式、協商執法模式和合作執法模式分別加以說明。

第一，分別執法模式。分別執法模式是指兩岸海域執法部門為了完成特定的執法任務，在不否認對方海域執法部門執法權的前提下，以默示同意的方式，完成同一執法任務。分別執法模式是兩岸海域執法合作的初級階段。由於兩岸海域執法部門在分別執法模式中，採取「互不否認、沉默合作」的形式，因而分別執

法模式又可稱為沉默執法模式。分別執法模式的執法海域以兩岸各自實際管轄的海域為依據，兩岸海域執法部門在各自實際管轄的海域內完成任務，而不得跨界執法，也不得干預對方在其自己執法海域的執法行為。在分別執法模式中，由於兩岸海域執法部門以沉默方式開展執法合作，因而沒有聯繫主體制度，在合作方式上，也是按照各自的執法規則進行，但不得因己方執法侵害對方權益。分別執法模式與目前兩岸各自執法的不同之處在於，兩岸海域執法部門參與到分別執法模式中，是為了完成一項共同的執法任務，只是因為種種原因，無法開展或者不便開展直接對話。分別執法模式在兩岸海域執法合作的實踐中已有先例。如2006年5月20日，越南七艘漁船在南海東沙海域失蹤，越南方面分別向大陸和臺灣海域執法部門求助，大陸和臺灣均派出救援船艇實施海難救助，但並無事先聯絡，在救援過程中也沒有進行直接對話。[38]上一案例中，兩岸依循典型的分別執法模式，在並無直接對話和溝通的情況下，共同完成了海域執法任務。分別執法模式有效地迴避了大陸和臺灣之間的政治爭議，足以成為兩岸啟動海域執法合作的選項之一。

第二，協商執法模式。協商執法模式是指兩岸透過特定的協商機制，在執法過程中相互交換訊息，並對重大問題透過充分協商加以解決。協商執法模式的執法海域以兩岸各自實際管轄的海域為依據，跨界執法必須經過對方同意或依照協商機制交由對方替代執法，一般不得干涉對方在其自己執法海域的執法行為。協商執法模式中，兩岸海域執法合作模式的核心是透過聯繫主體建立的協商機制。按事務性合作的通例，該聯繫主體可以是不具有公權力性質的民間團體，該民間團體在經有關部門授權後，負責與對方相應團體進行聯繫，然後將聯繫結果交由各自公權力機關實施。汲取體制困境的教訓，如果大陸方面暫時難以將各海域執法部門統一，則可透過建立統一的聯繫主體加以彌補，由該聯繫主體在各海域執法部門授權的情況下，負責與臺灣方面的對應團體進行聯繫，然後就聯繫結果依專業性質，由各海域執法主體分別實施。協商執法階段在合作形式上的特徵是「協商」。兩岸海域執法部門均透過一定聯繫主體進行協商，協商的範圍限於交互訊息和對重大問題的處分，體現為臨時性和個案性，因而不進行長期性的訊息交換，也無綜合性的執法合作。如2000年，大陸方面的「銀鷺號」靠近臺灣的

海域被臺灣方面扣留，大陸方面透過海協會渠道與臺灣方面進行協商，促成被扣人員家屬慰問，並最終使臺灣方面放回被扣船隻和人員。[39]在該事件中，大陸方面並未參與執法活動，而全系臺灣海域執法部門執法，大陸只是透過海協會和海基會建立的聯繫機制進行協商，對臺灣海域執法部門的行為產生影響。協商執法模式實際上是將兩岸透過事務性商談所形成的兩會模式，移植到兩岸海域執法合作中，是與兩岸關係現狀相適應的合作模式。

　　第三，合作執法模式。合作執法模式是指兩岸建立合作機制，經常性地交換訊息，進行包括日常訓練、實兵演練、人員互訪、人員培訓、行動協調等方面的合作。合作執法模式是比較高級的兩岸海域執法合作模式，兩岸海域執法部門的執法海域不限於各自實際管轄的海域，在對方許可的情況下，一方可以進入對方海域進行執法，並可以在合作的框架內，就重大案件在人員、裝備上進行聯合。合作執法模式的聯繫主體仍然是透過不具有公權力性質的民間團體，但在該階段，兩岸海域執法部門的有關人員可以藉助被賦予民間團體身分，戴上「民間白手套」，直接進行對話。這一做法在已有的兩岸事務性合作中屢見不鮮，亦應移植到兩岸海域執法合作中。至於合作形式，合作執法階段的首要特徵是「合作」，該「合作」超越臨時性、個案性協商的範圍，而是依託合作機制，形成日常性、長期性、全面性的執法合作，且合作領域並不僅限於案件的處理，而且還在於日常事務的開展，在一定條件下，還包括共同執法。目前，就公開資料而言，兩岸海域執法部門雖未建立日常性訊息交換的合作機制，卻不乏共同執法的案例，其中大多是共同的海難救助。

　　大陸和臺灣同屬一個中華民族，維護中華民族海洋利益，確保中華民族海洋安全，謀求兩岸人民海洋福祉，是兩岸的共同責任。況且，海洋系兩岸諸多民眾的生存之本，透過建立兩岸海域執法部門的執法合作，構建兩岸海域執法合作模式，無論是對於民族，還是對於民眾而言，都是一件具有積極意義的事。作為兩岸關係和平發展框架的重要組成部分，兩岸海域執法合作模式也必將隨著兩岸關係的不斷推進迎來一個廣闊的發展前景。

　　註釋

[1].周葉中：《論建構兩岸關係和平發展框架的法律機制》，《法學評論》，2008年第3期。

[2].周葉中：《中國和平統一與法治發展》，載周葉中、祝捷：《兩岸關係的法學思考》，香港社會科學出版社有限公司，2010年版，第101頁。

[3].祝捷：《論兩岸海域執法合作模式的建構》，《臺灣研究集刊》，2010年第3期。

[4].馬克思恩格斯選集》第3卷，人民出版社，1995年版，第523頁。

[5].馬克思恩格斯全集》第1卷，人民出版社，1965年版，第479頁。

[6].彭和平、竹立家等編譯：《國外公共行政理論精選》，中共中央黨校出版社，1997年版，第1頁。

[7].參見胡曉芳：《政治行政分合視閾中的行政公共性——基於西方公共行政理論流派演進維度的考量》，蘇州大學2009屆博士學位論文。

[8].薛波主編：《元照英美法詞典》，法律出版社，2003年版，第34頁；陸谷孫主編：《英漢大辭典》，上海譯文出版社，1989年版，第40頁。

[9].《馬克思恩格斯全集》第1卷，人民出版社，1965年版，第479頁。

[10].周葉中主編：《憲法》，高等教育出版社、北京大學出版社，2005年版，第330頁。

[11].吳庚：《行政法之理論與實用》，中國人民大學出版社，2005年版，第3頁。

[12].參見翁岳生編：《行政法》，元照出版有限公司，2006年版，第11頁。

[13].葉必豐：《行政法的人文精神》，湖北人民出版社，1999年版，第142頁。

[14].〔美〕F.J.古德諾著，王元譯：《政治與行政》，華夏出版社，1987年版，第47頁。

[15].John Mccormic，Understanding the European Union，London：Macmillan Press，1999，p.15.

[16].參見房樂憲：《歐洲政治一體化：理論與實踐》，中國人民大學出版社，2009年版，第50頁。

[17].UNDP.Our Global Neighborhood：Report of the commission on Global Governance.Oxford：Oxford University Press，1995，pp.2-3.

[18].Rhodes，R.A.W（1997）：Understanding Governance.Policy Network，Governance，Reflexivity and Accountability.Buckingham：Open University Press.P.46.

[19].〔美〕F.J.古德諾著，王元譯：《政治與行政》，華夏出版社，1987年版，第14頁。

[20].參見〔瑞典〕阿姆納主編，楊立華等譯：《趨向地方自治的新觀念——比較視角下的最近地方政府立法》，北京大學出版社，2005年版，第6頁以下。

[21].有關「兩岸治理」觀點的比較分析，參見周葉中、祝捷：《兩岸治理：一個形成中的結構》，《法學評論》，2010年第6期。

[22].參見王詩宗：《治理理論及其中國適用性》，浙江大學出版社，2009年版，第95頁。

[23].參見康仙鵬：《兩岸治理——「兩岸關係」思維的檢視與突破》，《臺灣研究集刊》，2010年第4期。

[24].參見葉必豐等：《行政協議：區域政府間合作機制研究》，法律出版社，2010年版，第177—183頁。

[25].參見葉必豐等：《行政協議：區域政府間合作機制研究》，法律出版社，2010年版，第212—230頁。

[26].參見何淵：《區域性行政協議研究》，法律出版社，2009年版，第130—165頁。

[27].參見胡錦濤：《攜手推動兩岸關係和平發展、同心實現中華民族偉大復興——在紀念〈告臺灣同胞書〉發表30週年座談會上的講話》，《人民日報》，2009年1月1日。

[28].參見張亞中：《兩岸主權論》，臺灣生智文化事業有限公司，1998年版，第2頁。

[29].參見尹章華：《兩岸海域法》，臺灣文笙書局股份有限公司，2003年版，第2—13頁。

[30].參見王淼等：《大陸現行海上執法體制的弊端與改革對策》，《軟科學》，2006年第1期。

[31].游乾賜：《大陸海岸巡防體制之挑戰與變革》，《臺灣海洋法學報》，2007年第1期。

[32].參見《「財富1號」涉嫌走私柴油案》，資料來源：http://www.gwytb.gov.cn/tfsj/tfsj0.asp?tfsj_m_id=34，最後訪問日期：2009年4月13日。

[33].尹章華：《兩岸海域法》，臺灣文笙書局股份有限公司，2003年版，第5—11頁。

[34].參見周葉中、祝捷：《論海峽兩岸和平協議的性質——中華民族認同基礎上的法理共識》，《法學評論》，2009年第2期。

[35].姜皇池：《論兩岸南海海上執法合作可能議題：現狀與發展分析》，載中國海洋法學會：《海峽兩岸海上執法的理論與實踐學術研討會論文集》，中國海洋法學會，2008年印行。

[36].參見上引姜皇池文。

[37].參見周葉中、祝捷：《論兩岸關係和平發展框架的內涵》，《時代法學》，2009年第1期。

[38].姜皇池：《論兩岸南海海上執法合作可能議題：現狀與發展分析》，載

中國海洋法學會：《海峽兩岸海上執法的理論與實踐學術研討會論文集》，中國海洋法學會，2008年印行。

[39].參見《「銀鷺」號帆船被臺抓扣事件》，資料來源：國臺辦網站，http://www.gwytb.gov.cn/tfsj/tfsj0.asp?tfsj_m_id=33，最後訪問日期：2009年4月14日。

第七章 構建兩岸關係和平發展框架中的兩岸司法協調機制

隨著兩岸關係的不斷發展，兩岸之間的交流也日益頻繁和深入。政治、經濟、文化層面衝突的不斷出現，迫切要求兩岸在法律層面對其進行疏導和協調。建立一套完善的司法（含仲裁）協調機制則是兩岸關係和平發展的重要保證。

司法協調主要體現在司法協助和公正協助等方面，其中司法協助包括了刑事司法協助、民商事司法協助、仲裁裁決的相互承認與執行等。司法（含仲裁）協調機制，就是指兩岸司法機關在司法活動過程中，為了處理好兩岸和平發展關係，順利推進司法過程，進而解決司法衝突而採取的一系列方式、方法和手段，以及它們之間的有效組合的總稱。兩岸的司法協調可分為三個環節，即管轄權協調、法律適用協調和司法協助。

一、兩岸現行司法制度之比較

兩岸之間司法制度的差異是兩岸司法合作產生障礙的源頭之一。對其進行比較分析是兩岸進行司法協助需要釐清的前提。

（一）兩岸司法組織體系的差異

1.臺灣的司法組織體系

臺灣當局設立「行政院」、「立法院」、「司法院」、「監察院」、「考試院」，「五院」分別行使行政、立法、司法、彈劾、考試五權。「司法院」作為

「五院」之一，具有獨特的地位。

「司法院」是臺灣的「最高司法機關」，設「院長」、「副院長」各一人，並設正、副「祕書長」各一人。「司法院」設「大法官會議」，由「大法官」17人組成。「司法院」所屬機關有：普通法院、行政法院、公務員懲戒委員會和各種委員會。其具體組織體系如下圖：

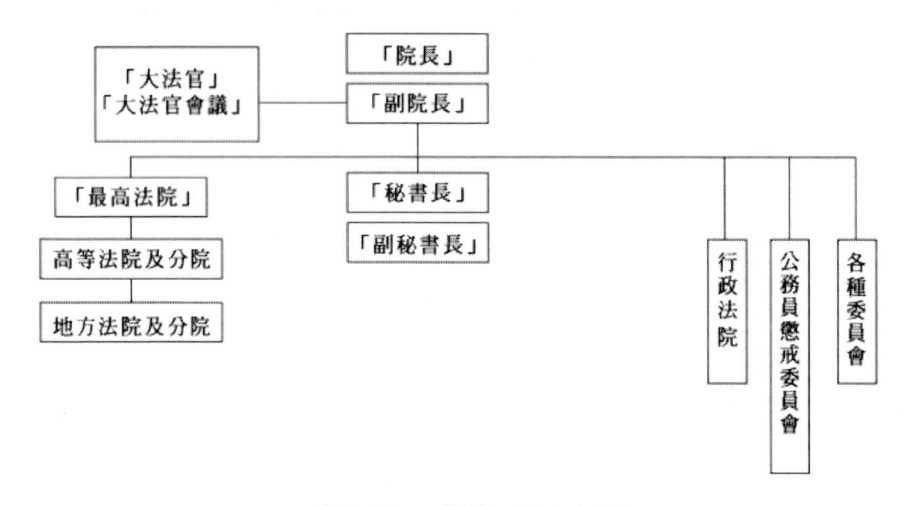

「司法院」組織系統結構圖

「司法院」擁有廣泛的職權，包括民事、刑事、行政訴訟審判權、公務員懲戒權、「憲法」及法律命令解釋權等等。另外，其下設的各種委員會還各自行使專門的職責。

「法務部」隸屬於「行政院」，主管檢察、監所、司法保護的行政事務及「行政院」的法律事務。「法務部」設「部長」一人，是「政務委員」之一，特任部務，指揮監督所屬職員及機關。設「政務次長」、「常務次長」各一人，輔助「部長」處理部務。

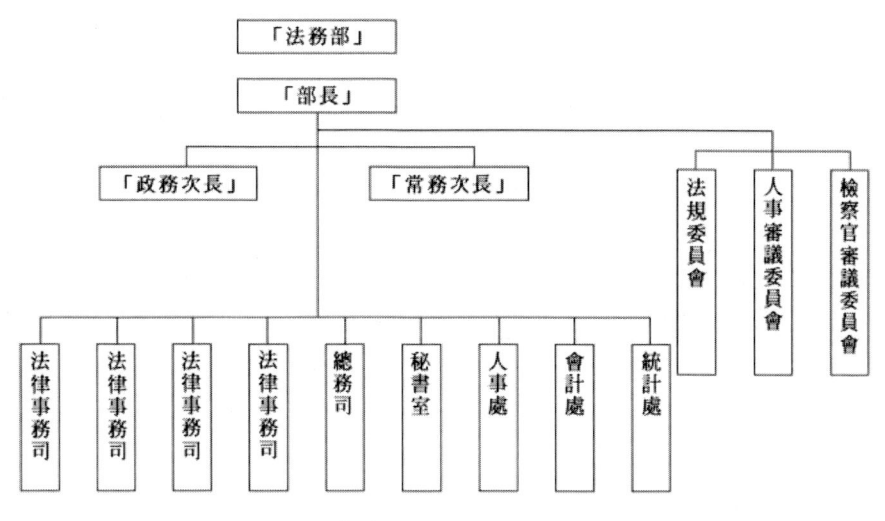

「法務部」的內部組織圖

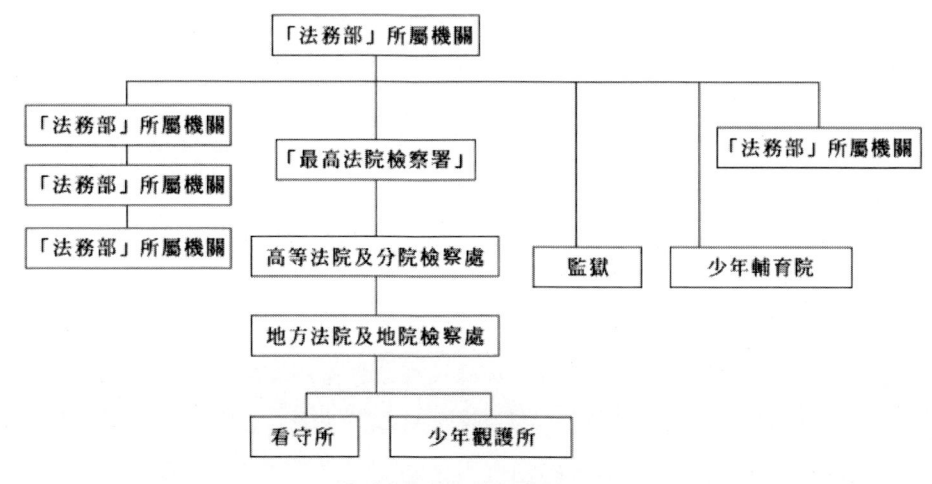

「法務部」所屬機關圖

（1）臺灣的法院組織體系

臺灣的法院設三級：「最高法院」、高等法院、地方法院。三級法院之間是審級關係，而非行政隸屬關係。

「最高法院」是臺灣的「最高審判機關」，在審級上是第三審法院，是終審法院。設民事庭和刑事庭各五個，分別審理不同性質的案件。高等法院設於省或

特別區域,是臺灣法院體系中的第二級。分設民事庭和刑事庭若干個,並設庭長一人,推事(法官)兩人,還可設專業法庭,並設公設辯護人,

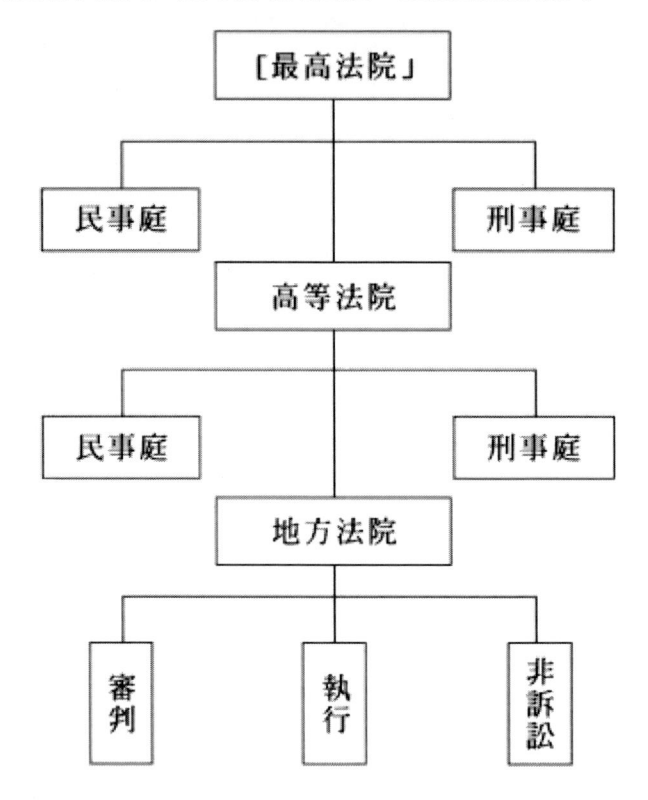

```
                    ［最高法院］
                   ┌──────┴──────┐
               民事庭            刑事庭
                   └──────┬──────┘
                      高等法院
                   ┌──────┴──────┐
               民事庭            刑事庭
                   └──────┬──────┘
                      地方法院
              ┌───────────┼───────────┐
           審判          執行         非訴訟
```

各級法院組織及業務概要圖

刑事資料室、書記室等。地方法院為臺灣最低審判機關,原則上設於縣、市;若縣、市地域狹小,可數縣、市合設一所地方法院;若縣、市地域遼闊,可增設分院。地方法院審判案件一般由推事(法官)獨任審判,對案情重大的則由推事(法官)三名合議審判。

另外,臺灣還設行政法院專門負責審理行政訴訟案件。

(2)臺灣的檢察機構

臺灣檢察機關的組織體系包括「最高法院檢察署」,高等法院檢察處,地方法院檢察處,均隸屬於「行政院」所屬的「法務部」。1980年實行審檢分隸

制，但各級檢察機關仍相應設於各級法院之中。

「最高法院檢察署」設「檢察長」一人，「檢察官」若干人，內設書記廳、會計室、人事室等機構。「檢察長」指揮監督臺灣檢察事務，負責施政方針、工作計劃和處理一切事務。高等法院檢察處設首席檢察官和檢察官若干人，內設書記室、刑事資料室、人事室、會計室等機構。地方法院檢察處設首席檢察官、檢察官、書記室、人事室、會計室。首席檢察官負責該院檢察事務，對所屬職員的工作、操行等進行考查。

根據「法務部組織法」的規定，「法務部」主管檢察、矯正、司法保護之行政事務及行政院之法律事務。（第1條）「法務部」對於各地方最高行政長官執行本部主管事務，有指示、監督之責。（第2條）「法務部」就主管事務，對於各地方最高行政長官之命令或處分，認為有違背法令或踰越權限者，得報請「行政院」予以撤銷、變更、廢止或停止其執行。（第3條）

2.大陸司法組織體系

（1）大陸法院組織體系

就大陸大陸而言，各級人民法院基本上是以國家行政區為基礎設置的，其系統是：最高人民法院、地方各級人民法院、專門人民法院。地方各級人民法院包括：高級人民法院、中級人民法院和基層人民法院。專門人民法院包括軍事法院、鐵路運輸法院、海事法院、森林法院等。

最高人民法院、高級人民法院和中級人民法院分別由院長一人、副院長、庭長、副庭長、審判員若干人組成；基層人民法院由院長一人、副院長和審判員若干人組成。

最高人民法院是最高審判和審判監督機關，審理的案件包括：法律規定由它管轄和它認為應由自己審理的第一審案件；對高級人民法院、專門人民法院判決和裁定的上訴和抗訴案件；最高人民檢察院按審判監督程序提出的抗訴案件。

省、自治區、直轄市設高級人民法院，審理的案件包括：法律規定由它管轄的第一審案件；下級人民法院移送審判的第一審案件；對下級人民法院判決和裁

定的上訴案件和抗訴案件；人民檢察院按審判監督程序提出的抗訴案件。

省、自治區按地區設立中級人民法院；在直轄市設中級人民法院；在省轄市、自治區轄市、自治州設中級人民法院。其審理的案件有：法律規定由它管轄的第一審案件；基層人民法院移送的第一審案件；對基層人民法院判決和裁定的上訴案件；人民檢察院按審判監督程序提出的抗訴案件。

基層人民法院是指縣、自治縣、不設區的市、市轄區的人民法院。審理民事、刑事和行政等第一審案件。基層人民法院可以設若干派出法庭。

大陸實行的審級制度是四級兩審終審制，即凡案件經兩級人民法院審理即告終結的制度。對地方各級人民法院所作的第一審判決和裁定，如果當事人或他們的代理人不服，可以按法定程序向上一級人民法院上訴；如果人民檢察院認為確有錯誤，應依法向上一級人民法院抗訴；上一級人民法院做出的判決和裁定是終審的、發生法律效力的判決和裁定，當事人不得再上訴；最高人民法院作為第一審法院審判的一切案件都是終審判決。[1]

（2）大陸的檢察機關

人民檢察院是國家的法律監督機關。大陸憲法和人民檢察院組織法規定，各級人民檢察院由檢察長一人、副檢察長和檢察員若干人組成。

人民檢察院的組織系統為：最高人民檢察院、地方各級人民檢察院和專門人民檢察院。地方各級人民檢察院包括：省、自治區、直轄市人民檢察院；省、自治區、直轄市人民檢察分院；自治州和省轄市人民檢察院；縣、市、自治縣和市轄區人民檢察院。省級人民檢察院和縣一級人民檢察院根據工作需要，提請本級人大常委會批准，可以在工礦區、農墾區、林區等區域設置人民檢察院，作為派出機構。

最高人民檢察院領導地方各級人民檢察院和專門人民檢察院的工作，上級人民檢察院領導下級人民檢察院的工作。上下級檢察機關間的領導與被領導關係具體表現為：第一，大陸和省、自治區、直轄市人民檢察院檢察長有權向本級人民代表大會常務委員會提請批准任免和建議撤換下級人民檢察院檢察長。第二，下

級人民檢察院在辦理重大案件中，如遇到自己不能解決的情況和困難時，上級人民檢察院應及時給予支持和指示，必要時可派人協助工作，也可以把案件上調自己辦理。

人民檢察院的主要職權有：法紀監督、偵查監督、公訴和審判監督，以及對刑事案件判決、裁定的執行和監獄、看守所、勞動改造機關的活動是否合法進行監督。

（二）兩岸司法制度比較分析

在法院組織結構方面，兩地法院有相似性，但也有較大不同。大陸大陸實行一元審判體系，而臺灣實行的是三元審判體系。

首先，就縱向結構而言，大陸法院由基層人民法院、中級人民法院、高級人民法院、最高人民法院四級構成。臺灣法院由「最高法院」、高等法院、地方法院三級組成。大陸的專門人民法院包括軍事法院、鐵路運輸法院、海事法院、森林法院等。臺灣的專門法院包括專門審理行政訴訟案件的行政法院、公務員懲戒委員會和各種委員會。此外，臺灣最特別的是有作為最高司法機關的「司法院」統領上述法院和委員會進行司法活動。

其次，在橫向結構上，大陸法院由特設的專門審判庭和法定的審判組織兩部分構成，各級人民法院審理各類不同性質的糾紛案件，由人民法院內部不同的專門審判庭負責審理。根據《人民法院組織法》的規定，其內部的專門審判庭有刑事審判庭、民事審判庭、行政審判庭、告訴申訴庭，以及根據實際需要而設置的其他審判庭，如房地產審判庭等。此外，人民法院內部與專門審判庭平等的還有辦公室、研究室、信訪處、政治處、行政處等輔助性機構。專門審判庭和與之平行的輔助性機構，構成了法院內部組織結構的橫軸。而由獨任庭、合議庭和審判委員會三種審判組織構成了法院內部組織結構的縱軸。[2]臺灣法院系統中，「最高法院」設民事庭和刑事庭，將行政訴訟案件剝離到專門的行政法院審判。審判組織形式上主要有獨任制和合議制兩種。「大法官會議」是「司法院」主要的審判組織形式。

在審級制度方面，大陸實行兩審終審制度。最高人民法院作為第一審法院審

判的一切案件都是終審判決。臺灣民刑事法院是三級三審，行政法院是一級一審。公務員懲戒實行一級一審，一定職等以上公務員的懲戒，須由「監察院」移送到司法部門。但不是以法院的形式，而是以會議的形式作出裁定。

在法官的保障方面，在大陸，各級人民代表大會有權罷免由它選出的人民法院院長，地方各級人民法院院長可以向本級人民代表大會提出辭職，大會閉會期間，由常務委員會決定是否接受。其他法院法官的任免由同級人民代表大會常務委員會決定。臺灣法官的職務及身分除獨立受臺灣「憲法」第80、81條保障外，還受「法院組織法」和一些條例的保障。由於人們的質疑，憲法上的「終身保障」制度，逐漸演變為70歲不辦案可照拿全薪的「優遇制度」。法官的獨立性以及所受保障較強。

在法院的職權方面，大陸法院除了具有審判職權之外，還有指導權、司法建議權、司法行政權，最高法院享有司法解釋權。但大陸法院沒有違憲審查的權力。臺灣現行的「憲法」解釋體制由「司法院」特設「大法官」組成的「大法官會議」而非「最高法院」行使。「大法官」對終局裁判適用法令認定「違憲」，可給予特別救濟。「大法官會議」擁有「違憲審查」的權力。

在檢察機關方面，大陸的檢察機關為最高人民檢察院和與審判機關相對應的地方各級人民檢察院，主要對同級人民法院審理的有關刑事案件提起檢控。大陸檢察機關的職能廣泛，除對其所具有的公訴權和對部分案件的偵查權之外，它還有對其他國家機關、公職人員以及公民是否遵循和執行法律進行監督，對法院的審判活動、偵查機關的偵查活動，以及判決的執行情況進行監督的職能。臺灣自1980年起實行審檢分隸制，但各級檢察機關仍相應設於各級法院之中。較之於內地檢察機關，「法務部」掌管檢察體系同時是行政院的法律顧問。

二、管轄權的衝突與協調

海峽兩岸區際民事訴訟管轄權衝突的主要形式是「平行訴訟」（Parallel

Proceedings），即相同當事人就同一爭議基於同一事實以及相同目的在兩個以上的國家或地區進行訴訟的現象。[3]其主要表現為兩種形態：一是「重複訴訟」（Repetitive Suits），即一方當事人作為原告在兩個以上國家或地區的法院就同一爭議向同一被告提起訴訟；[4]二是一方當事人作為原告在甲國或地區以對方當事人為被告提起訴訟，而對方當事人又在乙國或地區作為原告以該當事人為被告提起訴訟，稱為「對抗訴訟」（Reactive Suits）。[5]

這種現象本應在域內被絕對禁止，卻因為兩岸事實上法域的不同，以及欠缺協調和銜接的立法現狀而大量存在。平行訴訟的存在，破壞了法律關係的穩定性以及司法公信力，破壞了法律體系的一致性，導致兩岸各自的判決在對方得不到承認與執行。

大陸地區據以確定涉臺民商事案件管轄權的法律淵源主要有《民事訴訟法》和《若干意見》、《中華人民共和國涉外民事關係法律適用法》以及《最高人民法院關於審理涉臺民商事案件法律適用問題的規定》。與大陸地區一樣，臺灣立法並未就涉及兩岸因素的民商事案件的管轄問題制定專門法律，其相關規定散見於《臺灣與大陸地區人民關係條例》、臺灣「民事訴訟法」等。

（一）兩岸現行相關立法衝突分析

兩岸管轄權衝突主要有四種情形，即一般地域管轄衝突、特殊地域管轄衝突、專屬管轄衝突、協議管轄衝突。

1.一般地域管轄權衝突。遵循「原告就被告」的一般地域管轄原則，是大陸和臺灣相關法律中相同的規定。由於臺灣的《大陸地區人民進入臺灣許可辦法》禁止大陸居民赴臺提起、參與民事訴訟，大陸居民作為原告提起的，在其赴臺期間與臺灣居民產生糾紛案件的管轄權被限制為大陸地區法院。而臺灣的居民可以根據其「民事訴訟法」的規定，就同一事實在該大陸居民在臺的最後居住地法院對其提起訴訟，從而引發對抗訴訟類型的平行訴訟。在因身分關係引發的訴訟、合約、侵權等債務案件中，也存在此種問題。同時，由於大陸法律並未禁止臺灣居民因民事訴訟進入大陸地區，臺灣居民也可以前往大陸地區法院起訴大陸地區居民，亦即此時也可能發生重複訴訟類型的平行訴訟。以上分析表明，即使兩岸

關於一般地域管轄的確定原則完全一致、規定內容類似，但由於兩岸處於不同法域，所以仍然存在管轄權衝突的可能性。

2.特殊地域管轄權衝突。兩岸法律關於特殊地域管轄的規定主要有兩個特點：一是規定的類型多；二是確定管轄權的連接因素多，造成管轄權是可選擇的，若不屬於專屬管轄權，那麼就可能引起「平行管轄權」[6]，進而引起平行訴訟。現選擇幾類常見糾紛類型予以分析：

首先，合約糾紛中的管轄權衝突。作為各類經濟因素交流主要載體的合約，大陸法系各國對其進行了特殊規定。確定合約糾紛管轄法院的連接因素主要包括合約簽訂地、合約履行地、加工行為地等，不具有唯一性。大陸地區與臺灣相關法律均採納前述立法例，賦予當事人以選擇權，從而造成平行訴訟的可能性。大陸《民事訴訟法》第24條、26條、28條分別就幾種常見有名合約糾紛的管轄問題進行規定，《若干意見》第18條、19條、20條、21條、22條、25條則予以進一步明確，並就一些民事訴訟法未予規定的合約糾紛管轄問題進行了補充規定。最為關鍵的是臺灣法院會依據《臺灣和大陸地區人民關係條例》第45條的規定，將跨連兩岸的民事法律關係的行為地或事實發生地「粗暴」地限制在臺灣。對跨連兩岸的合約履行案件管轄權的爭奪，也因為臺灣方面片面的、充滿保護主義而不切實際的立法而愈加激烈，平行訴訟亦不可避免。

其次，侵權糾紛中的管轄權衝突。根據大陸《民事訴訟法》第29條以及《若干意見》第28條的規定，侵權案件的管轄權屬於侵權行為地法院與被告住所地法院管轄，其中侵權行為地包括侵權行為實施地與侵權結果發生地。臺灣「民事訴訟法」第1條、第15條也對侵權案件的管轄權作出了相同規定。當侵權行為跨連兩岸，侵權行為實施地和侵權結果發生地分屬兩岸時，則根據前述大陸法律規定，大陸地區法院具有管轄權，臺灣法院依據其「民事訴訟法」及《臺灣和大陸地區人民關係條例》第45條的規定也有管轄權，從而出現平行管轄權。

3.專屬管轄衝突。大陸《民事訴訟法》對於專屬管轄規定有六種情形，分別規定在第34條和第246條。臺灣「民事訴訟法」規定的12類專屬管轄中，除第499條規定再審案件專屬管轄不涉及兩岸管轄權衝突之外，其他11個條文規定的

八種情形均有可能與大陸產生管轄權衝突。現選擇幾類常見的糾紛類型進行分析：

首先，身分關係糾紛中的管轄權衝突。在兩岸居民婚姻持續期間共同居住地為臺灣，而離婚訴訟提起時大陸居民已返回大陸的案件中，臺灣居民依據其「民事訴訟法」第568條的規定在臺灣提起訴訟，臺灣法院因其有專屬管轄權而受理。大陸居民依據大陸制定的《民事訴訟法》第22條、第23條和《若干意見》第15條、第16條的規定在大陸法院起訴，大陸法院亦受理的情況下，管轄權衝突的發生不可避免。除了離婚訴訟之外，其他涉及身分關係的訴訟，也可能產生管轄權衝突，如臺灣「民事訴訟法」第583條關於收養關係管轄的規定、第597條關於確定禁治產人管轄的規定、第625條關於宣告死亡管轄的規定，在特定情況下都可能與大陸民事訴訟法第23條、第166條、第167條等條文產生管轄權衝突。

其次，不動產糾紛中的管轄權衝突。儘管兩岸都規定不動產由不動產所在地法院專屬管轄，然而大陸將所有不動產糾紛的管轄權賦予不動產所在地法院，臺灣「民事訴訟法」卻僅將因不動產之物權或其分割、經界引起的糾紛的管轄權賦予不動產所在地法院。兩岸規定的差異，讓不動產糾紛這種依其特性最不容易產生管轄權衝突的案件，也面臨管轄權衝突的危險。如涉訴不動產在大陸地區且因該不動產引發的糾紛類型並不屬於臺灣「民事訴訟法」第10條規定的專屬管轄範圍之內，則臺灣法院很可能因此而不承認大陸地區法院的專屬管轄權，進而受理臺灣當事人針對同樣事由再次提起的訴訟，當然大陸法院的判決，也將無法在臺灣獲得承認與執行。[7]

4.協議管轄衝突。兩岸現行相關法律均就協議管轄做出規定，其中大陸《民事訴訟法》規定在第25條，臺灣「民事訴訟法」規定在第24條。就這兩個條文進行分析，兩岸法律對協議管轄施加的部分限制是相同的：（1）協議管轄的民事糾紛類型限於合約糾紛或者其他財產權益糾紛。大陸地區《民事訴訟法》第25條以羅列的方式，規定可以協議管轄的糾紛類型，亦即協議管轄僅限於第25條規定的合約糾紛及其他財產類糾紛，排除了身分關係糾紛適用協議管轄的餘

地;臺灣「民事訴訟法」雖未明確限制協議管轄的適用範圍,但是鑒於其將婚姻關係訴訟、收養關係訴訟等有關身分關係的訴訟規定在專屬管轄之列,且該法第26條明確規定法定專屬管轄案件類型不得由當事人協議管轄,由此可以確定臺灣法律規定的協議管轄範圍,也是限於合約糾紛以及其他財產權益糾紛。(2)協議管轄不得違反法律關於專屬管轄的規定。兩岸法律對協議管轄施加的限制也有不同之處:大陸地區《民事訴訟法》第25條規定,協議管轄確定的法院,應當與糾紛具有實際聯繫,即雙方當事人協議選定的管轄法院應當是被告住所地、合約履行地、合約簽訂地、原告住所地、標的物所在地法院,不得任意約定管轄法院;臺灣「民事訴訟法」則並未做前述限制,故涉及兩岸因素的民商事糾紛雙方當事人在糾紛發生前或者發生後約定管轄法院的,極易因違背兩岸相關法律規定而影響約定的效力。具體而言主要存在如下幾種情形:

一是雙方就非屬專屬管轄的糾紛類型,約定依照兩岸法律規定均有管轄權的法院為協議管轄法院。此時因既未違反專屬管轄的規定,協議約定的管轄法院又屬具有管轄權的法院,所以此時協議管轄的約定有效,應當依照當事人的合意確定管轄法院。

二是雙方的協議管轄違反兩岸法律關於專屬管轄的規定。此時分為兩種情形,若雙方協議管轄同時違反兩岸法律關於專屬管轄的規定,則協議管轄當然無效;若約定違反所選定管轄法院所在地法律的,該約定當然無效,若約定並未違反所選定法院所在地法律但是違反對岸法律規定的,該約定雖然有效,但是將來的生效判決將難以得到對岸法院的承認與執行。

三是對於非屬專屬管轄糾紛類型,雙方約定的管轄法院與糾紛沒有任何聯繫因素。大陸《民事訴訟法》要求當事人所選定的管轄法院必須與糾紛具有連接因素,而臺灣法律則並未施加這樣的限制,若當事人選定的法院符合大陸《民事訴訟法》第25條的限制,即選定的法院與糾紛之間存在連接因素,則該約定當然有效,無論選定的管轄法院位於大陸還是臺灣,將來的生效判決一般情形下都會得到對岸法院的承認與執行;若當事人選定的法院不符合大陸《民事訴訟法》第25條的限制,即選定的法院與糾紛之間不存在任何連接因素,如果選定大陸法

院的，該約定當然無效，如果選定臺灣法院的，約定雖然有效，但是將來的生效判決難以在大陸獲得承認與執行。[8]

（二）管轄權協調的路徑和機制

加強兩岸立法層面的協調和溝通。大陸對於涉及兩岸民事訴訟的案件套用涉外民事訴訟的各項規定，然而，兩岸關係並非國與國之間的關係。為維護一個中國的原則，協調兩岸管轄權的衝突，雙方應當加強立法層面的協調和溝通。大陸應當制定類似於臺灣方面制定的《臺灣和大陸地區人民關係條例》的特別法，針對兩岸之間存在的管轄權衝突問題進行立法，為管轄權協調奠定基礎。

梳理相同的管轄規則，吸收借鑑通行的國際原則。由於臺灣和大陸都屬於大陸法系，對於訴訟法上的管轄權規則有許多共同的地方，然而這些看似相同的管轄權規則，卻如前所述分析的那樣暗藏著許多隱患。如果兩岸能正視和尊重對方現有司法框架，在對雙方相同的管轄規則進行梳理的基礎上，借鑑通行的國際原則，確立相同的一般管轄規則，將可以大大減少管轄權衝突的發生。如對雙方相同的一般地域管轄原則、一事一訴原則、協議管轄、屬地管轄、專屬管轄原則進行梳理，對可能導致管轄權衝突的管轄規則，在充分溝通的基礎上進行協調。國際上通行的不方便法院原則、受訴在先原則、待決訴訟原則，都是兩岸可以考慮共同借鑑的原則。

努力推動兩會協商的開展，進一步落實兩會協議中為解決管轄權衝突而作出的規定。作為兩岸交流「白手套」的海協會和海基會，在兩岸司法協調機制的構建過程中起著重要作用。兩會在2009年4月26日簽署的《海峽兩岸共同打擊犯罪及司法互助協議》，首次明確了兩岸民事司法協助的具體內容以及具體程序。在《海峽兩岸漁船船員勞務合作協議》、《海峽兩岸知識產權保護合作協議》等眾多兩會協議中都明確了協處和聯繫機制。兩岸之間應當充分利用兩會協議的平臺，針對當前管轄權的衝突進行協商達成協議，或者在實施兩會協議的過程中摸索一套解決管轄權衝突的辦法。

簽署兩岸間針對管轄權衝突的雙邊協議。隨著兩岸交流的不斷擴大和深入，以及兩岸間政治互信的建立，可以考慮借鑑《內地與香港特別行政區法院相互委

託送達民商事司法文書的安排》的模式,由大陸最高法院與臺灣終審法院之間或兩岸分別成立的區際司法協助協調委員會之間直接簽署雙邊協議。[9]

建立處理兩岸區際管轄權衝突的協調機構。區際協議的完善還不足以完全解決跨法域的民事管轄權衝突,因此建立處理兩岸以及內地與港澳臺各法域之間區際管轄權衝突的協調機構是更好的選擇。如,可以在國務院下設一個「中國區際司法協調委員會」,這種委員會可以由中華人民共和國最高人民法院及港澳臺高等法院各委派富有司法審判經驗的法官,內地和港澳臺法學界共同或分別推薦若干資深法學專家尤其是國際私法專家參加該委員會。該委員會負責大陸法域間包括民事管轄權衝突在內的區際司法協助工作。[10]

發揮法學研究機構的超前示範作用。中國區際法律衝突,由於不存在跨法域立法機構,各法域立法機構也很難制定各法域共同承認並能被直接適用的訴訟法,因此很難透過一致接受的方案予以消除。但學者的研究成果透過民間草案的形式對各法域可以產生示範作用,從而得到多法域認可,有時透過各法域立法機關還能上升為法律。這樣,學者的研究成果從某種程度上彌合了各法域的立法分歧,從而部分消除區際法律衝突。實際上,美國兩次《衝突法重述》均出自私法學者手中,但由於其作為司法實踐的總結和昇華,對各州司法有較大影響,從而在美國雖不存在統一的區際司法,但《衝突法重述》卻以學者研究報告的形式,成功地將各州區際私法初步統一起來。[11]在解決兩岸管轄權衝突問題時,也可以考慮這個進路,透過加強兩岸學者在區際衝突法之間的交流,在起草中國區際衝突法示範法時,邀請臺灣方面的學者參與討論,發揮各法域學者的影響力,以推動兩岸司法協調機制的構建。

三、兩岸法律適用的衝突和協調

1949年2月,中共中央發布了《廢除國民黨的六法全書與確立解放區的司法原則的指示》,明確指出,「在無產階級領導的工農聯盟為主體的人民民主專政

政權下,人民的司法工作,不能再以國民黨六法全書為依據,而應該以人民的新法律作依據」。同年4月,華北人民政府頒發了《廢除國民黨的六法全書及一切反動的法律的訓令》。同年9月,中國人民政治協商會議透過的具有臨時憲法作用的《共同綱領》第17條規定:「廢除國民黨反動政府一切壓迫人民的法律、法令和司法制度,制定保護人民的法律、法令,建立人民司法制度。」至此,中華民國的舊「法統」在大陸地區徹底廢除。然而國民黨退據臺灣後,臺灣仍然施行中華民國時期制定的「六法全書」。兩岸之間由此施行著不同的法律和法律制度,兩岸之間形成了不同的法域。隨著兩岸經濟文化交流的不斷擴大和深入,民商事糾紛也不斷出現,兩岸間區際民商法律衝突應該如何解決成為迫在眉睫的問題。

　　1992年,臺灣按照「一國兩區」的原則在《臺灣與大陸地區人民關係條例》中已經認可大陸民商法的法律規定地位。然而,大陸立法機關對於臺灣法律的效力問題並沒有非常明確和適當的處理。早期的理論認為,中華民國法律已經被廢止,在大陸地區和臺灣都沒有法律效力。後來有學者主張,根據「事實需要」理論認可「中華民國法律」在臺灣的域內效力。現在也有大陸學者站在「解放思想」的立場上認為,內地應該對臺灣民商事相關法律給予法律上的承認。「中華民國法律」繼續在臺灣施行是一個事實問題,大陸對臺灣民商事相關法律採取「事實承認」的方式,以解決其在大陸的域外效力問題。在司法實踐中,大陸法院的主流做法是透過參照涉外民事關係法律適用法來處理涉臺民商事爭議。[12]面對解決區際法律衝突問題中法律適用的國際私法方式、英美法系國家衝突法方式、區際衝突方式、德國模式、中立區模式、中介團體模式等諸多模式,臺灣提前邁出了步伐。在《臺灣與大陸地區人民關係條例》中,專章規定了區際法律適用問題,明顯地採取了區際衝突方式。大陸學者也多主張應該透過衝突法的方式調整互涉的民商爭議。按照這個思路,韓德培教授和黃進教授於1991年草擬了《大陸地區與臺灣、香港、澳門地區民事法律適用示範條例》(徵求意見稿)(以下簡稱為《示範條例》),中國管理研究院也草擬了《內地與臺灣人民關係法律建議草案》(以下簡稱《建議草案》)。為正確審理涉臺民商事案件,準確適用法律,維護當事人的合法權益,2010年4月26日,最高人民

法院透過並頒布了《關於審理涉臺民商事案件法律適用問題的規定》，確立了可適用臺灣法律適用的情況、雙方當時人平等保護以及「公共利益」原則。2011年4月1日起施行的《中華人民共和國涉外民事關係法律適用法》也準用於兩岸之間的民商事關係。該法律充分體現了最密切聯繫原則，在婚姻家庭、繼承、物權、債權、知識產權等方面，就法律適用問題作出了具體規定。

（一）兩岸區際法律適用衝突在一般原則層面的癥結

在討論區際法律衝突的解決時，除了要堅持維護祖國統一、「一國兩制」、和平共處、平等互利、促進和保障正常的民事交往原則外，還應當將這些原則具體化。以黃進為代表的國際私法學者提出，在制定大陸區際衝突法時，應當堅持的具體原則有：各法域的民商事法律處於平等的地位、各法域當事人的民事法律地位平等、限制法院地法優先的傾向。考查兩岸現有對兩岸間區際法律衝突所適用的文本不難發現，距離學者們所提出的構想還有很大距離，在原則層面導致了兩岸區際法律適用的衝突。

1.兩岸民事法律地位不平等

《最高人民法院關於審理涉臺民商事案件法律適用問題的規定》第1條明確規定，「根據法律和司法解釋中選擇適用法律的規則，確定適用臺灣民事法律的，人民法院予以適用」，從而賦予臺灣法律平等的適用效力。《臺灣與大陸地區人民關係條例》僅有條件地承認內地的民事法律，而對於行政、刑事方面的法律則不予承認。即便在有條件承認的內地民事法律方面，也處處充滿了歧視。首先，《臺灣與大陸地區人民關係條例》中每提及應以臺灣之法律為準據法時，皆規定應該適用臺灣法律之規定，在以大陸法律作為準據法之情形時，該條例又一律規定應「適用內地之規定」，而刻意迴避「法律」二字。其次，《臺灣與大陸地區人民關係條例》無限擴大臺灣民商事法律的域外適用性，該條例第41條第1款規定：臺灣人民與內地人民之間民事案件，除本條例另有規定外，適用臺灣之法律。該規定實際上把兩岸人民之間的民事案件均納入臺灣法律的調整範圍，從而無限擴大臺灣法律對於兩岸人民民事案件的適用。這一法律適用原則既不公允，也與法律衝突的一般法律適用原則相悖。[13]

2.兩岸當事人民事法律地位不平等

《最高人民法院關於審理涉臺民商事案件法律適用問題的規定》第2條規定,「臺灣當事人在人民法院參與民事訴訟,與大陸當事人有同等的訴訟權利和義務,其合法權益受法律平等保護。」從而賦予兩岸當事人平等的民事法律地位。而《臺灣與大陸地區人民關係條例》對大陸公民、法人的民事主體資格,總的態度是實行差別待遇,對大陸人民實行種種限制。這些限制既有政治限制,也有職務限制和商務限制。例如,在繼承問題上,該條例第66、67條規定在原則上承認大陸人民繼承臺灣人民遺產權利的同時,在時效、數額、繼承標的、範圍等方面作了專斷而不合理的限制,嚴重損害了大陸人民的繼承權利。該條例66條規定:大陸人民繼承臺灣人民之遺產,應於繼承開始起三年內以書面向被繼承人住所地之法院為繼承之表示;逾期視為拋棄其繼承權。而臺灣「民法」第1174條規定正好相反,它規定:繼承人應在繼承開始後兩個月以內以書面為拋棄繼承權之意思表示,否則視為接受。[14]與此同時,條例第67條規定,「遺囑人以其在臺灣之財產遺贈大陸地區人民、法人、團體或其他機構者,其總額不得逾新臺幣二百萬元」,更是明顯違背平等原則。

(二)兩岸區際法律適用中的一般問題

在衝突規範方面,儘管《臺灣與大陸地區人民關係條例》中的專章規定,涵括了區際法律衝突規範。但是,條例中看似進步和科學的雙邊衝突規範,卻都有意限制單邊衝突規範。如條例第61條規定:大陸地區人民之遺囑,其成立或撤回之要件及效力,依該地區之規定。但以遺囑就其在臺灣之財產為贈與者,適用臺灣之法律。條例第41條規定:臺灣人民與大陸地區人民間之民事事件,除本條例另有規定外,適用臺灣之法律。這些條文的規定,大大限制了內地民商法的適用範圍,無限地擴大了臺灣民商實體法的應用範圍。

在識別問題上,《臺灣與大陸地區人民關係條例》採用了反致,而且將反致擴大到國際私法中的所有領域,違背了國際私法的一般做法,讓兩岸區際法律衝突中法律的選擇過程更為複雜,使法律適用和判決結果的透明度大大降低,不利於案件的迅速解決。根據大陸最高人民法院的司法解釋,大陸至少在合約領域拒

絕了反致。兩岸之間對反致的不同態度,也會加劇兩岸區際法律適用的混亂。

在拒絕適用域外法的理由方面,《臺灣與大陸地區人民關係條例》第44條規定:依本條例規定應適用大陸地區之規定時,如其規定有悖於臺灣之公共秩序或善良風俗者,適用臺灣之法律。而大陸地區的法律也有如《最高人民法院關於審理涉臺民商事案件法律適用問題的規定》中第3條,「根據本規定確定適用有關法律違反國家法律的基本原則或者社會公共利益的,不予適用。」然而,兩岸之間在一些敏感問題上的態度,將會導致對「公序良俗」的不同理解,這無疑會導致兩岸法院在拒絕適用域外法方面持保守態度,並可能從政治層面對案件的解決進行考量,這就不利於兩岸民商事案件的公正、高效解決。

(三)兩岸特定領域區際法律適用問題

在合約領域,兩岸法律對當事人自治原則在法律選擇方式、範圍以及時間問題上的規定大致相同。但大陸地區與國際上絕大多數國家一樣,排除反致在合約領域的適用,而臺灣的《臺灣與大陸地區人民關係條例》卻採用了反致。無疑,這可能導致一系列法律適用和選擇的困難。最重要的是《臺灣與大陸地區人民關係條例》從強行擴大臺灣法律適用,排除大陸地區法律適用的角度出發,規定了一些限制條款。條例第48條規定:債之契約依訂約地之規定。但當事人另有約定者,從其約定;前項訂約地不明而當事人又無約定者,依履行地之規定;履行地不明者,依訴訟地或仲裁地之規定。條例第45條卻規定:民事法律關係之行為地或事實發生地跨連臺灣與大陸地區者,以臺灣為行為地或事實發生地。在缺乏當事人合意選擇的情況下,當合約訂約行為跨連多法域時,臺灣法院將逕自適用臺灣法律,這無疑是不公平的。

在侵權行為方面,《臺灣與大陸地區人民關係條例》第50條規定:侵權行為依損害發生地之規定。但臺灣之法律不認其為侵權行為者,不適用之。這條規定將跨連多個法域的侵權行為的侵權行為地限制在臺灣,不僅不科學,而且不利於侵權行為的認定和對方當事人的保護。與此相對比,大陸法律中的規定則是科學的,符合國際上的通行做法。《民法通則》第146條規定:侵權行為的損害賠償,適用侵權行為地法律。當事人雙方國籍相同或者在同一國家有住所地,也可

以適用當事人本國法律或者住所地法律；中華人民共和國法律不認為在中華人民共和國領域外發生的行為是侵權行為的，不作為侵權行為處理。而《中華人民共和國涉外民事關係法律適用法》第44條，規定了「侵權責任，適用侵權行為地法律，但當事人有共同經常居所地的，適用共同經常居所地法律。侵權行為發生後，當事人協議選擇適用法律的，按照其協議。」允許當事人可以透過協議選擇適用法律，較之臺灣法律更為科學，能更好地解決兩岸間的侵權案件。

在物權關係方面，《臺灣與大陸地區人民關係條例》第51條區別動產和不動產，對物權關係一般使用物之所在地法，同時規定「物之所在地如有變更，其物權之得喪，依其原因事實完成時之所在地之規定。船舶之物權，依船籍登記地之規定；航空器之物權，依航空器登記地之規定。」符合國際通行的慣例。根據《民法通則》第144條規定：「不動產的所有權，適用不動產所在地的法律」，而對動產物權適用何地法律沒有明確規定。可以看出，對物權關係方面的法律適用，大陸的法律還有不完善之處，導致兩岸對物權關係法律適用的銜接出現問題。為解決上述問題，大陸在2011年4月1日起施行的《中華人民共和國涉外民事關係法律適用法》對此作了更進一步規定。其37條規定：當事人可以協議選擇動產物權適用的法律。當事人沒有選擇的，適用法律事實發生時動產所在地法律。第38條規定：當事人可以協議選擇運輸中動產物權發生變更適用的法律。當事人沒有選擇的，適用運輸目的地法律。第39條規定：有價證券，適用有價證券權利實現地法律或者其他與該有價證券有最密切聯繫的法律。第40條規定：權利質權，適用質權設立地法律。至此，大陸地區所適用的對兩岸物權關係的法律規定更加細緻地針對運輸中動產、有價證券和權利質權等動產物權作了更為細緻的規定，與臺灣法律對比，可見兩岸間對動產物權的規定仍有沒有交叉的地方。雙方針對一方沒有做出細緻規定的動產物權問題的法律適用仍然會有爭執。

在婚姻家庭關係方面，臺灣根據其《臺灣與大陸地區人民關係條例》第53條，「夫妻之一方為臺灣人民，一方為大陸地區人民者，其結婚或離婚之效力，依臺灣之法律」，從而將大部分兩岸間婚姻關係納入臺灣法律調整範圍之中。這一規定無疑會損害雙方當事人的利益，還會導致新的問題和糾紛。《臺灣與大陸

地區人民關係條例》第54條規定：臺灣人民與大陸地區人民在大陸地區結婚，其夫妻財產制，依該地區之規定。但在臺灣之財產，適用臺灣之法律。這條規定剝奪了夫妻雙方的選擇權利，對動產和不動產沒有進行區分，無疑會導致當事人權利行使的困難。反觀大陸，《中華人民共和國涉外民事關係法律適用法》21條至24條的相關規定，將當事人共同經常居所地法律、共同國籍國法律和婚姻締結地法律相互補充，作為結婚條件、結婚手續以及夫妻財產關係的適用法律，盡最大努力承認兩岸當事人婚姻的效力。夫妻財產關係可以「協議選擇適用一方當事人經常居所地法律、國籍國法律或者主要財產所在地法律。當事人沒有選擇的，適用共同經常居所地法律。」從而更有利於財產的分配和執行。透過對比兩岸迥異的法律規定可以看出，臺灣落後和保守的規定是導致兩岸婚姻家庭關係方面案件不能順利解決的重要因素。

在繼承關係領域，《臺灣與大陸地區人民關係條例》第60條規定：被繼承人為大陸地區人民者，關於繼承，依該地區之規定。但在臺灣之遺產，適用臺灣之法律。這一規定沒有對動產和不動產做出區分，擴大了臺灣法律對內地人民的適用，侵犯了內地人民在臺灣財產的合法權益。《中華人民共和國涉外民事關係法律適用法》科學地將繼承分為法定繼承和遺囑繼承，並細化了遺囑繼承的規定，盡最大努力尊重被繼承人的意願使遺囑有效。對於法定繼承動產部分，原則上適用被繼承人死亡時經常居所地法律，而對於不動產法定繼承，適用不動產所在地法律。兩岸在繼承領域的規定中，臺灣的「保護性」規定，引發了兩岸在繼承領域選擇法律適用的難題。

（四）兩岸法律適用的協調

由上述分析可以看出，臺灣的《臺灣與大陸地區人民關係條例》刻意排斥內地法律的適用，存在大量歧視內地人民法律地位的規定。可以說，政治因素主導了臺灣對於兩岸的法律適用，導致當事人權利的保障困難，以及訴訟時效性和便利性的難以實現。反觀大陸方面，從現有的《民法通則》、《中華人民共和國婚姻法》、《中華人民共和國繼承法》、《中華人民共和國臺灣同胞投資法》等諸多法律，到《示範條例》和《建議草案》，再到最近頒布和實施的《最高人民法

院關於審理涉臺民商事案件法律適用問題的規定》和《中華人民共和國涉外民事關係法律適用法》的規定，都體現了雙方法律的平等和當事人平等的原則，為兩岸法律適用的協調奠定了良好基礎。當然大陸方面還有不完善的地方，相關法律還沒有作細緻的規定，沒有對一些法律適用問題做出進一步的規範。

兩岸法律適用的協調，有賴於雙方以務實的態度，經過充分協商和溝通，各自完善現有法律框架下有違兩岸民商事案件順利解決、有損於兩岸和平發展的條款。如臺灣透過修訂的方式，改變《臺灣與大陸地區人民關係條例》中對大陸法律在兩岸事務中的適用。可喜的是，臺灣「立法院」2003年10月9日下午，透過《臺灣與大陸地區人民關係條例》修正案，大幅修正其中不合理的一些條款。國民黨重新執政後，對《臺灣與大陸地區人民關係條例》的修正也一直持正面態度，多次提出針對兩岸雙重徵稅、承認大陸學歷等進行修法的議案。而大陸方面也在積極透過頒布新的法律法規，落實兩會達成的協議，尤其以最近頒布和實施的《最高人民法院關於審理涉臺民商事案件法律適用問題的規定》和《中華人民共和國涉外民事關係法律適用法》，針對兩岸問題提供了切實的解決方法，在兩岸問題中表現出了最大的善意。相信隨著雙方的不斷溝通和政治局勢的轉化，兩岸法律適用的衝突終將能夠得到更加妥善的解決。

四、兩岸司法協助機制

所謂司法協助，是指一個國家或地區的司法機關或其他主管機關，應另一國家或地區司法機關或其他主管機關及有關當事人的請求，代為履行與訴訟有關的司法行為。[15]區際司法協助一般是指一個主權國家內部區域之間的司法機關或其他主管機關在處理民商事和刑事案件時，相互代為履行與訴訟有關的司法行為，包括相互送達文書等。[16]區際司法協助主要包括：區際送達、區際調查取證、區際執行保全、區際法院判決的承認與執行、區際仲裁裁決的承認與執行。

（一）兩岸司法文書送達機制

送達是法律程序中的一個重要環節，在區際司法協助中發揮著重要作用，送達行為的完成，關係到司法協助行為的開展。當前臺灣法域在進行域外民事司法協助時，往往以互惠原則作為主要依據，並非以國際條約或雙邊協定作為基礎。在相關法規方面，最重要的是1963年公布施行的「外國法院委託事件協助法」，其中第5條規定，法院受託送達民事或刑事訴訟上之文件，依民事或關於送達之規定辦理。委託送達應於委託書內詳載應受送達人之姓名、國籍及其住所、居所或事務所、營業所。臺灣方面在制定《臺灣與大陸地區人民關係條例》時，已將司法協作問題納入考慮範圍。根據該條例第7條的規定，在大陸製作之文書，經臺灣「行政院」設立或指定之機構或委託之民間團體驗證者，推定為真正。其第8條亦規定，「應於大陸地區送達司法文書或為必要之調查者，司法機關得囑咐或選擇第4條之機構或民間團體為之」。在實踐中，目前臺灣「司法院」及相關機構已經委託海基會處理有關向大陸送達文書等事項。[17]其具體做法是臺灣各級法院直接函請海基會代為送達司法文書，而以副本送「司法院」民事廳，迨送達完成後，再由海基會將送達證書寄還特定之法院，且以副本送「司法院」民事廳。[18]臺灣「民事訴訟法」規定了交付送達、留置送達、付郵送達、委託送達、公示送達等多種送達方式。《臺灣與大陸地區人民關係條例》第74條規定：「在大陸地區作成之民事確定裁判、民事仲裁判斷，不違背臺灣公共秩序或善良風俗者，得聲請法院裁定認可。前項經法院裁定認可之裁判或判斷，以給付為內容者，得為執行名義。」這一規定為內地裁判和民事仲裁裁決在臺灣的執行奠定了基礎。

隨著兩岸交流的不斷深入，海協會和海基會透過不斷努力就此問題，先後達成《兩岸公證書使用查證協議》以及《海峽兩岸共同打擊犯罪及司法互助協議》。《兩岸公證書使用查證協議》規定，「關於寄送公證書副本及查證事宜，雙方分別以中國公證員協會或有關省、自治區、直轄市公證員協會與財團法人海峽交流基金會相互聯繫。」透過以「適當的文書格式」，「相互寄送涉及繼承、收養、婚姻、出生、死亡、委託、學歷、定居、扶養親屬及財產權利證明公證書副本」。並且該協議第5條賦予兩岸透過「個案協商」的方式，對公證書以外的文書查證事宜進行協助。2009年4月26日達成的《海峽兩岸共同打擊犯罪及司法

互助協議》，就此問題作了更加明確細緻的規範。其第7條規定：「雙方同意依己方規定，盡最大努力，相互協助送達司法文書。受請求方應於收到請求書之日起三個月內及時協助送達。受請求方應將執行請求之結果通知請求方，並及時寄回證明送達與否的證明資料；無法完成請求事項者，應說明理由並送還相關資料。」

為落實兩會協議，司法部在1993年、1994年先後頒布了《海峽兩岸公證書使用查證協議實施辦法》和《司法部關於增加寄送公證書副本種類事宜的通知》，解決了兩岸公證書的送達問題，為司法文書送達機制奠定了基礎。最高人民法院在2008年頒布了《最高人民法院關於涉臺民事訴訟文書送達的若干規定》，詳細規定了民事訴訟文書送達所要遵循的原則、送達訴訟文書的種類、送達的方式等重要問題。2011年6月25日起施行的《最高人民法院關於人民法院辦理海峽兩岸送達文書和調查取證司法互助案件的規定》，徹底改變了兩岸間司法文書送達的模式和方法。這一規定首次明確了「人民法院和臺灣業務主管部門透過各自指定的協議聯絡人，建立辦理海峽兩岸司法互助業務的直接聯絡渠道」；規定了「最高人民法院是與臺灣業務主管部門就海峽兩岸司法互助業務進行聯絡的一級窗口。最高人民法院臺灣司法事務辦公室主任是最高人民法院指定的協議聯絡人。最高人民法院授權高級人民法院就辦理海峽兩岸送達文書司法互助案件，建立與臺灣業務主管部門聯絡的二級窗口。高級人民法院應當指定專人作為經最高人民法院授權的二級聯絡窗口聯絡人。中級人民法院和基層人民法院應當指定專人負責海峽兩岸司法互助業務。」這樣層層負責，以實現司法文書的順利送達。送達的程序和期限也在此規定中得以明確。

根據臺灣「民事訴訟法」、《臺灣與大陸地區人民關係條例》、兩會協議中的有關協議、《最高人民法院關於涉臺民事訴訟文書送達的若干規定》以及《最高人民法院關於人民法院辦理海峽兩岸送達文書和調查取證司法互助案件的規定》，當前兩岸間司法文書的送達方式有：直接送達、向訴訟代理人送達、向代收人送達、向代表機構送達、向分支機構送達、向業務代辦人送達、郵寄送達、透過傳真和電子郵件方式送達、留置送達、公告送達（不適用於臺灣請求大陸的案件）以及兩岸認可的其他送達方式。

可見，儘管由於臺灣方面還沒有對兩會達成的相關協議的實施進一步細化規定，但大陸方面已經做出最大的努力。兩岸之間就司法文書的送達問題，已經達成共識，兩岸對於司法文書的送達，將會由過去的單向制定規則，發展為雙方協商達成協議，並在域內實施，從過分仰賴民間途徑逐步向官方途徑改變，由消極的司法協助[19]變成了積極的司法協助。

（二）兩岸調查取證機制

合理的區際調查取證機制的構建，有助於減少兩岸司法的隔離和牴觸，維護國家主權的統一；有利於增進兩岸的司法合作，促進兩岸司法制度的協調，減少中國國內司法成本的支出總量，提高司法的整體效益；有利於及時保護中國國內民商事關係當事人在兩岸交流過程中的合法權益，更進一步增強兩岸間的交流活動。有效的調查取證機制的構建，不僅是個別案件及時、公正解決的前提條件，更是關涉兩岸和平統一的基礎。

臺灣方面將協助大陸開展調查取證的權力，賦予了「行政院得設立或指定機構」。根據臺灣方面制定的《臺灣與大陸地區人民關係條例》第8條的規定，「應於大陸地區送達司法文書或為必要之調查者，司法機關得囑託或委託第四條之機構或民間團體為之」。根據條文，民間團體有兩類：一類為「設立時，政府捐助財產總額逾二分之一」；另一類為「設立目的為處理臺灣與大陸地區人民往來有關事務，並以行政院大陸委員會為中央主管機關或目的事業主管機關。」

兩岸之間透過兩會達成的《兩岸公證書使用查證協議》，以及《海峽兩岸共同打擊犯罪及司法互助協議》，也對此問題達成了共識。當公證書存在「違反公證機關有關受理範圍規定；同一事項在不同公證機關公證；公證書內容與戶籍資料或其他檔案資料記載不符；公證書內容自相矛盾；公證書文字、印鑒模糊不清，或有塗改、擦拭等可疑痕跡；有其他不同證據資料；其他需要查明事項」時，「雙方應相互協助查證」。《海峽兩岸共同打擊犯罪及司法互助協議》第8條規定，「雙方同意依己方規定相互協助調查取證，包括取得證言及陳述；提供書證、物證及視聽資料；確定關係人所在或確認其身分；勘驗、鑒定、檢查、訪視、調查；搜索及扣押等。受請求方在不違反己方規定前提下，應儘量依請求方

要求之形式提供協助。受請求方協助取得相關證據資料,應及時移交請求方。但受請求方已進行偵查、起訴或審判程序者,不在此限。」

為落實《海峽兩岸共同打擊犯罪及司法互助協議》,進一步推動海峽兩岸司法互助業務的開展,最高人民法院透過了《最高人民法院關於人民法院辦理海峽兩岸送達文書和調查取證司法互助案件的規定》。其第16條規定,「人民法院協助臺灣法院調查取證,應當採用民事訴訟法、刑事訴訟法、行政訴訟法等法律和相關司法解釋規定的方式。在不違反法律和相關規定、不損害社會公共利益、不妨礙正在進行的訴訟程序的前提下,人民法院應當盡力協助調查取證,並儘可能依照臺灣請求的內容和形式予以協助。」其第18條、19條規定了請求臺灣協助調查取證的操作規程,第20條、21條規定了臺灣請求人民法院協助臺灣法院調查取證的操作規程。至此,兩岸間調查取證的協助機制在大陸已經建立起來。隨著兩岸之間法律界人士的不斷交流和呼籲,相信臺灣方面也會逐步落實《海峽兩岸共同打擊犯罪及司法互助協議》,從而使兩岸共同努力,構建起一套有效的調查取證機制。

(三)兩岸執行保全機制

兩岸間適用的執行保全屬於區際執行保全。區際執行保全是指在區際民商事案件中,法院或仲裁庭在可能由於當事人的行為或某種客觀原因,使以後裁決不能執行或難以執行的情況下,依一方的請求或依職權在終局裁決做出前,針對有關人的行為或財產所採取的旨在保障終局裁決得以有效和充分執行的臨時性保護措施。[20]這一機制的建立和完善,有助於維護區際民商事法律關係的穩定,有利於保障終局裁判的權威性,有助於保護兩岸民商事糾紛中當事人的合法權益。

考查兩岸現有的相關法律,兩岸執行保全有著諸多不同。在保全種類方面,大陸的執行保全侷限於對物保全,即財產保全,而臺灣的執行保全分為對人保全和對物保全。在執行保全的程序方面,大陸《民事訴訟法》將執行保全程序劃分為財產保全的申請、異議、解除和執行等諸階段,而臺灣的「民事訴訟法」則將執行保全程序劃分為申請、異議、抗告、解除和執行諸階段。在有權對執行保全行使管轄權的法院方面,大陸享有管轄權的法院有本案管轄法院、財產所在地法

院、被申請人所在地法院,而臺灣享有管轄權的法院為本案管轄權法院、財產所在地法院、被申請人行為實施地法院。當然,兩岸執行保全制度也有相同或者相似的方面,如兩岸都以法院作為採取執行保全的唯一機構。

當前兩岸間並沒有就執行保全專門達成協議,並且臺灣方面出於種種原因,沒有制定專門針對內地提出的執行保全如何操作的法律法規。相反,在大陸則已經對此有了明確的法律規範。在大陸1998年施行的《最高人民法院關於人民法院認可臺灣有關法院民事判決的規定》的第18條規定,「被認可的臺灣有關法院民事判決需要執行的,依照《中華人民共和國民事訴訟法》規定的程序辦理」。2009年施行的《最高人民法院關於人民法院認可臺灣有關法院民事判決的補充規定》,對執行保全做了細化的規定。其第5條規定:「申請人提出認可臺灣有關法院民事判決的申請時,或者在案件受理後、人民法院作出裁定前,可以提出財產保全申請。申請人申請財產保全的,應當向人民法院提供有效的擔保。申請人不提供擔保或者提供的擔保不符合條件的,駁回其申請。」其第6條規定瞭解除財產保全的情形為:人民法院作出準予財產保全的裁定後,被申請人提供有效擔保的;人民法院作出認可裁定後,申請人在申請執行期限內不申請執行的;人民法院裁定不予認可臺灣有關法院民事判決的;申請人撤回保全申請的。

兩岸執行保全機制的建立和完善,需要臺灣方面做出更大的努力,雙方也應當透過相互友好協商的原則,透過簽訂協議的方式予以解決。

(四)兩岸法院判決的認可與執行

從整體上來看,兩岸尚未對法院判決的認可與執行做出詳細的共同安排,目前兩岸互相認可與執行對方法院的判決,主要依據的還是各自制定的規範性文件。其中大陸方面最主要的依據是最高人民法院於1998年5月頒布的《最高人民法院關於人民法院認可臺灣有關法院民事判決的規定》,以及2009年5月14日頒布的《最高人民法院關於人民法院認可臺灣有關法院民事判決的補充規定》。而臺灣方面主要依據其制定的《臺灣與大陸地區人民關係條例》第74條和第7條,及與該規定配套的《臺灣與大陸地區人民關係條例實施細則》第54條的規定。

其具體內容分別為「在大陸地區作成之民事確定裁判、民事仲裁判斷，不違背臺灣公共秩序或善良風俗者，得聲請法院裁定認可。前項經法院裁定認可之裁判或判斷，以給付為內容者，得為執行名義。前二項規定，以在臺灣作成之民事確定裁判、民事仲裁判斷，得聲請大陸地區法院裁定認可或為執行名義者，始適用之。」和「在大陸地區製作之文書，經行政院設立或指定之機構或委託之民間團體驗證者，推定為真正。」以及「依本條例第74條規定申請法院裁定認可之民事確定裁判、民事仲裁裁判，應經行政主管部門設立或指定之機構或委託之民事團體驗證。」2009年兩會簽署的《海峽兩岸共同打擊犯罪及司法互助協議》第10條，明確了「雙方同意基於互惠原則，於不違反公共秩序或善良風俗之情況下，相互認可及執行民事確定裁判與仲裁裁決（仲裁判斷）」。這一規定成為兩岸相互認可和執行法院判決的共同依據。

儘管當前對兩岸法院民事判決相互認可和執行已經達成初步共識，但達成的雙邊規定卻較為籠統，單邊規定中也有許多不完善和不能完全對接的地方，這些均導致了實務中的操作難題。如，雖然雙方均規定強制執行必須要有執行名義或執行依據，但雙方規定的執行名義或執行根據的範圍不完全相同，並且雙方都不能直接把對方法域的裁判，當作外國裁判而適用相關的法律規定。所以，臺灣的《臺灣和大陸地區人民關係條例》，雖然規定了可給予內地執行協助的方式，並規定了可協助執行的執行根據僅限於「民事確定裁判」和「民事仲裁裁斷」，但從兩岸民事訴訟法或強制執行法的規定來看，執行根據的種類並不限於上述兩種。臺灣「強制執行法」第4條第（1）項，規定下述事項可為執行名義：確定的終局判決，假扣押、假處分、假執行之裁判及其他依民事訴訟法須強制執行之裁判，依民事訴訟法成立的和解或調節，依公證法規定能強制執行的公證書等。依內地民事訴訟法的規定及學者見解，一般認為，下列文書可為執行根據：（1）法院生效的判決、裁定；（2）法院調解書；（3）支付令；（4）仲裁裁決及仲裁調解書；（5）公證機關製作的依法有強制執行效力的債權文書；（6）行政機關製作的應由人民法院執行的決定書等。由於臺灣法院的有些判決事項在大陸法院是以裁定作出的，臺灣「民事訴訟法」中還有《大陸民事訴訟法》中沒有的假扣押、假處分、假執行等執行名義，大陸《民事訴訟法》中也有

臺灣「民事訴訟法」中沒有的先於執行等執行根據。[21]這些不同的地方極易引發歧義，並給兩岸執行協助帶來爭執和不便。此外，在參與分配、執行異議及異議之訴管轄法院的規定上，都存在諸多衝突的地方。

兩岸法院之間協作經驗的總結，是解決兩岸之間民事判決相互認可和執行的一個手段。然而，雙方落實達成的以兩會協議為首的共識，以解決實際問題的態度，對各自法律法規進行修改從而成功銜接，是更為重要的手段。

（五）兩岸仲裁裁決的認可與執行

如同兩岸間對法院民事判決的相互執行，兩岸對仲裁裁決的認可與執行亦未做出詳細的共同安排。目前兩岸互相認可與執行對方法院的判決，主要依據的還是各自制定的規範性文件。其中大陸方面最主要依據的是最高法院於1998年5月頒布的《最高人民法院關於人民法院認可臺灣有關法院民事判決的規定》中的第19條規定，以及2009年5月14日頒布的《最高人民法院關於人民法院認可臺灣有關法院民事判決的補充規定》中的第2條第2款的規定。而臺灣方面主要依據其制定的《臺灣與大陸地區人民關係條例》第74條和第7條，及與該規定配套的《臺灣與大陸地區人民關係條例實施細則》第54條的規定，其具體內容分別為「在大陸地區作成之民事確定裁判、民事仲裁判斷，不違背臺灣公共秩序或善良風俗者，得聲請法院裁定認可。前項經法院裁定認可之裁判或判斷，以給付為內容者，得為執行名義。前二項規定，以在臺灣作成之民事確定裁判、民事仲裁判斷，得聲請大陸地區法院裁定認可或為執行名義者，始適用之。」和「在大陸地區製作之文書，經行政院設立或指定之機構或委託之民間團體驗證者，推定為真正。」以及「依本條例第74條規定申請法院裁定認可之民事確定裁判、民事仲裁裁判，應經行政主管部門設立或指定之機構或委託之民事團體驗證。」2009年兩會簽署的《海峽兩岸共同打擊犯罪及司法互助協議》第10條，明確了「雙方同意基於互惠原則，於不違反公共秩序或善良風俗之情況下，相互認可及執行民事確定裁判與仲裁裁決（仲裁判斷）」。這一規定成為兩岸相互認可和執行仲裁裁決的共同依據。

在實踐層面，第一個認可和執行臺灣仲裁裁決的案例出現在2004年。廈門

市中級人民法院於7月23日，依據「98規定」第9條和19條，認為該仲裁裁決的內容沒有違反大陸地區的法律規定而裁定予以認可，並於7月28日根據申請人的申請裁定予以執行。在臺灣，首例認可和執行大陸地區仲裁裁決的案件出現於2003年6月24日。臺中地方法院經審查認為：申請人主張的事實及其所依據的證物，應可信為真實。且核諸本件仲裁判斷，仲裁程序既合法，且判斷並無違背臺灣公共秩序或善良風俗之情事，則申請人請求予以認可，自應准許。[22]儘管兩岸均屬於大陸法系，判例法的傳統並不是必須得以遵循，然而兩個判例的出現，依然對司法實踐具有重大的指導意義。

兩岸之間民事仲裁裁決已經有了實踐的經驗，以及相對完備的單邊法律依據。然而，在這一領域依然存在著諸多問題需要解決。突出的問題主要有：民事仲裁裁決認可與執行簡單套用法院裁判認可與執行的規定，明顯忽略了民事仲裁裁決與法院判決的差異性，不利於民事仲裁裁決的相互認可與執行；申請認可民事仲裁裁決的時效規定違背了仲裁的效率原則，不利於仲裁在兩岸經貿糾紛解決中的推廣；現行規定中「公共秩序」內涵的含糊導致了適用結果的不可預見性，不利於兩岸民事仲裁裁決的相互認可與執行；對可以認可與執行的民事仲裁裁決範圍的規定不明，隱藏了認可與執行案件受理範圍的衝突，不利於兩岸民事仲裁裁決的相互認可與執行。[23]

儘管隨著兩岸的互動不斷深入，兩岸就民事仲裁裁決認可和執行已達成共識，但是已簽署的《互助協議》內容過於原則化，僅為問題的解決提供了框架性的法律依據，還有諸多需要完善的地方。兩岸各自的單方立法需要以務實的態度，以發展的眼光加以完善。透過協商，制定較為明確的單邊區際司法協助法律規範，是消除各自相互認可與執行民事仲裁裁決實踐中難題的重要步驟。最終兩岸只有透過協商途徑，對相互認可與執行民事仲裁裁決作出詳細的制度性安排，才能進一步完善兩岸民事仲裁裁決的認可和執行機制。

註釋

[1].周葉中：《憲法》，高等教育出版社、北京大學出版社，2005年版，第338頁。

[2].肖永平：《內地與香港的法律衝突與協調》，湖北人民出版社，2001年版，第218頁。

[3].胡宜奎：《內地與香港民事訴訟管轄權的衝突及解決方法》，中國訴訟法律網：http://www.procedurallaw.com.cn/article.html，2009-7-12訪問。轉引自靳羽：《海峽兩岸民事訴訟管轄權衝突之對策分析》，廈門市法學會：http://www.fxh.xm.gov.cn/fxhk/2010/2010dsq/201007/t20100701_354409.htm，最後訪問日期：2011年4月26日。

[4].郭樹理：《中國有關國際民商事管轄權衝突問題實踐之檢討》，北大法律文庫。轉引自靳羽：《海峽兩岸民事訴訟管轄權衝突之對策分析》，廈門市法學會：http://www.fxh.xm.gov.cn/fxhk/2010/2010dsq/201007/t20100701_354409.htm，最後訪問日期：2011年4月26日。

[5].Allan D.Vestal，Reactive Litigation，47 Ional.L.Rev.1961，p.1.轉引自靳羽：《海峽兩岸民事訴訟管轄權衝突之對策分析》，廈門市法學會：http://www.fxh.xm.gov.cn/fxhk/2010/2010dsq/201007/t20100701_354409.htm，最後訪問日期：2011年4月26日。

[6].李雙元、謝石松：《國際民事訴訟法概論》，武漢大學出版社，2003年版，第166頁。轉引自靳羽：《海峽兩岸民事訴訟管轄權衝突之對策分析》，廈門市法學會：http://www.fxh.xm.gov.cn/fxhk/2010/2010dsq/201007/t20100701_354409.htm，最後訪問日期：2011年4月26日。

[7].章毅：《海峽兩岸民事訴訟管轄權衝突破解芻議》，《經濟研究導刊》，2010年第36期。

[8].靳羽：《海峽兩岸民事訴訟管轄權衝突之對策分析》，廈門市法學會：http://www.fxh.xm.gov.cn/fxhk/2010/2010dsq/201007/t20100701_354409.htm，最後訪問日期：2011年4月26日。

[9].游勸榮主編：《兩岸法緣》，法律出版社，2008年版，第248頁。轉引自靳羽：《海峽兩岸民事訴訟管轄權衝突之對策分析》，廈門市法學會：http://www.fxh.xm.gov.cn/fxhk/2010/2010dsq/201007/t20100701_354409.htm，最後訪問日期：2011年4月26日。

[10].黃進主編：《中國的區際法律問題研究》，法律出版社，2001年版，第84頁。

[11].黃進主編：《中國的區際法律問題研究》，法律出版社，2001年版，第85頁。

[12].徐錦堂：《關於臺灣法律在中國大陸的效力及其適用問題》，珠江法律網刊：http://zhujianglaw.scnu.edu.cn/Renews.asp?NewsID=5504，最後訪問日期：2011年4月27日。

[13].黃進主編：《中國的區際法律問題研究》，法律出版社，2001年版，第91頁。

[14].黃進主編：《中國的區際法律問題研究》，法律出版社，2001年版，第92頁。

[15].黃進主編：《區際司法協助的理論與實務》，武漢大學出版社，1994年版，第1頁。

[16].黃進主編：《中國的區際法律問題研究》，法律出版社，2001年版，第132頁。

[17].王志文：《論國際與區際民事司法協助》，《法學家》，1997年第3期，第63頁。轉引自黃進主編：《中國的區際法律問題研究》，法律出版社，2001年版，第141頁。

[18].杜煥芳：《臺灣與大陸區際司法協助問題述評》，《法令月刊》（臺灣），2004年第5期，第75頁以下。

[19].消極的司法協助是指：「一方法域的法院允許或默認對方法域的法院在

其法域內執行某些司法行為，而無需提供主動的協作即可實現的協助形式」。見肖建華：《海峽兩岸民商事區際司法協助制度之構建》，《北京科技大學學報》（社會科學版），2003年第1期，第10頁。

[20].黃進主編：《中國的區際法律問題研究》，法律出版社，2001年版，第184頁。

[21].肖建華主編：《中國區際民事司法協助研究》，中國人民公安大學出版社，2006年版，第198頁。

[22].宋連斌：《試論大陸大陸與臺灣相互認可和執行仲裁裁決》，《時代法學》，2006年第6期，第79頁。

[23].鄭清賢：《海峽兩岸互相認可與執行民事仲裁存在的問題及對策建議》，《海峽法學》，2010年第1期，第86頁以下。

第八章 陸資入臺的法律障礙及其解決機制

　　2008年3月22日後，臺灣發生了有利於兩岸關係和平發展的變化。大陸和臺灣透過海協會、海基會構成的兩會框架，恢復了兩岸事務性商談，並簽訂了一系列重要協議，不僅實現了兩岸直接、全面「三通」，而且將兩岸經貿關係正常化提到了議事日程。2009年4月，海協會會長陳雲林和海基會董事長江丙坤在南京就陸資入臺投資事宜達成共識。此後，大陸和臺灣有關部門分別完成各自區域內的修法工作，陸資入臺投資事宜於2009年7月1日正式啟動。由於眾所周知的原因，兩岸的政治經濟社會體制各異，在經濟事務方面的法律亦有較大不同。在歷史上，由於長期的隔絕，臺灣法律對大陸及大陸公民、法人和其他組織仍存在相當的不信任，因而為陸資入臺造成消極影響，這些法律障礙亟須透過建立解決機制予以克服。

一、臺灣有關陸資入臺的法律概覽

　　臺灣對大陸實行所謂「兩岸法制」，其根本依據是臺灣現行「憲法」增修條文第11條。以該條為依據，臺灣當局制定《臺灣人民與大陸地區人民關係條例》（以下簡稱《臺灣與大陸地區人民關係條例》），並以該條例為核心，制定了一批內容各異、層次分明的規範性文件，從而建立起「兩岸法制」。2009年4月「陳江共識」達成後，臺灣有關部門陸續完成對原有「兩岸法制」中不適應陸資入臺投資的規定的修改，並制定了一批原來沒有的規範性文件，基本形成了有關陸資入臺的法律體系，主要有：

1.《臺灣與大陸地區人民關係條例》：《臺灣與大陸地區人民關係條例》是

臺灣當局調整、規範兩岸關係和兩岸人民往來的基本法律，其他陸資入臺的法律均以《臺灣與大陸地區人民關係條例》為依據。

2.《大陸地區人民來臺投資許可辦法》（以下簡稱《投資許可辦法》）：《投資許可辦法》是臺灣有關部門於2009年6月30日新公布的法律，對陸資入臺的主要問題進行了規定，因而是陸資入臺投資的主要法律依據。

3.《大陸地區之營利事業在臺設立分公司或辦事處許可辦法》（以下簡稱《設立許可辦法》）：《設立許可辦法》也是臺灣有關部門於2009年6月30日新公布的法律，對陸資在臺設立分公司或辦事處等事宜進行了詳細規定，是明確陸資在臺投資主體資格和形式的主要法律依據。

4.《大陸地區專業人士來臺從事專業活動許可辦法》（以下簡稱《專業人士來臺許可辦法》）：《專業人士來臺許可辦法》於1998年制定，2007年最後修正，規定大陸專業人士來臺從事專業活動的有關事宜，是陸資中大陸方面人士入臺並在臺灣開展活動的主要法律依據。

5.《臺灣與大陸地區金融業務往來許可辦法》（以下簡稱《金融業許可辦法》）：《金融業許可辦法》於2009年7月15日最後修正，規定兩岸金融業務往來的有關事宜，是陸資在臺期間，開展金融業務的主要法律依據。

6.《各類所得扣繳率標準》：《各類所得扣繳率標準》系臺灣有關部門依據《臺灣與大陸地區人民關係條例》第25條、第25條之1制定，其主要內容是規定大陸地區公民、法人和其他組織在臺所得的稅賦事宜，是陸資就在臺所得繳納有關稅款的主要法律依據。

7.《大陸地區人民在臺灣取得設定或移轉不動產物權許可辦法》（以下簡稱《不動產許可辦法》）：《不動產許可辦法》於2008年6月30日最後修正，規定了大陸地區公民、法人和其他組織在臺灣與不動產有關的事宜，是陸資在臺投資期間，處理與不動產有關事宜的主要法律依據。

8.《臺灣銀行及信用合作社辦理在臺無住所大陸地區人民不動產擔保放款業務應注意事項》（以下簡稱《不動產擔保放款事項》）：《不動產擔保放款事

項》規定了在臺灣無住所的大陸地區人民以不動產為擔保，獲取臺灣金融機構貸款的有關事宜，是陸資在臺灣以不動產為擔保，獲取貸款的主要法律依據。

9.《大陸地區人民來臺投資業別項目》（以下簡稱《陸資投資項目》）：《陸資投資項目》系由臺灣「經濟部」所列出的，陸資可以投資的項目。該表以「正面列表」形式列出，亦即只有在《陸資投資項目》中的項目，陸資方可投資，除此以外的項目，陸資不得投資。《陸資投資項目》是陸資在臺灣可以向何種項目投資的主要法律依據。

此外，臺灣其他一些法律也對陸資在臺灣的投資等事宜進行了規定，這些法律規範一併構成了臺灣規制陸資入臺的法律體系。

二、陸資的許可與限制

（一）陸資的定義

從表面上理解，「陸資」即大陸資本，從市場主體的角度而言，又可理解為大陸企業。但是，臺灣法律對陸資的理解包括但不限於上述表面上的涵義。按照臺灣《投資許可辦法》第3條第1項和第5條之規定，所謂「陸資」實際上包括判斷投資人之投資為陸資和判斷某一被投資事業為陸資投資事業兩個部分。

對於判斷投資人之投資為陸資，《投資許可辦法》第3條第1款進行了詳細的規定，主要有以下兩種形式。

第一，直接投資。直接投資，是指大陸地區人民、法人、團體、其他機構直接在臺灣投資。這一對陸資的理解與前述表面上的理解是相同的，即「大陸資本」或「大陸企業」。另《臺灣與大陸地區人民關係條例》第46條第2項規定：「大陸地區之法人、團體或其他機構，其權利能力及行為能力，依該地區之規定」。據此規定，判斷投資人是否具有相應的權利能力及行為能力，應依據大陸有關法律的規定。

第二，間接投資。間接投資，是指大陸地區人民、法人、團體、其他機構經其在第三地區投資之公司間接在臺灣投資。「第三地區投資之公司」，據《投資許可辦法》第3條第2款的規定，是指大陸地區人民、法人、團體或其他機構投資除大陸、臺灣之外的第三地區的公司，且具備以下兩種情形之一者：其一，直接或間接持有該第三地區公司股份或出資額超過30%；其二，對該第三地區公司具有控制能力。根據臺灣有關部門的解釋，前述「有控制能力」，是指具有以下情形之一者：其一，與其他投資人約定下，具超過半數之表決權股份之能力；其二，依法令或契約約定，可操控公司之財務、營運及人事方針；其三，有權任免董事會（或相當組織）超過半數之投票權，且公司之控制操控於該董事會（或相當組織）；其四，有權主導董事會（或相當組織）超過半數之投票權，且公司之控制權於該董事會（或相當組織）。

對於判斷某一被投資事業為陸資投資事業，《投資許可辦法》第5條規定，陸資投資人所投資事業之股份或出資額，合計超過該事業之股份總數或資本總額三分之一以上者，稱之為陸資投資事業。

（二）陸資投資的許可

《臺灣與大陸地區人民關係條例》第73條規定，「大陸地區人民、法人、團體、其他機構或其於第三地區投資之公司，非經主管機關許可，不得在臺灣從事投資行為」。據此，陸資在臺投資屬於一般禁止行為，必須透過臺灣有關主管機關的「解禁」，方可實現。這一解禁的過程，即臺灣有關部門對陸資在臺投資的許可。

對於陸資在臺投資的許可，主要包括以下幾個方面：

第一，陸資投資人應申請許可之投資行為。據《投資許可辦法》第4條之規定，陸資投資人在向臺灣有關部門申請在臺投資時，應以以下幾種方式為之：其一，持有臺灣公司或事業之股份或出資額，但不包括單次且累計投資均未超過10%之上市、上櫃與興櫃公司股份，亦即若大陸合格境內投資機構（QDII）投資單一臺灣上市（櫃）公司，若股權超過10%以上，即被視為陸資赴臺投資事項，應經臺灣有關部門許可；其二，在臺灣設立分公司、獨資或合夥事業；其三，對

前兩款所投資事業提供一年期以上貸款。

　　第二，陸資投資人出資的種類。據《投資許可辦法》第7條之規定，陸資投資人的出資種類，以現金、自用機器設備或原料、知識產權（智慧財產權，包括專利權、商標權、著作財產權、專門技術或其他智慧財產權）以及其他經主管機關認可投資之財產。

　　第三，陸資投資人可以投資的項目、限額及投資比率。據《投資許可辦法》第8條之規定，陸資投資人可以投資的項目、限額及投資比率由臺灣「經濟部」會同各「中央目的事業主管機關」及相關機構擬定。目前，臺灣有關部門已經公布第一批投資業別項目名單。

　　第四，陸資投資人申請臺灣有關部門許可的程序。據《投資許可辦法》第9條之規定，陸資投資人應填具投資申請書，檢附投資計劃、身分證明、授權書及其他有關文件，向臺灣「經濟部」申請許可。投資計劃發生變更時，也採取相同程序。臺灣主管機關在必要時，可以要求陸資投資人限期申報資金來源或其他相關事項。申報之事項有變更時，應於一個月內向主管機關申報。

　　第五，陸資投資人出資的到達。據《投資許可辦法》第10條之規定，陸資投資人應將所許可之出資於核定期限內全部到達，並將到達情形報主管機關查核。陸資投資人經許可投資後，在核定期限內，未實行之出資，期限屆滿後，不得再行投資。前述「未實行之出資」事項，若有正當理由，於期限屆滿前，可以申請主管機關許可延展。

　　（三）陸資投資的限制

　　根據臺灣有關法律，陸資赴臺投資受到多方面的限制，主要有以下三個方面。

　　1.透過《陸資投資項目》的限制。根據臺灣「大陸委員會」公布的《開放陸資來臺從事事業投資政策說明》（以下簡稱《陸資投資政策說明》），臺灣有關部門以「正面列表」的方式，明定開放陸資來臺投資之項目，從而對陸資投資的範圍進行了嚴格限制。考查《陸資投資項目》，在製造業、服務業和公共建設部

分，臺灣當局都只對陸資進行了有限度地開放。在製造業部分，臺灣行業標準中製造業的細類是212項，《陸資投資項目》只開放了64項，占總額的30%。在服務業部分，臺灣在WTO框架下承諾開放的113項次行業，只開放了25項，占總額的22%。在公共建設部分，臺灣《促進民間參與公共建設法》規定了公共建設此類別分類計81項，但只開放了11項，僅占總額的14%。透過《陸資投資項目》，臺灣當局對陸資赴臺投資進行了實質性限制。以下根據《陸資投資項目》和《陸資投資政策說明》，簡要介紹尚未開放陸資投資的臺灣主要項目類別。

其一，製造業部分。對兩岸訊息產業界普遍關注的晶圓、TFT-LCD等項目，暫時不對陸資開放。

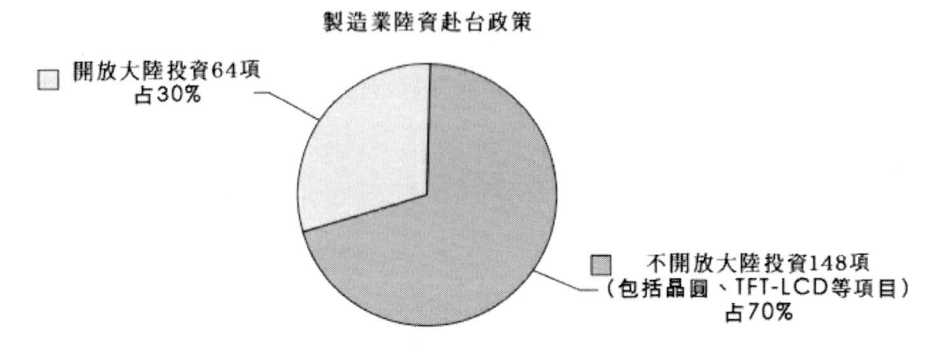

製造業陸資赴台政策

- 開放大陸投資64項 占30%
- 不開放大陸投資148項（包括晶圓、TFT-LCD等項目）占70%

其二，服務業部分。金融業為配合三項（銀行、證券、保險）協議（MOU）及市場準入協商處理，故暫不開放。以自然人方式提供，涉及學歷認證、專業證照之服務業，如醫師、律師、會計師、建築師、工程師、技師等，也暫不開放。涉及層面較為複雜的視聽服務業、教育服務業和社會福利服務業等，不在開放範圍之內。一些敏感事業，如臺灣「電信法」所稱的「第一類電信服務業」，也不在開放範圍之內。據臺灣「電信法」第11條第2項、第3項之規定，所謂「第一類電信服務業」包括設置電信機線設備，提供電信服務的事業，其中前者指網路傳輸設備、網路傳輸設備形成一體的交換設備。「第二類電信服務業」是指第一類電信服務業之外的其他電信服務業，主要包括網路加值、電話卡販賣等服務。

其三，公共建設部分。陸資在臺投資公共建設業，僅限於「非承攬部分」，且有諸多限制條件。如陸資投資民用航空站及其設施，僅能投資位於航空站陸側

且非涉及管制區者，且持股比率須低於50%，並不得超過臺灣最大股東之持股比率。在陸資投資港埠及其設施部分，《陸資投資項目》還對投資總額進行了嚴格限制。

　　2.透過限制陸資投資人資格及禁止投資的方式。《投資許可辦法》第6條和第8條對陸資投資人資格及禁止投資事項進行了規定。據《投資許可辦法》第6條之規定，陸資投資人為大陸地區軍方投資或具有軍事目的之企業者，臺灣主管機關應限制其來臺灣投資。據《投資許可辦法》第8條之規定，陸資投資人所申請之投資，若有以下情形，將被禁止：其一，經濟上具有獨占、寡占或壟斷性地位；其二，政治、社會、文化上具有敏感性或影響臺灣安全；其三，對臺灣內部經濟發展或金融穩定有不利影響。《投資許可辦法》並未對大陸國有企業對臺投資予以限制，但大陸國有企業因其敏感身分和地位，是否得在臺灣投資，是臺灣各界關心的問題之一。據《陸資投資政策說明》的說辭，所屬於國務院國有資產監督管理委員會的138家國有企業中，除有軍方投資背景的九家外，其餘129家都可赴臺投資，但若涉及敏感性問題，則可由臺灣當局主管機關禁止其投資。

服務業陸資赴台政策

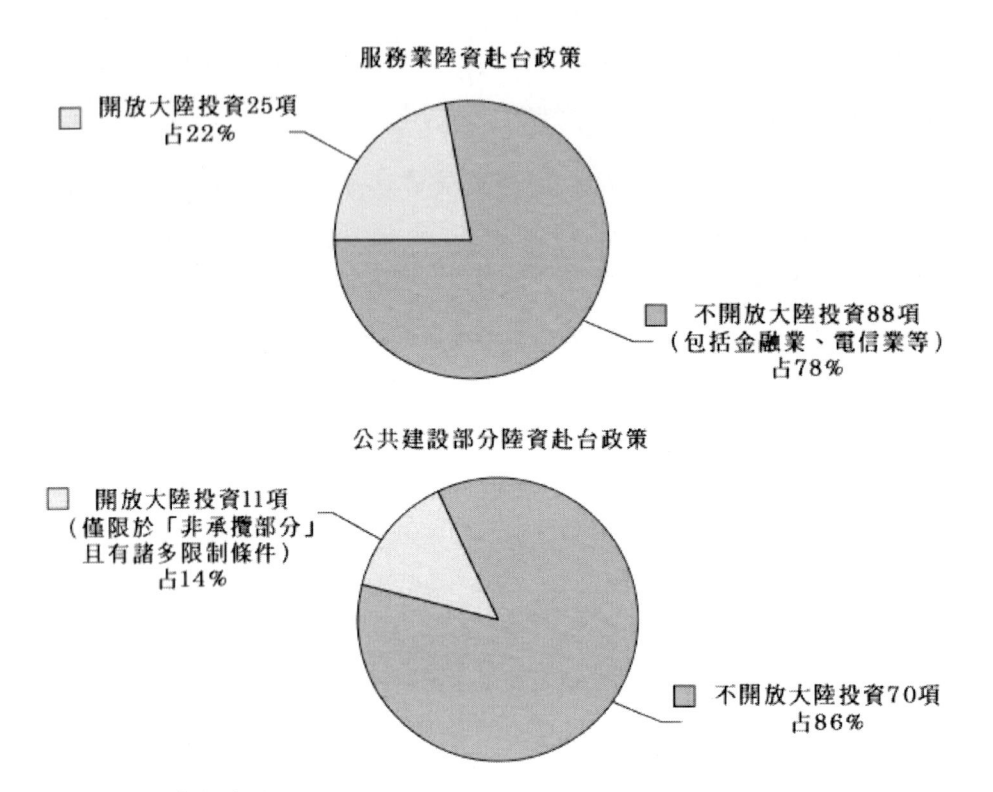

- 開放大陸投資25項 占22%
- 不開放大陸投資88項（包括金融業、電信業等）占78%

公共建設部分陸資赴台政策

- 開放大陸投資11項（僅限於「非承攬部分」且有諸多限制條件）占14%
- 不開放大陸投資70項 占86%

3.透過事前審查和事後監控的方式，限制陸資投資人投資行為。臺灣有關部門建立相應機制，對陸資投資人的投資行為進行嚴格的審查和監控。臺灣「經濟部投資審議委員會」已經建立「陸資審查機制」，將依據陸資投資申請人的投資金額、業別項目、投資類型、投資人身分等，會同有關機關進行審查。同時，「投資審議委員會」還建立「陸資來臺投資資訊管理系統」，對陸資在臺投資的訊息及動態進行記錄、備案，以隨時掌握陸資在臺的活動。

三、陸資投資的主體形式

陸資投資的主體形式，是指陸資為臺灣投資，而依照臺灣相關法律成立並具有一定組織形態的實體。《臺灣與大陸地區人民關係條例》第40條之1規定：

「大陸地區之營利事業，非經主管機關許可，並在臺灣設立分公司或辦事處，不得在臺從事業務活動」。根據《臺灣與大陸地區人民關係條例》，除以持股或提供貸款形式在臺灣投資外，陸資在臺投資的主體形式是分公司和辦事處。《投資許可辦法》第4條第2款又規定陸資在臺可以設立分公司、獨資和合夥事業。由此可見，陸資在臺投資的主體形式包括分公司、辦事處、獨資和合夥事業。

（一）分公司

根據臺灣「公司法」第3條第2項之規定，分公司是指受本公司管轄之分支機構。臺灣學界普遍認為，分公司本身並不具有獨立人格，不能成為權利義務主體。按一般法理，與分公司有關之訴訟原應以本公司為當事人，但分公司既有獨立之營業與管理人及事務所，臺灣「最高法院」和「行政法院」都認為，為因應事實上之需要，分公司就其營業範圍內所生之事業，得以自己名義起訴、應訴，而本公司之實施訴訟權能並不因此而喪失。陸資投資人在臺灣設立分公司，應注意以下幾點：

第一，陸資分公司的名稱。據《設立許可辦法》第4條之規定，陸資設立分公司的名稱，應符合臺灣《公司名稱及業務預查審核準則》之規定，並表明其為大陸商。

第二，陸資分公司的資金來源。據《設立許可辦法》第5條之規定，陸資在臺灣設立分公司時，應專撥其在臺灣營業所用之資金，並應受主管機關對其所營事業最低資金規定之限制。

第三，陸資分公司的設立許可。據《設立許可辦法》第7條之規定，陸資在臺設立公司應事先取得臺灣主管機關的投資許可，並提交以下文件，供臺灣有關部門審查：其一，本公司名稱；其二，本公司章程；其三，本公司資本總額，如發行股份者，其股份總額，每股金額及已繳金額；其四，本公司所營事業；其五，本公司董事與負責人之姓名、國籍及住所或居所；其六，本公司所在地；其七，在臺灣所營事業；其八，在臺灣營業所用之資金；其九，在臺灣指定之訴訟與非訴訟之代理人姓名、國籍及住所或居所。依照臺灣「公司法」第3條第2項之規定，此處的「本公司」是指「公司首先依法設立，以管轄全部組織之總機

構」。另據《設立許可辦法》第6條之規定，陸資投資人具有下列情形者，臺灣主管機關對其設立分公司之申請應不予許可：其一，分公司之目的或業務，違反臺灣法令、公共秩序或善良風俗；其二，分公司申請許可事項或文件有虛偽情事。

第四，陸資分公司的登記。據《設立許可辦法》第8條之規定，以上材料經主管機關審查，取得許可後，應提交以下文件，向主管機關辦理分公司登記：其一，分公司名稱；其二，分公司所在地；其三，分公司經理人姓名、國籍及住所或居所。

第五，陸資分公司的業務活動範圍。據《設立許可辦法》第13條之規定，陸資分公司的業務活動範圍以「設立許可辦法」或目的事業主管機關許可者為限。

第六，陸資分公司之開業、停業與復業。據《設立許可辦法》第14條第2項之規定，陸資分公司經許可設立後，應在六個月內開始營業，若未在六個月內開始營業，應於期限屆滿前，向主管機關申請延展開業登記。據《設立許可辦法》第14條第1項之規定，陸資分公司暫停營業一個月以上的，應於停業前或停業之日起15日內，申請停業登記，並於復業前或復業後15日內，申請為復業登記。以上情況，若陸資分公司已經依「加值型及非加值型營業稅法規定」申報核備者，不在此限。以上申請延展和停業期間，每次最長不超過一年。

第七，陸資分公司的廢止。據《設立許可辦法》第15條第1項和第16條之規定，陸資分公司的廢止包括申請廢止和命令廢止兩種。申請廢止，是指陸資分公司依照臺灣法律申請廢止其許可的形式。據《設立許可辦法》第15條第1項之規定，陸資分公司若在臺灣投資經營活動中，無意從事《設立許可辦法》核準之業務活動，應向主管機關申請廢止許可。命令廢止，是指臺灣主管機關在特定情形發生時，以命令廢止或撤銷陸資分公司許可的形式。據《設立許可辦法》第16條之規定，上述特定情形包括：其一，申請許可時所報事項或所繳文件，有虛偽情事；其二，從事之業務活動違反法令、公共秩序或善良風俗；其三，公司已解散；其四，受破產之宣告；其五，在臺灣指定之訴訟及非訴訟代理人缺位。

第八，陸資分公司的負責人。據《設立許可辦法》第12條之規定，陸資分公司必須指定訴訟及非訴訟代理人，該代理人同時是陸資分公司在臺灣的負責人。陸資分公司還應委任分公司經理人。

雖然《設立許可辦法》沒有規定準用條款，但按一般法理，陸資在臺設立分公司的其他規定，以及分公司在臺活動的其他事項，應適用臺灣相關法律。

（二）辦事處

臺灣「公司法」及其他陸資法律並無有關陸資在臺所設辦事處之地位、性質的規定。為解決這一問題，我們僅從立法技術角度對臺灣「公司法」有關外國公司辦事處的規定進行分析。

根據臺灣「公司法」第386條第1項和第2項之規定，外國公司雖無意在臺灣設立分公司營業，但其代表人須經常留駐臺灣的，應設置代表人辦事處，並報明辦事處所在地，申請主管機關備案。由此類比陸資，《臺灣與大陸地區人民關係條例》第40條之1、《投資許可辦法》和《設立許可辦法》所稱的「辦事處」，是指當陸資投資人無意在臺灣設立分公司營業，但為開展業務，其代表人須經常留駐臺灣時，應設置的機構。

綜合《投資許可辦法》和《設立許可辦法》的有關規定，陸資投資人在臺設立辦事處，應注意以下幾點：

第一，不予設立許可之事項。據《設立許可辦法》第6條之規定，陸資投資人具有以下情形之一者，臺灣主管機關應不予許可其在臺設立辦事處：其一，辦事處之目的或業務，違反臺灣法令、公共秩序或善良風俗；其二，辦事處申請許可事項或文件有虛偽情事。

第二，辦事處設立之程序。據《設立許可辦法》第9條之規定，陸資投資人在臺設立辦事處應向臺灣主管機關提出申請，並提交下列文件：其一，本公司名稱；其二，本公司章程；其三，本公司資本總額，如有發行股份者，其股份總額、每股金額及已繳金額；其四，本公司所營事業；其五，本公司董事與負責人之姓名、國籍及住所或居所；其六，本公司所在地；其七，在臺灣之訴訟與非訴

訟之代理人姓名、國籍及住所或居所。注意，這裡的「本公司」也應參照臺灣「公司法」的相關規定進行理解。據《設立許可辦法》第10條之規定，陸資投資人設立辦事處的申請獲得許可後，辦事處應提交下列材料，向主管部門申報備查：其一，辦事處所在地；其二，在臺灣所為業務活動範圍。

第三，辦事處的業務活動範圍。據《設立許可辦法》第13條第2項之規定，陸資投資人在臺灣設立之辦事處的活動範圍，以在臺灣從事簽約、報價、議價、投標、採購、市場調查、研究業務活動為限，但目的事業主管機關另有規定者，從其規定。

第四，辦事處的廢止。據《設立許可辦法》第15條第2項和第16條之規定，辦事處的廢止也有申請廢止和命令廢止之分。《設立許可辦法》第15條第2項規定的是「申請廢止」，亦即陸資投資人無意在臺灣從事業務活動的，應向臺灣主管機關申請廢止許可。《設立許可辦法》第16條規定的是「命令廢止」，亦即陸資投資人有下列情形之一者，臺灣主管機關可以以命令廢止或撤銷其在臺灣設立的辦事處：其一，申請許可時所報事項或所繳文件，有虛偽情事；其二，從事之業務活動違反法令、公共秩序或善良風俗；其三，公司已解散；其四，受破產之宣告；其五，在臺灣指定之訴訟及非訴訟代理人缺位。

第五，辦事處的負責人。據《設立許可辦法》第12條之規定，陸資投資人在臺灣設立辦事處，需指定訴訟及非訴訟代理人，並以之為設立辦事處之陸資投資人在臺灣之負責人。

因辦事處在臺灣「公司法」上系專為外國公司所創設的制度，後經《臺灣與大陸地區人民關係條例》和陸資相關法律，移植至陸資領域。另據兩岸共識和《投資許可辦法》第3條之規定，陸資投資人在臺灣並不被視為是「外國人投資」，陸資公司因而也不是外國公司，因此，「公司法」上有關辦事處的制度，並不能簡單準用於陸資投資人設立辦事處上。綜上所述，陸資在臺灣辦事處的法源應僅以《臺灣與大陸地區人民關係條例》及其他與陸資有關的法律為限，而不應隨意準用臺灣其他法律。

（三）合夥與獨資

據《臺灣與大陸地區人民關係條例》第73條第3項之規定，陸資投資人赴臺投資的主體形式是分公司和辦事處，並不包括合夥和獨資，但據《投資許可辦法》第4條第2款，陸資投資人在臺灣設立合夥或獨資事業，也屬於陸資投資的主體形式。合夥或獨資是完全不同於分公司或辦事處的主體形式，而陸資投資人尤其應注意其責任承擔方式。

據臺灣「民法」第667條規定：「稱合夥者，謂二人以上互約出資以經營共同事業之契約」，「前項出資，得為金錢或他物，或以勞務代之。」據臺灣「最高法院」判例，合夥得以團體名義進行訴訟。合夥以契約為其成立要件。根據臺灣有關判例，契約形式可以為書面，也可以為口頭，各合夥人約定出資時，契約即告成立，而不需合夥人實行出資行為。因此，合夥契約是不要式、諾成型契約。關於合夥財產，臺灣「民法」規定各合夥人之出資及其他合夥財產，為合夥人全體之共同共有，損益（損失和收益）分配之成數，合夥契約可作約定，未約定的，按照各合夥人出資額之比例確定，若僅就利益或僅就損失所定之分配成數，視為損益共同之分配成數。值得注意的是，以勞務為出資之合夥人，除契約另有約定外，不受損失之分配。在合夥債務承擔方面，據當合夥財產不足清償合夥債務時，各合夥人對於不足之額，負連帶責任。獨資事業，是指由獨資事業設立人獨自出資設立、運營、管理的事業。獨資事業的財產歸獨資事業設立人所有，收益由獨資事業設立人收取，損失由獨資事業設立人承擔，在獨資事業財產不足清償債務時，由獨資人以其自有財產清償。從上述分析可見，若陸資投資人在臺灣設立合夥或獨資事業，都有可能以其在臺全部財產為合夥或獨資事業清償債務。

至於陸資投資人在臺灣設立合夥或獨資事業，臺灣尚無針對陸資之專門規定，因而應適用臺灣「民法」等有關法律。

（四）持有股份或持有出資額

如果說分公司、辦事處、合夥或獨資事業是陸資投資人在臺灣投資的實體形式，那麼透過持有股份或出資額就是陸資投資人在臺灣投資的軟形式。根據臺灣「公司法」第2條之規定，臺灣公司形式分為四種，與大陸「公司法」之規定有

所不同，陸資投資人在持股或出資額時，應特別注意所持股或出資額之公司的種類。

臺灣「公司法」第2條規定的種類有：第一，無限公司，由兩人以上股東所組織，股東對公司債務承擔連帶無限責任；第二，有限公司，由一人以上股東所組織，股東就其出資額為限，對公司負有限責任；第三，兩合公司，由一人以上無限責任股東和一人以上有限責任股東所組織，其無限責任股東對公司債務負連帶無限清償責任，有限責任股東以其出資額為限，對公司債務承擔有限責任，兩合公司相當於大陸合夥企業法規定的有限合夥；第四，股份有限公司，由兩人以上股東或「政府」、法人股東一人所組織，全部資本分為股份，股東就其所認股份為限，對公司承擔有限責任。以上公司種類，大陸法律已經規定有有限責任公司（含一人公司）、股份有限公司和有限合夥（即兩合公司），沒有規定無限公司。因此，陸資投資人應著重辨別臺灣的公司形式。

陸資投資人辨別臺灣公司形式的方式有兩種：其一，可以從公司的名稱上辨別，臺灣「公司法」第2條第2項規定，公司名稱中應標明公司之種類；其二，可以從公司的章程上辨別，臺灣「公司法」規定，公司章程應規定公司形式。同時，陸資投資人還應對公司的運作方式、資本構成狀況等進行綜合判斷，從而降低投資風險。

當然，就具體情況而言，臺灣的無限公司、兩合公司數量已經較少，大多數公司以有限公司和股份有限公司的形式存在，但作為臺灣「公司法」規定的公司形式，陸資投資人在投資時仍須加以注意，防止因兩岸法律差異而產生風險。

四、陸資在臺活動的法律問題

根據屬地原則，並考慮到臺灣法律在臺灣的實際效力，陸資在臺活動主要依據臺灣法律。臺灣有關民商事活動和經濟管理的法律眾多，我們擬選取專為陸資在臺活動規定的部分做一分析。

（一）陸資在臺活動的法律適用問題

陸資在臺活動的法律適用問題，即陸資投資人在臺灣的活動，應如何適用法律的問題。這裡包括兩個子問題：第一，如何看待臺灣法律，亦即陸資適用臺灣法律是否有違一個中國原則，是否會在客觀上造成承認臺灣法律正當性的後果；第二，在解決第一個問題的基礎上，應如何適用臺灣法律。可以說，第一個問題實際上是一個由政治問題所衍生的法律問題，而第二個問題則是一個純粹的法律問題，更具體而言，是一個涉及兩岸法律選擇的區際私法問題。

對於第一個問題，我們認為，陸資在臺灣適用臺灣法律並不違反一個中國原則。首先，陸資適用臺灣法律是赴臺投資的必要前提。客觀而言，臺灣法律在臺灣得到了普遍適用，是陸資在臺投資必須遵循的行為規範。單純以「一中」劃界，不符合陸資赴臺投資的實際情況，也與兩岸發展正常經貿關係的大勢不符。其次，儘管存在「一中爭議」及其衍生的「承認爭議」，但大陸方面從未否認臺灣法律的適用性。根據《最高人民法院關於認可臺灣有關法院民事判決的規定》（1998年制定）以及其他規範性文件，大陸方面實際上允許當事人根據實際情況適用臺灣法律。在司法實踐中，各地法院也不乏根據當事人意願適用臺灣法律的案例。最後，陸資適用臺灣法律，有著明確的規範依據。《商務部、國務院臺灣事務辦公室關於大陸企業赴臺灣投資或設立非企業法人有關事項的通知》（以下簡稱《大陸投資通知》）第3條規定陸資投資人在臺投資應「瞭解並遵守當地法律」。

對於第二個問題，由於兩岸法律有異，在確認主體資格、明確行為方式、界定法律後果、尋求法律救濟等方面，都有可能產生兩岸法律衝突的問題，解決這一問題的關鍵，是制定兩岸間選擇法律適用的規範。目前，兩岸並未建立起統一的法律適用規範，考慮到陸資赴臺投資的實際情況，應主要適用臺灣在《臺灣與大陸地區人民關係條例》中確定的適用規範，同時結合臺灣有關陸資的規定，形成陸資在臺適用法律的指引規範。

臺灣的《臺灣與大陸地區人民關係條例》在一定程度上是「區域私法」，對於陸資投資人在臺灣的法律適用造成了指引作用。根據《臺灣與大陸地區人民關

係條例》以及其他與陸資投資有涉的法律，我們認為，對陸資在臺投資可能涉及如下法律適用問題。

第一，《臺灣與大陸地區人民關係條例》建立起臺灣法優先原則、屬地適用原則和公共秩序保留原則等基本原則。《臺灣與大陸地區人民關係條例》第41條第1項規定，「臺灣人民與大陸地區人民間之民事事件，除本條例另有規定外，適用臺灣之法律」。另據《臺灣與大陸地區人民關係條例》第44條之規定，當依照《臺灣與大陸地區人民關係條例》而適用大陸法，但大陸法並無明文規定時，也應適用臺灣法律。上述規定構成「臺灣法優先原則」，將適用臺灣法作為原則，而將適用大陸法作為例外。根據該原則，除非有明確規定適用大陸法，陸資投資人在臺應適用臺灣法律。《臺灣與大陸地區人民關係條例》第42條規定，「依本條例規定應適用大陸地區之規定時，如該地區內各地方有不同規定者，依當事人戶籍地之規定」。該項為「屬地適用原則」，對於來自大陸不同地區的投資人明確大陸法內部的法律適用，具有直接的指導作用。《臺灣與大陸地區人民關係條例》第44條規定，「依本條例規定應適用大陸地區之規定時，如其規定有悖於臺灣之公共秩序或善良風俗者，適用臺灣之法律」。該條為「公共秩序保留原則」，《大陸投資通知》第3條亦要求陸資在臺尊重風俗習慣。根據「公共秩序保留原則」，陸資在選擇適用法律時，應注意照顧到臺灣的實際情況，正確選擇適用法律。

第二，《臺灣與大陸地區人民關係條例》第43條規定了反致制度。根據該條規定，應適用大陸法，但大陸法規定應適用臺灣法律時，應適用臺灣法律。

第三，《臺灣與大陸地區人民關係條例》第45條對確定行為地或事實發生地進行了規定。根據該條規定，民事法律關係之行為地或事實發生地跨臺灣與大陸地區者，以臺灣為行為地或事實發生地。根據該條規定，陸資投資人在臺投資以及在大陸從事與在臺投資相關事務而作出的法律行為或發生的法律事實，都將適用臺灣法律。

第四，《臺灣與大陸地區人民關係條例》對兩岸民事關係的準據法進行了規定，其中與陸資投資人有關的主要有：

1.行為能力之準據法。對於自然人之行為能力,據《臺灣與大陸地區人民關係條例》第46條第1項之規定,「大陸地區人民之行為能力,依該地區之規定,但未成年人已結婚者,就其在臺灣之法律行為,視為有行為能力」;對於法人、團體和其他機構的權利能力與行為能力,據臺灣《臺灣與大陸地區人民關係條例》第46條第2款之規定,適用大陸法。

2.法律行為方式之準據法。據《臺灣與大陸地區人民關係條例》第47條第1項之規定,法律行為之方式,依該行為所應適用之規定,但依行為地之規定所定之方式者,亦為有效。除上述一般規定外,同條對物權行為和票據行為進行了特別規定。同條第2項規定,物權之法律行為,其方式依物之所在地之規定,同條第3項又規定,行使或保全票據上權利之法律行為,其方式依行為地之規定。

3.債之準據法。據《臺灣與大陸地區人民關係條例》第48條第1項之規定,債之契約依訂約地之規定,但當事人另有約定者,從其約定。同法第2條又規定,如果訂約地不明且當事人無約定者,依債之履行地規定,履行地不明的,依訴訟地或仲裁地之規定。

4.因法律事實所生之債之準據法。據《臺灣與大陸地區人民關係條例》第49條之規定,關於在大陸由無因管理、不當得利或其他法律事實而生之債,以大陸之規定。但該條並未規定陸資在臺灣發生因法律事實所生之債的準據法。依法理推論和學界一般觀點,在臺灣因法律事實所生之債之準據法,應適用臺灣法律。

5.侵權行為之準據法。據《臺灣與大陸地區人民關係條例》第50條之規定,侵權行為依損害發生地之規定,但臺灣法律不認為是侵權行為者,不適用之。

6.物權之準據法。據《臺灣與大陸地區人民關係條例》第51條第1項之規定,物權依物之所在地之規定。除上述一般規定外,同條第2項還規定,關於以權利為標的之物權,依權利成立地之規定。同條第3項規定,物之所在地如發生變更,其物權之取得與喪失,依其原因事實發生完成時之所在地之規定。同條第4項對船舶物權和航空器物權的準據法進行了專門規定。據該項之規定,船舶之物權,依船舶登記地之規定,航空器之物權,依航空器登記地之規定。

《臺灣與大陸地區人民關係條例》對兩岸民事關係準據法的規定

事項	準據法條款	實際適用的法律
行為能力	《台灣地區與大陸地區人民關係條例》第46條	以大陸有關法律規定為主,特殊情況下適用台灣地區法律(未成年人已結婚者,就其在台灣地區之法律行為)。
法律行為方式	《台灣地區與大陸地區人民關係條例》第47條	以大陸有關法律規定為主,特殊情況下適用台灣地區法律(未成年人已結婚者,就其在台灣地區之法律行為)。
債	《台灣地區與大陸地區人民關係條例》第48條	適用債之契約依訂約地、履行地的法律規定,履行地不明的,依訴訟地或仲裁地法律規定。
因法律事實所生之債	《台灣地區與大陸地區人民關係條例》第49條	適用台灣地區法律。
侵權行為	《台灣地區與大陸地區人民關係條例》第50條	適用侵權行為發生地法律,但台灣地區法律不認為是侵權行為者,不適用之。
物權	《台灣地區與大陸地區人民關係條例》第51條	適用物之所在地法律,例如物之所在地在台灣地區,則應該使用台灣地區法律。

第五,與陸資有關的法律中的準用條款。臺灣當局除專門對陸資作出規定外,還在有關陸資投資的法律中大量規定「準用條款」,陸資投資人在臺投資時,除應依專為陸資制定的法律、依《臺灣與大陸地區人民關係條例》指引的準據法外,還應適用「準用條款」所準用的有關規定,這些「準用條款」主要有:

1.《臺灣與大陸地區人民關係條例》第25條規定,陸資有臺灣來源所有者,在臺有關扣繳事項,適用臺灣「所得稅法」之有關事項。

2.《臺灣與大陸地區人民關係條例》第40條之1規定,陸資在臺設立分公司在臺營業的,準用臺灣「公司法」第9條、第10條、第12條至第25條、第28條之1、第388條、第391條至第393條、第397條、第438條及第448條之規定。

3.《投資許可辦法》第10條第3款之規定,陸資投資人於實行出資後兩個月內,應向主管機關申請審定投資額,其投資額之核計方式、審定程序及應驗具之文件,準用《華僑及外國人投資額審定辦法》之規定。

4.《投資許可辦法》第13條規定,大陸人民在陸資事業中擔任董事或監察人職務者,應依臺灣「公司法」及其他相關法令之規定辦理。

5.《設立許可辦法》第5條規定,陸資分公司在臺灣營業所用之資金,應經

會計師查核簽證，其查核方式，準用《公司申請登記資本額查核辦法》之規定。

與陸資有關的法律中的準用條款

事項	條款	準用法律
陸資有台灣地區來源所有者，在台有關扣繳事項	《台灣地區與大陸地區人民關係條例》第25條	台灣地區「所得稅法」
陸資在台設立分公司	《台灣地區與大陸地區人民關係條例》第40條	台灣地區「公司法」
陸資在台申請審定投資額	《投資許可辦法》第10條第3款	台灣地區《華僑及外國人投資額審定辦法》
大陸人民在陸資事業中擔任董事或監察人職務	《投資許可辦法》第13條	台灣地區「公司法」及其他相關法令
陸資分公司在台灣地區營業所用之資金的查核簽證	《設立許可辦法》第5條	台灣地區《公司申請登記資本額查核辦法》

（二）陸資與稅收

據《臺灣與大陸地區人民關係條例》第25條之規定，陸資有臺灣來源所得者，應就其臺灣來源所得，課徵所得稅。臺灣實行嚴格的稅收法定主義，稅收的種類、範圍、方式和數額均由法律進行嚴格規定。

關於陸資在臺繳納所得稅所適用之法律，根據《臺灣與大陸地區人民關係條例》第25條和第25條之1的規定，主要有：

第一，大陸人民於一課稅年度內在臺灣居留、停留合計滿183日者，應就其臺灣來源所得，準用臺灣人民之課稅規定，課徵綜合所得稅。

第二，大陸法人、團體或其他機構在臺灣有固定營業場所或營業代理人者，應就其臺灣來源所得，準用臺灣營利事業適用之課稅規定，課徵營業事業所得稅；在臺灣無固定營業場所而有營業代理人者，其應納之營業所得稅，應由營業代理人負責，向主管機關申報納稅。

第三，陸資在臺取得臺灣之公司所分配股利或合夥人應分配盈餘應繳納之所得稅，由所得稅法規定之扣繳義務人於給付時，按給付額或應分配額扣繳20%，

不適用所得稅法結算申報之規定。但大陸人民在臺居留、停留超過183日者，依法課徵綜合所得稅。

第四，若陸資來臺人員在臺居留、停留不滿183日者，其非在臺灣給予之薪資所得，不視為臺灣來源所得。

第五，關於陸資在臺各類所得的具體扣繳率標準，依據臺灣《各類所得扣繳率標準》之規定。

（三）陸資與金融

為適應陸資在臺所需之金融服務要求，臺灣當局修正《金融業許可辦法》，以放寬為主旨，對陸資在臺可能涉及之金融問題進行了規定。

第一，放寬金融機構與陸資辦理外匯業務的範圍。據《金融業許可辦法》第5條之規定，臺灣指定銀行及中華郵政公司對大陸之業務範圍包括：外匯存款業務、匯出及匯入、出口外匯業務、進口外匯業務、授信業務、與前述業務有關之同業往來、經主管機關核準辦理之其他業務等。同時，在匯出款部分，其限制由正面表列改為負面表列。據臺灣當局有關《金融業許可辦法》的「修法說明」，上述規定，旨在擴大臺灣金融機構為陸資辦理外匯業務的範圍。

第二，開放臺灣金融機構與大陸人民、法人、團體及其他機構及其海外分支機構進行新臺幣金融業務往來。據《金融業許可辦法》第5條之1之規定，陸資若已取得居留資格或登記證照，則在進行新臺幣金融業務時，「比照與本國人往來」。若未取得在臺居留資格或登記證照，除新臺幣授信業務外，其餘業務往來比照與未取得在臺居留資格或登記證照之外國人之往來。新臺幣授信業務，以對大陸人民辦理不動產擔保放款業務為限。

第三，允許大陸銀聯所屬之信用卡在臺灣使用。據《金融業許可辦法》第2條、第7條之1的有關規定，臺灣信用卡業務機構經主管機關許可者，得與銀聯公司為信用卡或轉帳卡之業務往來，而臺灣信用卡業務機構與銀聯公司從事信用卡或轉帳卡業務往來之範圍，包括銀聯卡在中國國內刷卡消費之收單業務，以及交易授權與清算業務等兩項。

（四）陸資與不動產

不動產為陸資在臺投資必然所涉及的重大產業。臺灣針對陸資在臺取得、設定、轉移不動產物權以及利用不動產融資進行了規定。

第一，據《不動產許可辦法》第9條之規定，大陸地區法人、團體或其他機構，或陸資公司，從事有助於臺灣整體經濟或農牧經營之投資，經臺灣主管機關同意後，得申請取得、設定或移轉不動產物權。

第二，據臺灣有關規定，陸資因業務人員居住之住宅、從事工商業務之廠房、營業處所、辦公場所或其他因業務需要之處所，得取得不動產。

第三，取消了大陸人民來臺取得不動產需說明資金來源之規定。

第四，放寬了陸資利用不動產向金融機構融資的限制。陸資投資人在臺灣購買房地產之貸款比例比照臺灣居民相關規定辦理。在臺無住所的大陸人民辦理不動產物權擔保放款，擔保品不得優於適用相同利率期間、融資用途、擔保品條件之臺灣客戶，並以擔保品鑒估價值50%為上限。值得注意的是，據「不動產擔保放款事項」第4條之規定，辦理本項放款業務，須大陸人士親自辦理。

第五，放款取得不動產物權之大陸地區人民來臺停留期限。據臺灣有關規定，在臺灣取得不動產物權之大陸人民，每年在臺總停留時間由不得超過一個月放寬為四個月，且對每次停留期限及次數不作限制。

第六，對大陸人民在臺取得之不動產物權予以限制。首先，為防止陸資炒作房價，《不動產許可辦法》第6條之1的規定，大陸人民取得供住宅用不動產所有權後，須於登記後滿三年才得移轉，但因繼承、強制執行、徵收或法院之判決而移轉者，不在此限。其次，為防止大陸人民已將在臺之不動產轉讓卻仍在臺滯留，臺灣地政部門需通報大陸人民轉讓不動產物權之資訊。

（五）陸資中的大陸人員

陸資中的大陸人員，是臺灣陸資法律制度中的重要組成部分，其主要規定在《專業人士來臺許可辦法》中，主要包括：

第一，名額限制。臺灣有關法律對陸資中的大陸人員，有著嚴格的名額限制。

1.大陸專業人士任職於在臺陸資企業及來臺從事相關活動。若申請人為分公司或子公司，投資金額或營運資金20萬美元以上得申請兩人，投資金額或運營資金每增加50萬美元得申請增加一人，但最多不得超過七人。若申請人為辦事處，申請人數限為一人。

2.陸資企業聘僱之大陸專業人士來臺從事相關活動。申請人若為分公司或子公司，設立未滿一年者，營運資金或實收資本額達到新臺幣1000萬元以上，或設立一年以上者，最近一年或前三年平均營業額達新臺幣3000萬元以上、平均進出口實績總額達300萬美元以上或平均代理傭金達100萬美元以上者，可申請經理人一人，對於主管或專業技術人員（應具碩士學位或具學士學位並具有兩年工作經驗），已實行投資金額30萬美元以上者，得申請一人，已實行投資金額每增加50萬美元，得再申請增加一人，最多不得超過七人。申請人若為辦事處，申請人數限為一人。

3.大陸專業人士隨行配偶及子女。前述兩項大陸專業人士之配偶和子女可以隨行來臺，且名額未受限制。

第二，陸資中大陸人員及隨行眷屬的相關權益。據臺灣有關法律規定，經許可在臺停留一年的陸資中的大陸人員（包括隨行眷屬），可以依照《全民健康保險法》之規定，參加臺灣的全民健保。隨行眷屬中未滿18歲之子女，可以依照相關規定就讀與其學歷相銜接之各級學校，或外國僑民學校。

五、臺灣陸資法律制度對陸資入臺的影響分析

兩岸透過兩會機制，就陸資入臺達成共識，對兩岸經貿關係正常化乃至兩岸關係和平發展框架的形成，具有重要的促進意義。作為臺灣規範陸資在臺投資活

動的主要法律制度，臺灣陸資法律制度對陸資入臺有著重大的影響。就總體而言，臺灣當局遵循兩會共識，積極立法、修法，為陸資在臺投資提供法律上的保障。但是，我們也應看到，陸資入臺是兩岸關係發展史上的一件大事，其法律制度需要進一步探索和發展，而臺灣一些人士和群體對陸資入臺仍有顧慮，甚至有些誤解、歪曲和抵制，這部分人士和群體的意見在臺灣陸資法律制度亦有反映。因此，臺灣陸資法律制度對陸資入臺的影響可以用有利有弊來概括：我們一方面要看到陸資法律制度對陸資在臺投資的促進作用，另一方面，也要看到陸資法律制度對陸資在臺投資活動上的限制，充分利用其促進陸資投資的一面，維護陸資在臺投資的利益，進而有效落實兩會共識，為兩岸經貿關係正常化奠定良好的實踐基礎。

（一）臺灣陸資法律制度的基調

臺灣陸資法律制度的基調，是指臺灣當局據以制定陸資法律制度、處理有關陸資事務的基本方針和基本原則的總稱。透過對臺灣陸資法律制度的分析可知，臺灣陸資法律制度的基調是「以臺灣為主、對人民有利」，尤其體現了「以臺灣為主」。「以臺灣為主」是臺灣領導人馬英九在競選時期所提出的政治綱領，也是馬英九在任期間處理兩岸關係的總綱領。這一基調在臺灣開放陸資入臺上，主要體現在三個方面。

第一，這一基調決定了臺灣當局開放陸資入臺的目的。臺灣當局認為，長久以來，兩岸經貿交往呈現一邊倒的現象，臺灣的資金、人才、技術向大陸單方面傾斜、流動，影響外資對臺灣的信心。為了推動兩岸關係正常化，改變兩岸經貿交往一邊倒的現象，強化臺灣競爭力，有必要開放陸資入臺，從而提振臺灣經濟。從大的背景來看，臺灣經濟在2008年後遲遲未見好轉，同時又遭遇全球性金融危機的衝擊，馬英九當局在各種刺激手段未果、且經濟增長動力疲軟的條件下，必須利用陸資這一外在動力，藉助陸資提振臺灣經濟。因此，馬英九當局開放陸資的真正目的在於「以臺灣為主、對人民有利」，其用心在「臺」而不在「陸」。

第二，這一基調決定了臺灣當局開放陸資入臺的範圍。臺灣當局對陸資的投

資範圍有著嚴格的限定,並以「正面表列」的形式列出。根據我們的分析可見,陸資可以進入的領域,大多是技術含量偏低、在臺灣競爭已經相當充分、企業盈利空間小、容易提供就業崗位的項目。即便如此,在具體的項目範圍上,還遵循「先緊後松、循序漸進、先有成果、再行擴大」的方針,逐步擴大陸資入臺的範圍。由此可見,臺灣當局在決定陸資入臺的範圍時,名義上採取「利益最大化、風險最小化」的方針,但實際上卻是「臺灣利益最大化、臺灣風險最小化」,並沒有考慮到大陸方面以及陸資的實際需要和利益。

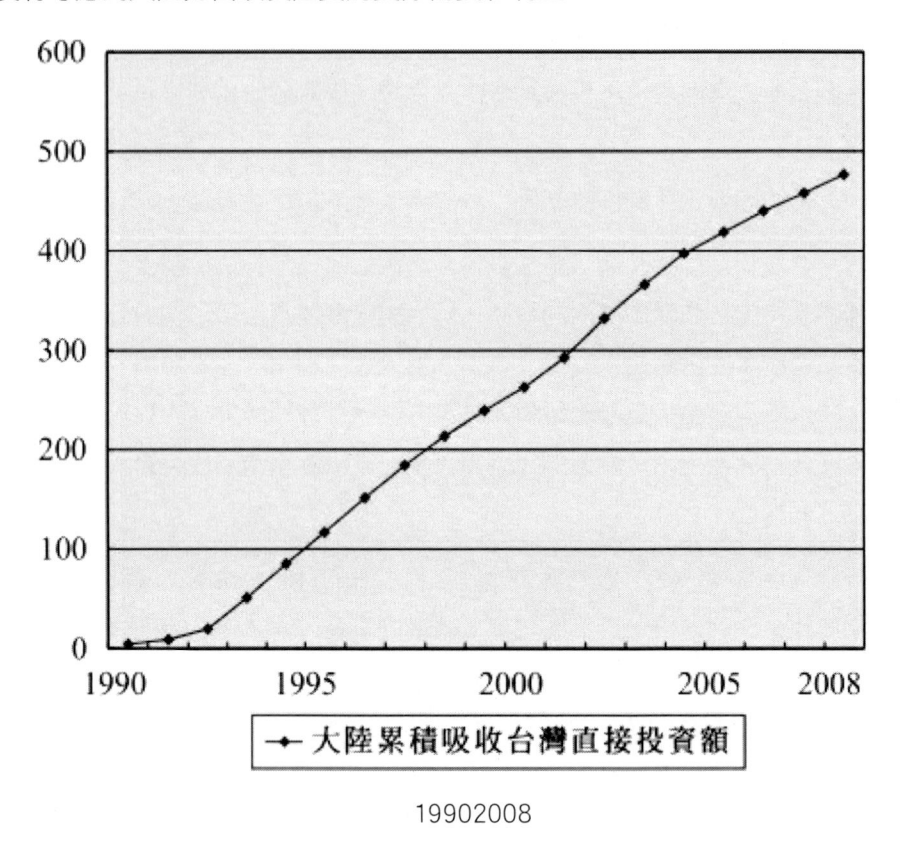

→ 大陸累積吸收台灣直接投資額

19902008

第三,這一基調是臺灣當局制定陸資法律制度的總方針。臺灣當局在制定陸資入臺法律制度時,將「以臺灣為主」貫穿於陸資法律制度中。首先,陸資法律制度的主要依據是臺灣當局在「一國兩區」思想主導下制定的《臺灣與大陸地區人民關係條例》,將臺灣和大陸作區別對待。其次,從立法技術上而言,臺灣當

局所制定的《投資許可條例》,其大量條文與臺灣當局《外國人投資條例》重合,而其他一些法律,也透過準用條款將適用於外國人在臺投資的法律適用於陸資。再次,為了保護臺灣利益,臺灣當局對陸資在臺活動以及隨陸資來臺人員的活動予以限制,陸資在臺除了受臺灣一般法律的規範,還要承受專為陸資所設的法律限制。

(二)臺灣陸資法律制度的特點

在「以臺灣為主」的基調下,臺灣陸資法律制度呈現出以下兩個方面的特點。

第一,利用與限制並存。臺灣陸資法律制度是在兩岸就陸資入臺達成共識的背景下頒布,臺灣當局對陸資的態度也是殊為微妙的:一方面,臺灣當局希望引進陸資,提振臺灣經濟,以使臺灣盡快走出經濟低谷;另一方面,臺灣當局又在「以臺灣為主」的思維主導下,對陸資採取不信任的態度,並且在制度上對陸資的投資行為加以限制。在這種微妙態度的作用下,臺灣陸資法律制度對陸資既利用又限制。在利用的一面,臺灣當局將原本對陸資層層限制的制度予以鬆綁,創造適應陸資投資的制度環境,以期吸引陸資入臺;在限制的一面,臺灣當局在「以臺灣為主」的思維主導下,為防止陸資對臺灣主體經濟的衝擊,對陸資進行了從投資範圍、投資主體、投資行為和投資方式等諸多方面的限制。臺灣陸資法律制度「利用與限制並存」的特點,正是臺灣當局對陸資基本態度的直觀體現。

第二,實體法條款、程序法條款、準用條款並存。從制度內容而言,臺灣陸資法律制度包括實體法條款、程序法條款和準用條款,其中:實體法條款規定陸資的定義、陸資準入的條件、陸資在臺投資行為的構成要件以及其他實體內容;程序法條款規定滿足實體條件的陸資在辦理有關事務時的程序、所需提交的文件等程序性內容;準用條款將臺灣非專為陸資投資制定的法律適用於陸資投資,是陸資在臺投資活動的法律指引。從三種條款的數量來看,程序法條款最多、實體法條款其次,而準用條款最少。但從三者的功能來看,實體法條款和程序法條款更多的是規定陸資在臺的準入資格和準入程序問題。因此,一旦陸資符合入臺投資條件,完成相應的入臺投資程序,陸資法律制度中的大部分實體法條款和程序

法條款將不再對陸資產生實質性作用。而準用條款則不同於上述兩種類型的條款，它透過規定陸資在臺的法律適用，指引符合條件的陸資在臺大量適用臺灣的有關法律，從而規範陸資在臺灣的投資行為，因而在陸資入臺投資的法律制度中起著最為關鍵的作用。可以說，準用條款的數量雖少，卻構成了陸資在臺投資法律制度的主幹。

（三）臺灣陸資法律制度的影響

特點鮮明的臺灣陸資法律制度，是臺灣當局規範陸資在臺投資行為的基本法律依據，因而將對陸資產生極為重要的影響。

第一，主要適用臺灣法律，對陸資在臺投資產生「跨法域」效應。兩岸分屬不同的法域，按照屬地原則以及兩岸現實，陸資在臺將主要適用臺灣的法律，陸資在臺灣的投資行為因而也將主要遵循臺灣的法律。由於陸資的投資人在大陸成立或者由大陸在第三地區設立，因此，陸資在臺投資將產生「跨法域」效應，亦即在判斷陸資投資人的權利能力和行為能力上適用大陸法律或第三地區法律，而在陸資投資行為上適用臺灣法律的現象。「跨法域」效應將對陸資正確適用法律提出較高的要求。同時，由於陸資在臺的投資行為主要適用臺灣的法律，因而也要求陸資熟悉臺灣的有關法律。

第二，「鬆綁」成為臺灣陸資法律制度的主題詞，對陸資施以「非國民待遇」，不僅沒有優惠政策，反而加以重重限制。雖然臺灣當局將陸資視為臺灣的「境外投資」，但是，臺灣當局並未給予陸資以優惠政策，相反，臺灣當局對陸資施以種種「非國民待遇」。由於兩岸曾經處於對立狀態，因此，大陸人民在臺的活動被嚴格限制。包括陸資在臺投資的行為，在臺灣法律中，都原屬於被禁止行為，即便是一些零散的貿易、交往行為，也被臺灣當局加以嚴格限制。為了落實兩會就陸資入臺所達成的共識，臺灣當局對其法律中對陸資投資可能產生限制的部分用鬆綁的方式加以處理，使得「鬆綁」，而不是「優惠」，成為臺灣陸資法律制度的主題詞。透過鬆綁，一些原來施加於大陸人民和陸資上的不合理、不正常的限制被解除，然而，還有一些不合理、不正常的限制沒有得到應有的解決。從前分析可知，陸資在臺仍受到重重限制。臺灣當局的鬆綁，只是有限度的

鬆綁，陸資雖在法律上沒有被視為外資，但其所享有的實際地位和權利，甚至還不如在臺投資的外資。由此可見，陸資在臺被施以「非國民待遇」，沒有一般投資者應享受的優惠政策。這一點，作為投資者的陸資對此應有清醒的認識，在投資前，應對可能遭遇的限制做好預測和評估，從而降低在臺投資風險。

第三，兩岸由「一中爭議」衍生的「承認爭議」仍是影響陸資在臺投資的主要因素，這一影響也延續到陸資在臺的投資活動中。胡錦濤同志用「政治對立」來概括兩岸關係的實質，而「政治對立」在法律上就體現為「一中爭議」所衍生的「承認爭議」。由於兩岸尚未結束政治對立，因而在是否承認對方根本法（《中華人民共和國憲法》和臺灣現行「憲法」）上存在爭議，由此爭議所導致的是是否承認對方依據己方根本法所制定的法律。「承認爭議」與陸資在臺將大量適用臺灣法律產生衝突。如果說這一衝突在臺灣依據「屬地原則」解決，那麼，衝突在大陸發生時應如何解決，則是一個比較棘手的問題。雖然大陸並未否認臺灣法律的適用性，但在大陸，當事人未避免政治爭議，降低政治敏感性，往往選擇適用大陸法律。這一解決方式在臺資投資大陸的情形下，尚且具有可行性，而在陸資投資臺灣、但所涉衝突由大陸法院審理時，則值得商榷。

六、構建陸資入臺的法律障礙解決機制

為了更好地促進陸資在臺投資，有效利用臺灣法律對陸資的有利規定，克服臺灣法律對陸資所形成的法律障礙，我們認為應當從以下幾個方面努力形成陸資入臺法律障礙解決機制。

首先，應建立和完善透過兩岸事務性協議所形成的機制來解決法律障礙。《海峽兩岸經濟合作框架協議》（英文簡稱ECFA）於2010年6月29日由兩會領導人簽訂，2010年8月17日臺灣立法機構透過《海峽兩岸經濟合作框架協議》。兩岸簽署框架協議，旨在逐步減少或消除彼此間的貿易和投資障礙，創造公平的貿易與投資環境，進一步增進雙方的貿易與投資關係，建立有利於兩岸經濟共同

繁榮與發展的合作機制。一方面，《海峽兩岸經濟合作框架協議》規定「加強海峽兩岸的經濟交流與合作」的原則，並為相關法律障礙消除的協商制定了時間表；另一方面，《海峽兩岸經濟合作框架協議》為促進兩岸經貿合作，成立海峽兩岸經濟合作委員會，委員會由兩岸指定的代表組成，負責處理與《海峽兩岸經濟合作框架協議》相關的事宜，特別是完成為落實《海峽兩岸經濟合作框架協議》目標所必需的磋商，以及監督並評估《海峽兩岸經濟合作框架協議》的執行。這一機制是未來消除和解決陸資入臺法律障礙的制度化管道。

其二，加大對臺灣法律的普及與法律人才培養工作機制。目前，大陸有關部門對陸資投資在臺灣法律的教育和指導上有所不足，且陸資對臺灣法律尚無深徹瞭解。雖然已有一些專家學者對臺灣法律規定的介紹，但判例、解釋等在臺灣法律實施中占據重要地位，單純介紹法律規定已經不能滿足陸資投資臺灣的需要。為此，應組織專家學者，尤其是研究臺灣有關法律的學者，結合臺灣法律規定和有關案例，編寫有關臺灣法律的工具書、參考書。大陸有關部門也可頒布「陸資赴臺法律指南」等文件，為陸資在臺投資提供法律上的參考。有關部門可以依託大專院校和研究機構，透過學歷教育、在職培訓和專題講座等方式，對陸資中的法務人員進行培訓，培養一批通曉臺灣法律、瞭解臺灣情況的法律人才，為陸資在臺投資服務。目前，大陸熟悉臺灣法律和情況的人才較少，已經遠遠不能滿足陸資在臺投資的需要。而臺灣法制化程度和法治水平較高，陸資在臺的投資活動離不開法律，因此，為了滿足陸資在臺投資的法律人才需要，大陸方面應積極依託大專院校和研究機構，透過包括學歷教育、在職培訓和專題講座等方式，培養一批適合陸資在臺投資的法律人才。同時，重視對陸資中現有法務人員的培訓，使其有能力預測在臺灣可能遭遇的法律困境，並有能力依照臺灣法律維護陸資在臺利益。

最後，有關部門應逐步建立涉臺法制服務機構，建立陸資入臺的法律服務與援助機制。國臺辦、商務部等大陸主管陸資在臺投資事務的部門，可以本著為陸資投資人服務的目的，建立涉臺法制服務機構，建立陸資法律援助機制，在陸資在臺投資遭遇到法律困境時，提供必要的幫助。

後記

中共黨中央提出「構建兩岸關係和平發展框架」的重大戰略思想，既為在新階段發展兩岸關係提供了指引，也使得法律思維、法律規範和法學理論在分析、處理和研究兩岸關係上的地位與作用更加明確。本書是以結合近幾年我們研究臺灣問題和兩岸關係的論文、報告而成。

本書是集體合作的成果，根據分工和實際完成的情況，各章作者分別是：

緒論：周葉中

第一章：劉文戈

第二章：劉文戈、祝捷

第三章：周葉中、祝捷

第四章：黃振

第五章：祝捷、張霄龍

第六章：周葉中、黃振、祝捷

第七章：王堃

第八章：周葉中、祝捷

全書由周葉中、祝捷統稿。

我們的研究和本書的出版得到了諸多朋友的關心和支持。首先感謝中國法學會對課題給予的大力支持，感謝中國法學會的陳冀平、劉颺、周成奎、方向、李仕春等前輩。

同時，我們真誠地期待各位讀者的批評與指正，我們堅信：沒有大家的批

評,我們就很難正確認識自己,也就不可能真正戰勝自己,更不可能超越自己。

周葉中

於武漢大學珞珈山

國家圖書館出版品預行編目(CIP)資料

大陸建構兩岸和平發展的法律體制研究 / 周葉中, 祝捷 著. -- 第一版.
-- 臺北市 : 崧燁文化, 2019.01
　　面 ；　公分
POD版

ISBN 978-957-681-790-8(平裝)

1.反分裂國家法 2.兩岸關係

581.28　　　　108000353

書　　名：大陸建構兩岸和平發展的法律體制研究
作　　者：周葉中、祝捷 著
發行人：黃振庭
出版者：崧燁文化事業有限公司
發行者：崧燁文化事業有限公司
E-mail：sonbookservice@gmail.com
粉絲頁　　　　　網　址：
地　　址：台北市中正區重慶南路一段六十一號八樓815室
8F.-815, No.61, Sec. 1, Chongqing S. Rd., Zhongzheng Dist., Taipei City 100, Taiwan (R.O.C.)
電　　話：(02)2370-3310 傳　真：(02) 2370-3210
總經銷：紅螞蟻圖書有限公司
地　　址：台北市內湖區舊宗路二段121巷19號
電　　話:02-2795-3656　傳真:02-2795-4100　網址：
印　　刷：京峯彩色印刷有限公司（京峰數位）

　　本書版權為九州出版社所有授權崧博出版事業股份有限公司獨家發行電子書繁體字版。若有其他相關權利及授權需求請與本公司聯繫。

定價：450 元

發行日期：2019 年 01 月第一版

◎ 本書以POD印製發行